JN290331

Imperial Nature
the world bank and struggles for
social justice in the age of globalization

緑の帝国
世界銀行とグリーン・ネオリベラリズム

マイケル・ゴールドマン 著

山口富子 監訳

京都大学学術出版会

Imperial Nature: The World Bank and Struggles of Social Justice in the Age of Globalization by Michael Goldman
Copyright©Yale University Press 2005

Japanese translation rights arranged with Yale University Press through Japan UNI Agency, Inc., Tokyo

日本語版への序文

　2007年の春，世界銀行（世銀）のウォルフォウィッツ総裁の辞任騒動がきっかけとなり，世銀の議決権についての各国の不公平感など，世銀への批判そしてその将来を危惧する議論が巻き起こった．しかし騒動は収まり，また元の世銀に戻ったようである．世銀の総裁を選出するのはアメリカ合衆国大統領（ブッシュ大統領は，ロバート・ゼーリック前米国務副長官を指名）であるという方針に変わりはないし，議決権の不平等問題もそのままである．それどころか，ウォルフォウィッツが去り，元の鞘に納まっただけではなく，世銀はその影響力を更に増大しつつあるようにも感じられる．市民による反対運動が巻き起こった結果，世銀の存在意義，その業務の正当性が疑問視されるようになってきたにもかかわらず，世銀はなぜその影響力を維持し，拡大することができたのであろうか？　民主主義の原理に則って選ばれた政権であれば，有権者はとうの昔に世銀を政権から引きずりおろしていたはずである．あるいは，世銀が民間の銀行だったとすれば，市場原理によって，とうの昔に淘汰されていたに違いない．にもかかわらずその影響力を維持し，拡大することができたのはなぜか？――これを探るのが本書のテーマである．

　私は，これまで政治経済学の立場から，経済活動を取り巻く社会現象について研究を行ってきた．政治経済学の立場から世銀の活動を眺めると，貧困緩和という弱者救済のための社会活動を行うために，なぜ大手民間企業から資金集めをするのか？　なぜ途上国における開発プロジェクト実施のための財とサービスの調達先の多くが，途上国ではなく先進国の企業なのか？　といった疑問が生ずる．財とサービスの調達先が途上国の企業であれば，現地での雇用を生み，現地の人が能力を発揮できる場を提供できるはずだ．にもかかわらず，調達先は相も変わらず先進国の企業である．

このような先進国と途上国のいびつな関係は，今に始まったことではなく，世銀の創設以来，60年にわたって連綿と続いてきた．そうした60年の軌跡を注意深くたどることにより，開発援助とは，途上国を支援するものではなく，先進国が利潤を得るための，先進国自身の「開発プロジェクト」であることが見えてくる．

世銀のこれまでの活動を分析するための，もうひとつの重要な側面として，知識を生産する主体としての世銀という点があげられる．世銀が生産する開発に関する専門知識は，これまで学術界でも，マスメディアに対しても，政策の場でも，大きな影響力を持ってきた．アフガニスタン，イラクの国家再建において，エイズ，SARS（重症急性呼吸器症候群），鳥インフルエンザの対応において，そして貧困撲滅を考えるにあたって，世銀の知識を参考にする国の指導者は多い．このように，世銀は問題解決の道筋を示す専門家である一方，問題解決のための資金提供という役割も果たしており，2つの異なる役割を同時に果たすことでの矛盾を抱えている．本書は，2つの矛盾する役割から生まれる緊張関係を，エスノグラフィーという手法を使いあぶり出す．

世銀の「権力と知識」の生産と再生産の過程を理解するために，本書は，フランスの思想家であるミシェル・フーコーの言説分析を援用する．この枠組みを使い，環境合理性，環境国家，知識のレジーム，環境経済学，持続可能な開発といった新しい考え方と学問の誕生と，世銀の権威について考えるという意図である．フーコーは，フランスがその研究対象であるが，世銀についての研究となると，複数の地域にまで研究の地理的射程を広げる必要がある．世銀の活動は，組織，政府，科学，市民社会，企業，また，さまざまな地域，そして知識を巻き込み，地球規模で影響を及ぼしてきた．しかし，このように多様で，かつ多地域に見られる活動について，政治経済学といったマクロな視点のみで分析するのは難しい．そこで本書は，フーコーの権力と知識の議論を，「日常的な行為」にあてはめて理解を深めることにした．本書では，日常的な行為を観察する場として，世銀本部，ラオスのダム・プロジェクト，ヨハネスブルクで開催された持続可能な開発

に関する世界首脳会議を選んだ．越境する社会現象，そして先進国と途上国の間で見られる力関係を十二分に洞察したいという意図である．日本，ヨーロッパ，アメリカで起こっていることは，インド，ガーナ，ブラジルで起こっていることとは決して切り離して考えられない．また，ラオスに流れるメコン川の護岸開発プロジェクトと，新たに導入された規制，官民で運営される管轄機関の新設という現象は，相互に関係性がある．このように相互に関連を持つ社会現象が，環境と開発という言説を生み，そしてその言説が国境を越えて広がる（第4章と第5章で更に詳しく述べる）．環境と開発という言説は，「市場第一」という考え方で活動する投資家とともに，「環境保護第一」とする環境保護運動家をも巻き込み，環境保護と開発という2つの異なる理念から構成される開発レジームを生み出した．これが，私が「グリーン・ネオリベラリズム」と呼ぶヘゲモニーの構造である．グリーン・ネオリベラリズムの理念は，世銀の知識によって正当なものであるとされ，途上国政府を巻き込み世界中に広がりを見せる．しかし，グリーン・ネオリベラリズムは，人々の反発を買い，抵抗を受ける脆いレジームであり，政治的支援を必要とすると同時に，反対派との妥協をも必要とする．このような緊張感を理解するために，フーコーの枠組みとアントニオ・グラムシのヘゲモニー論を援用する．

　近年の開発パラダイムでは，市民社会の参加，市民社会との連携を強調する傾向にあるが，市民参加という言説についても，振り返って考えてみる必要がある．市民参加という言説は，多くの人の支持を得たものの，結果として世銀のネオリベラリズムが，更に進むというパラドクスを生んだ．市民参加という考え方が開発援助に浸透したことにより，環境保護主義者の活動は，世銀の仕事に取り込まれ，環境保護関連のプロジェクトと国境をまたぐ電気供給プロジェクトが連動して実施されたり，輸出指向型企業に森林の開発権が付与されたりするようになった．つまり，市民社会の参加あるいは市民社会との連携を通して，途上国問題とは，市民社会が果たす役割とはなど，根本的な認識の枠組みにも影響を及ぼし，ヘゲモニー体制をつくりあげてきたのである．今日では，世銀は環境保護団体であり，

エイズ撲滅運動の資金提供者であり，ガバナンスの専門家でもある．どうしてこのようなことが起こりうるのか？　本書は，この問いに答えてゆく．

　第6章で，世銀の「すべての人に水を（Water for All）」という，水のキャンペーンを取り上げるが，その事例においても世銀のヘゲモニー構築の過程を見出すことができる．きれいで，安全な水に，皆がアクセスできるように，という目標を掲げたこのキャンペーンは，貧困層への水供給という社会福祉的側面と，公共サービスを民営化してゆくというネオリベラルなアプローチが混在する．ここ10年の間に出来あがった，越境する政策ネットワークの活動により，途上国の水部門の民営化が開発援助の主要な目標となり，援助をうけるためのコンディショナリティとなった．結果，途上国の住民は，自国の水部門に参入したヨーロッパ企業から水を購入するはめになった．「グローバル市民社会」と呼ばれる地球規模の政策ネットワークが，世銀の融資プログラムに賛同することにより，アフリカ，アジア，ラテンアメリカの住民が，厳しい生活を強いられるという状況と，世銀のヘゲモニー体制は少なからず関連があるのである．

　本書では，世銀がどのような言説戦略を駆使し批判をかわし，そして世銀のやり方の正当性を対外的に示してきたかを明らかにする．途上国のみならず先進国においても，世銀が生産する専門知識に信頼をよせる人が多いということは，世銀のヘゲモニー構築戦略が成功した証であろう．本書を通して，批判の矢面に立ちながらも，さまざまな分野，そして地域で，成功を収めてきた世銀をめぐるストーリーを展開したい．最後に，本書がオルタナティブな開発のあり方を考えるきっかけとなることを願う．

謝　辞

　私はこれまで，数多くの人々から学ぶ機会に恵まれてきた．カリフォルニア大学サンタクルーズ校では，ジェームズ・オコーナーと仕事仲間であったが，彼が *Capitalism, Nature, Socialism* 創刊に携わり新たな道を切り開いたことで，私たちはともに未知の学問領域に足を踏み入れることになった．ジェームズの洞察力は，環境保護的なマルクス主義やポリティカル・エコロジー (political ecology)，生態環境史 (ecological history) という学問分野の開拓に拍車をかけた．それをきっかけとしてカール・マルクスやカール・ポランニーの著作が改めて読み直されることにもなった．ジェームズには本書のタイトルをつける時も，またそれ以外にも数え切れないほど多くの力を借りている．私がワシントンD.C.で研究活動に専念できたのは，カリフォルニア大学バークレー校のS.V.Ciriacy-Wantrup 博士課程修了者研究奨励制度と International Peace and Cooperation のジョン・D．＆キャサリン・T．マッカーサー・フェローシップの支援によるものである．さらにバークレー在住中はマイケル・ワッツ，ナンシー・ペルーソ，ドナルド・ハーア，ディック・ノーガード，イアン・ボール，ルイーズ・フォートマン，レイチェル・シャーマンなど，後世に残る Berkeley Workshop on Environmental Politics（バークレーの環境政治学ワークショップ）をともに発足させた素晴らしい研究者たちから学ぶことができた．私の仕事に非常に強い影響を与えたジリアン・ハートとマイケル・ブラウォイからは，原稿執筆にあたり並みならぬ助言をいただいた．合意の捏造 (manufacturing consent)，グローバル民族学 (global ethnography)，無力化するグローバリゼーション (disabling globalization) に関する彼らの研究から刺激されることも多かった．

　ワシントンD.C.では，世銀内外の方々から絶大な支援をいただいたが，

敬意と深い感謝の意とともに，あえて名前は伏せておくべきであろう．私はディベッシュ・カプールを通じて，世銀に関する多くの事柄を学んだ．彼は明快で思慮深い解釈を数多く提供してくれたが，私が世銀の認識を覆したことの責任は彼にはない．本研究はアーバナに拠点を移してからも続けたが，そこでも聡明で思いやり深い同僚や大学院生から多大な協力をいただいた．特にトム・バセット，スティーブ・ブレッシン，ズザ・ジル，ジュリアン・ゴー，ジョン・リー，ファラナック・ミラフタブ，ジーン・ムガバンヌ，ウィリアム・ムンロ，レイチェル・シャーマン，チャリス・トンプソン，ヤン・ネデルヴィーン・ピータース，アンディー・ピッカリング，ウィニー・ポスター，ケン・サロ，デーヴィッド・ウィルソンに感謝申し上げる．こうした仲間と Transnational Studies Seminar（トランスナショナル研究セミナー）も立ち上げた．トムとウィリアムには，フィールド調査の間じゅう議論の時間をもらった．また，世界各地の情報を提供してくれたイリノイ大学の大学院生にも感謝したい．特にイルドリン・センタークは研究調査助手として非常に優れていただけでなく，本稿の執筆にも大きな助力となった．

　ニューヘーブンは私にとって一時の安息の地となり，ここで１年間かけて様々な構想を練ることができた．ジェームズ・C．スコットのおかげで自信がつき，できるだけ良いものを書こうという気持ちが湧きおこった．それを実践できたのも，ハリー・ウェスト，リズ・オグレスビー，Vupenyu Dzingirai，ギョーム・ボカラ，レイチェル・シャーマン，スビール・シンハの素晴らしい支援に囲まれていたからだ．エリック・ウォルビー，カマリ・クラーク，キャシー・マカフィー，アルン・アグラワルという優秀な現地スタッフの協力もあった．Program in Agrarian Studies の特殊性が維持できたのはケイ・マンスフィールドの尽力によるものだ．（イェール大学で過ごした年はイリノイ非在住者だったにもかかわらず，寛大にもイリノイ大学の Center for Advanced Study fellowship による研究奨学金をいただいていた．）タイではウィトゥーン・パミポンシャチャロエンと TERRA（Towards Ecological Recovery and Regional Alliance）の熱心なスタッフに大いに助けていただき，感銘

謝辞　　　　　　　　　　　　　　　　　　　　　　　　　　　　　　vii

を受けた．ラオスでは多くの人々に支援をいただいたが，名指しは控えた方がよかろう．南アフリカではパトリック・ボンドとその同僚，インドではシャーシとラクシュミー・ティアギ夫妻，A.B. とラニ・バドワジ夫妻，故サンジェイ・ゴーシュ，Institute of Development Studies のジャイプールの研究者，特にスリジット・シン，S. ラマナサン，そしてチリのダニエラとアルトゥーロ・アルヴェスティギなど，感謝申し上げたい方々の枚挙にいとまがない．

本稿の各章と草稿を綿密に試読いただいたロン・アミンザード，トム・バセット，カレン・ブース，ジェフリー・ブロードベント，フレッド・バトル，ケイト・ダンニガン，ジョン・ベラミー・フォスター，ジョナサン・フォックス，フィル・ハーシュ，アヴィヴァ・イムホフ，シーラ・ジャリノフ，ニーナ・ローリエ，ヘルガ・ライトナー，ラリー・ローマン，マリベス・マルテロ・ロング，パトリック・マッカリー，ドナルド・ムーア，ケン・サロ，アラン・シュナイバーグ，ベン・シャーマン，デーヴィッド・スミス，そして，イェール大学出版局のジャン・トムソン・ブラック，エリザ・チャイルズ，ローラ・デビュリスによる忍耐強く真摯な支えに，心から感謝を申し上げたい．フレッド・バッテル，マイケル・ブラウォイ，ジェームズ・C. スコット，ジリアン・ハート，ジョン・リーには，様々な職務上の障壁を克服するにあたり，計り知れないご支援をいただいた．私の友人や家族は賢明にも草稿を読むことに興味を示さなかったが，彼らの支えがあってこそ本稿の完成を見ることができた．バーバラ・ローレンス，イーサン・ケーニン，バーバラ・シューラー，スティーブ・セラーズ，アリソン・ピュー，カレン・レイン，エリック・ブランピード，ポールとバーバラ・シャーマン，バート・シャーマン，ジョッシュ・シャーマン，デーヴィッドとロンダ・ゴールドマン，ビビアンとスティーブ・マックルーア，モニカとマーク・エイブラハムス，そして並外れて明るいエリとナディア・ゴールドマンに感謝している．

残念ながら本書の出版を目にすることは叶わなかった私の両親と，あらゆる面で支えてくれた妻のレイチェルにはとりわけ感謝の気持ちで一杯で

ある．私の両親はエリック・ホブズボウムが「極端な時代（Age of Extremes）」と呼んだ時代に生まれ，決して幸せとはいえない境遇で悲惨な時代を生き延びた．その結果，私の父は非常に寡黙な人間になった．私の両親がドイツで経験しなければならなかったこととそしてその後の耐えがたい苦痛を表すことができる言葉は存在しない．しかし両親とのやりとりの中で，私はその苦痛を感じとった．時とともに，私は社会的不公正を表す言葉なら見つけられるかもしれないと気づくようになったが，同時にその絶対的な限界も思い知った．経験は，言い換えたり距離を置いたりすることによってその意味合いが変わってしまうものだ．両親は常に私をその恐ろしい経験から遠ざけようと懸命であったが，両親がいくら恐怖を遮断し私を守ろうとしても，深遠な苦悩や不当な扱いを受けた経験は決して当事者だけのものにとどまるはずがないことを，私は彼らから学んだのである．良かれ悪しかれ，それは常に共有される社会的経験である．これは両親が残してくれた最高の贈り物であった．悲惨な経験とともに，数多くの喜びにあふれた経験に生命を吹き込むことができたのは妻レイチェルのおかげであり，その術は彼女からのかけがえのない贈り物である．本書を妻に捧げる．

目　次

日本語版への序文　i

謝　辞　v

第1章　世界銀行を理解する　3

グリーン・ヘゲモニーの興隆，世銀スタイル　9
開発学における緊張関係　13
第三の道——「巡り合わせの領域」の分析論　24
脆弱なヘゲモニー　37

第2章　世界銀行の台頭　43

幸先の良いスタート　48
マクナマラの時代　55
世銀の権力の種をまく　74
負債と構造調整　78
グリーンとネオリベラルの緊張関係　83
結　論　86

第3章　知識の生産——世界銀行のグリーン・サイエンス　93

研究課題と組織的制約　97
環境研究とプロジェクト・サイクル　101
職員の環境アセスメント研修　103
環境モニタリングは至難の業　111
知識のヒエラルキー　114
ナルキッソスの回帰？　118

ピラミッド型支配構造の維持　121
　　経済学者の中の人類学者　123
　　合意形成　126
　　組織の内部的制約と対外的圧力の狭間で　129
　　結　論　131

第4章　あたらしい学問の誕生――環境知識の生産　141

　　ラオスにおける環境知識の生産　145
　　グリーン・ネオリベラリズムの主観性　160
　　結　論　165

第5章　エコ統治性と環境国家の生成　171

　　ラオスを緑化する　178
　　新たな法，機関，プロジェクト　186
　　ハイブリッドな国家主体の生成　192
　　不均衡発展　195
　　結　論　198

第6章　水の民営化，市民社会のネオリベラル化
　　　　――越境する政策ネットワークの権力　205

　　越境する政策ネットワークの台頭　208
　　水をめぐる新たな世界的課題とネットワーキング　214
　　水の民営化という言説空間とその拡張　215
　　水改革に関する国際合意　221
　　水の民営化の強要　225
　　パイプの亀裂　232

矛盾あふれる「非」市民社会の台頭か？　237
　　結　論　239

第7章　それは閉鎖できるか？　249

　　政治活動家からの反応　254
　　マイケル：ハイチ中央電力労働組合オルガナイザー　256
　　ジェームズ：債務と開発を考えるジンバブエ連合のオルガナイザー　258

[監訳者解題]　拡がる「緑」のヘゲモニー　265

参考文献　277
索　引　305

　　凡例
　　原著にある注は，各章の末尾に配置した．また，読者によってはなじみの薄いと思われる専門用語に，訳注をほどこし，「i」「ii」等の記号を添えて，各ページの末尾に脚注として配置した．このほか，必要に応じて訳文の中で補訳を示した．

緑の帝国

世界銀行とグリーン・ネオリベラリズム

第 1 章　世界銀行を理解する

つようになった経緯について，その表象，分析方法，そして行動様式を見ることで説明を試みる．エスノグラフィーという手法を用いて，効果的に組織的な活動を行う批判者に対して，世銀がどのように自己改革し，批判者をなだめ，増え続ける関連機関，関連分野と旧植民地に広汎に存在する社会組織に介入することができるようになったのかを明らかにする．これらの介入は，実に多様な形を形成し，生み出した．「非常に特殊で，歴史限定的かつ一時的」，「多次元的で多領域の性格」をもつヘゲモニー的行為である（Hall 1996, p.424）．

過去20年にわたって，非常に多くの外圧が世銀に対してその世界的な開発プロジェクトの「緑化（greening）[v]」を強いるか，さもなければその仕事から撤退させた．この緑化は，多くの批判者が論じるように，単なる見せかけでもなければ広報活動に止まるものでもない．グリーン・ネオリベラリズムという権力と知識の結節点に介入することが出来るような言説が世界中に影響を及ぼすようになり，世銀の活動範囲をかつてないほど，多くの場所にまで押し広げ，その世界観をより一般庶民の生活世界にまで浸透させることを可能とした．以下の諸章で，このような変貌が起きている数多くの事例について述べる．それらは，世銀本部の内部，ラオスのメコン川ダム建設現場，借入国の国家機関の内部，そして国境を越える水政策ネットワークのメンバーのやりとりといったものである．これらの事例それぞれにおいて，世銀，国及び国際援助機関，政府，多国籍企業，商工会議所，そしてNGOに所属する多様な専門家たちが，この新しい権力／知識を反映した言説を生産し，流布している．これらの組織は世銀のグリーン・ネオリベラリズム体制を（開発政策の）地方行政機構に埋め込む手伝いをしているのである．

世銀が借入国の政治的関心事により積極的に関与するようになるにしたがって，その活動領域に新たな局面と可能性を持ち込むようになった．今や世銀は，タービンやコンクリートを供給する資本財の請負業者，あるい

[iv]　論説，主張，その社会的背景．
[v]　環境に配慮したプロジェクトの内容の修正．

は，資本を提供し世銀債を購入する財務担当重役を相手に仕事をするばかりではない．世銀職員は，いまでは，パキスタンの灌漑水利組合，国際的な反ダム活動家，環境NGOの法律家や海洋生物学者，そして中国の地方都市から来た裁判官にも対応しなければならない．逆に言えば，薄給の地方裁判官や下級官僚は，世銀の活動と関わりを持つことにより，常に自分たち自身のプロジェクト資金を探している先進国の自然保護論者や市民社会の活動家と緊密に働くことを求められるようになったのである．

　特定の開発イデオロギーが南北関係を理解するための視座となったことは，過去60年を経て世銀が巨大な力を持つようになったことの証である．また，環境的に持続可能な開発，他方でネオリベラルの考え方を踏襲した開発パラダイム以外の，開発行為，信念そして真理はまれにしか語られなくなったということは，世銀の権力／知識体制の有効性の証である．イタリアの政治理論家であるアントニオ・グラムシが何年も前に指摘したことであるが，ヘゲモニー[vi]が生まれる「きっかけ (the moment)」は，エリート層もまた「社会活動家達が取り組んでいる問題群（貧困，不平等，不均衡発展など——訳者注）に対して課題提起をする時である」(Gramsci, Hoare and Nowell-Smith 1971, p.182; Hall 1996, p. 423)．今日，開発推進者，中立の解説者，そして批判者まで含めてこんなにも多くの人々が，（不公正は南北の資本関係と根本的に結びついているという歴史的経緯は考慮せずに——訳者注）開発に代わるものはなく唯一の問題はそれをいかにしてより持続的にするかである，ということを事実として受け入れるようになった．これは，グラムシが言う「きっかけ」の到来を意味するのかもしれない．

---

vi　グラムシによれば，支配には強制と合意の2つの側面があり，合意による支配がヘゲモニーである．この合意には，被支配階級が下から自然発生的に形成する能動的合意と，支配階級が主として国家機構を通じて被支配階級や敵対的な諸集団をいわば上から抱え込む受動的合意とがある．グラムシは，この両者の合意を調達することによる力関係の変更に着目し，その力関係の変更が単に狭義の政治レベル（例えば労農同盟などの階級同盟論）だけでなく，倫理・文化を含む広義のイデオロギーレベルでの「集団的意志」の形成によって生じることを重視した（『ブリタニカ国際大百科事典：電子ブック小項目版：現代用語収録』TBSブリタニカ，1997）．

グリーン・ヘゲモニーの興隆，世銀スタイル

　世銀の最新の開発体制であるグリーン・ネオリベラリズムは，1990年代初頭から台頭するようになった．当時，分野を問わず多くの人々が声を上げた異議申し立てによって，世銀の行うプロジェクトは環境と社会に対して悪影響があることを世銀自身認めざるを得なくなった．しかしながら，反世銀の活動家たちは，世銀がネオリベラリズムを踏襲したアジェンダを社会的，環境的要素を含むように再構築したうえでさらに拡大させるであろうとは想像だにしなかった．これは以前では決して許されなかったようなやり方で，より広汎な地理的テリトリーと生活世界への介入を促進するものであった．このプロセスは，開発機関，環境保護団体，学術機関そして国家組織から構成される市民社会アクターを巻き込んだ，環境問題に関わる新しい体制[vii]の確立へと導いた．それは，商品化されていないあるいは資本市場で十分利用されていない自然と社会の関係を再編し資本化するという目標を追加することで，世銀のネオリベラル・アジェンダの明確な特徴を根本から変えた．

　元来は，問題を抱える第三世界の国家と経済を巨大な多国籍企業のような世界経済のアクターによってより御しやすくするためのマクロ経済政策として構想され描かれていたネオリベラリズムは，社会的，文化的そしてエコロジカルなプロジェクトとして大いに意義のあるものとなった．厳密に言えば，ネオリベラリズムは，レーガン＝サッチャー時代にまで遡る大胆な政治アジェンダである．「経済成長第一」主義をとり，「市場」は生来，効率的で公平であるとの見方を代表するもので，政府のスリム化，公共財・サービスの民営化，国境を越えた市場の「自己調整」機能を向上させるために資本の規制緩和を推し進めるものである (Peck and Tickell 2002)．ネオリベラリズムの信奉者は，まず国際貿易と通貨流通の障壁を減らすことを

[vii] 特定の領域において全てのアクター（関係者）が，明示的もしくは暗黙のうちに合意された，前提，原則，規範，意思決定の手続きなど．

精力的に推し進めた．次に，公共交通システムと電力会社に続いて，社会保障，刑務所，ゴミ処理，そして公共医療サービスの民営化に成功した．そして今や，ネオリベラリズムは，考え方，文化ダイナミクス，企業家精神，最も親密な対人関係，対国家機関，そして自然環境との関係までも律する法規範となった．

ネオリベラリズムは，「北」の先進資本主義国家の枠を越えて，「過小評価」され「価格設定が低すぎ」る人的，自然的資源が存在し「後進的な」社会制度が支配しているといわれている，いわゆる遅れをとった「南」の資本主義化へ向けて攻撃的な介入をした．本書の事例が示すように，ネオリベラリズムを踏襲した政治・経済アジェンダは西側諸国で始まって「それ以外の諸国」へと広まっていったわけではなく，始めからポストコロニアリズムという南北関係を基盤として構成された．それは従前の植民地資本主義関係のなかに埋め込まれ，組み込まれた権力関係の上に築かれたのである．貧困緩和，負債管理，構造調整からなる世銀の開発体制にそのやり方を編み込み，今では世銀流の環境的に持続可能な開発という看板を掲げ，ネオリベラリズムを拡大し世界規模の資本蓄積へ向けて道を押し広げている．

輸出志向型資本成長と生態系持続可能性の両者の名を隠れ蓑にして，世銀は，土地を奪われた人々が進歩主義的土地再配分を要求している地域で，国家アジェンダをでっち上げることにより，土地商品市場拡大の口火を切った．世銀は，生物多様性保護のための新たな世界的な制裁措置を制度化しようとしている国際自然保護団体と連携して，各国政府に公有の自然資源と資源を基盤としている産業を，多国籍企業に対して競売にかけることを強要した．驚くべき同時性であるが，持続可能性を標榜する人々とネオリベラルな開発を標榜する人々は手に手を取って「南」の自然を作りかえ，共同体が管理する資本化されていない広大な土地の商業伐採，輸出向け商品作物，大型動物類保護，そしてエリートのためのエコツーリズムなどを導入したのである (Greenough and Tsing 2003; Moore 2003; Neumann 1998)．国境を越える自然保護政治とネオリベラル経済は世銀の潤沢かつ

強力な財政支援のおかげで，広範に広がることになった．

　ネオリベラリズムと環境保護主義という2つのパラダイムの融合プロセスは，世銀に「改革か死か」を迫る世銀の活動に反対を唱える活動家の運動がこぞって圧力をかけた1980年代から始まった．世銀は，日常業務の中に「自然環境保護」を主要な位置に取り込むことに加え，世銀のやり方を国際環境NGOの仕事に組み込ませることで，見事に改革に成功したのである (World Bank Environment Department 1995)．ワシントンD.C.のある環境保護団体のリーダーや，「北」の主要な大学の環境志向が強い教員によるコンサルテーションを得ることで，その見解を洗練させ，世銀は，「持続可能な開発」は環境の正当な経済的価値評価なしには達成できないと主張し始めたのである (World Bank 1992; 2003)．そして，「持続可能な開発」が実現するためには，非資本主義的原則に従って環境の利用を規制する社会制度は改革されなければならない．世銀によれば，世界中どこでも「南」諸国の社会制度のもとでは，土地，森林，鉱物資源，そして水の経済評価がきわめてゆがんでいるために，自然資源は間違ったやり方で利用されている．これが世銀の，なぜ水がコストを下回る価格で供給され大勢の貧困者たちに「無駄に」使われているか，なぜ熱帯林の樹木は将来的に持続可能性を持ち得ないやり方で伐採されているのか，そしてなぜ価値のある土地が「低価値（価格）の」自給作物の生産に供されているのか，に関しての主な解釈である (Environment Department 1995; IUCN 1993; IUCN 1997; Pearce 1994; World Bank 1992)．持続可能な開発に関するエリート学者と世銀職員によれば，このような「低開発な」制度条件下では地域環境の破壊は食い止めることができない，そして「非合理的」な集団行為は，持続可能な開発と世界規模で共有される繁栄に歯止めをかけ世界規模の環境危機を助長し続ける．1990年代を通じて，この新しいグリーン・ネオリベラリズムを踏襲する開発理論は，単に内部資料や議論のレトリックの先入観にとどまらずに，主要な政策変更と，借入国，とりわけ自然資源が豊富で生物多様性が存在する重債務国が世銀融資を受けるための前提条件の基礎となったのである

世銀が高邁な目標として掲げる「環境的に持続可能な開発」に対して多額の融資をする際には，借入国に対して公文書の中で持続可能性をマントラのように繰り返す以上のことを要求する．融資の資格要件を満たすために，借入国は，しばしば，国家機関の再編，新たな土地と資源の商品市場を創設する国家法規の制定，そして生態系の破壊と遅々として進まない経済発展の原因とその解決策に関する知識を生産する科学的手続き，手順，定式化の採用を要求される．グリーン・ネオリベラリズムの開発体制のもとでは，借入国は国家財政と税制の改革，銀行と保険部門の新たな外国入札者への開放，そしてWTO規準と規制への国内法の従属が徹底的に求められる．言い換えれば，開発アジェンダの緑化とネオリベラリズムは単なるレトリックではなく，実質的な影響を及ぼすものであり，世界を変えうるほどのものなのである．さらに，批判者はしばしば無視するか当然のこととして受け入れているが，世銀の介入は特定の世銀の債権国，すなわち，「先進国」の資本財，金融，そしてサービス部門，とりわけ国際政治経済の運営を競っている世銀その他の国際機関の最大議決権をもつ「5大債権国（アメリカ，イギリス，ドイツ，日本，フランス）」にとって特に高い利益をもたらすものであった（George and Sabelli 1994）．

　多くの研究者は，世銀の環境保護主義への進出がいかに惨めに失敗したか，あるいはネオリベラリズムが全く無能力であるかという視点で研究を試みてきたが，私は，これら2つの現象は付属物でも，世銀の活動の非政治化でも，技術的処理への方向転換でもないと読んでいる．私は，ネオリベラリズムと環境に配慮した開発（green development）を，開発を根本的に構成する2つの次元と見ている．すなわち，戦争と植民地主義からの「南」の復興を目的とした第二次大戦後の開発，あるいは，ジリアン・ハートがいうところの「大文字のDを伴う開発」と不均衡で矛盾した効果をもたらす一連の資本主義化プロセスとしての（「小文字のdを伴う」）開発である（Hart 2001; Hart 2003; Hart 2004）．歴史的な経緯を踏まえながら，世銀の理念の広がりについて考察するのが本書の中心課題であり，世銀の権力の源泉を示すことに役立つであろう．

Chapter 1
世界銀行を理解する

　この研修の目的は，アフリカで解釈共同体[i]を創り，皆さんが政府と制度改革の交渉をする際に，より強い交渉力をつけてもらうことです．皆さんは一人ではありません．私どもは，皆さんがネットワークを作り，情報を共有するお手伝いをします．皆さんは上司に対してこう言えるようになるのです．「それはそうですが，これが隣国でのやり方で非常に成功しているのですよ」．私どもは，皆さんを支援する準備があります．……このワークショップを終了してお国に戻られてから，環境経済学についての研修ワークショップをご自身で企画されることを望みます．このようにして皆さん方の国の意思決定のやり方を変えることができるのです．
　　　　──世界銀行経済開発研究所研修ワークショップ・
　　　　コーディネーター，1995年6月

　1995年6月，私はワシントンD.C.の世銀本部で開催された「環境経済学と経済全般にわたる政策立案」に関する2週間のワークショップを傍聴した[ii]．招待参加者のほとんどは英語圏アフリ

---

i 社会経済問題の構造や原因について共通理解をもち同じアプローチで解決を図ろうとする専門家集団．
ii 著者自身が，世銀のセミナーに参加し，参与観察法（participant observation methods）という質的研究法でデータ収集にあたった．

カ諸国（エチオピア，タンザニア，ザンビア，ジンバブエ，ナイジェリア，ケニア，ウガンダ，南アフリカ共和国）からで，そのほかにロシアとチリから各1名が来ていた．それらの国では将来，ワークショップを開催することが期待されていた．

　2週間，2時間ごとの学習モジュールでは，世銀，米国環境保護庁（USEPA），ワールドウォッチ研究所，その他ワシントンにある諸機関の専門家が講義を行った．ワークショップは「地球の未来を想像する」というタイトルの学習モジュールから始まり，環境の費用便益分析，国の環境行動計画の作成，構造調整の環境便益，そして自然資本概念の適用，と続いた．事例分析は，ほとんどがアメリカ，ヨーロッパ，アジアの，産業廃棄物処理問題，都市の大気汚染そして森林伐採についてであった．数少ないアフリカの事例紹介で，世銀の上級職員はジンバブエでの研究を引き合いに出し，農村の人々にとって，文化的，そして環境，生存のために家畜がもつ「価値」については一言もふれることなく，非効率な家畜放牧をエコツーリズムや自然動物保護区設営などの野生動物保護プログラムに置き換えられたら，持続的環境と高度経済成長の両立が図られるだろうと説明した．もう一人の世銀上級職員が「全ての環境問題はミクロ経済学の手法で解決の方向に導ける」と説明したときには，さすがに会場は沈黙に包まれた．彼は「それが，自然の本当の価値の発見である」とも付け加えた．その10分後，休憩室では，英国風に紅茶とビスケットをつまみながら，それまでの講義の有用性についてにぎやかに会話がはずんでいた．世銀モデルとその前提がアフリカには適用できないことについて一通りの活発なおしゃべりがあってから，南アフリカ共和国の有名大学の教授が，彼の故郷でミクロ経済学についての論文を発表した時の経験を語ってくれた．「地元の一人が私の前に進み出て来て言ったのさ．『あんたが価値有りとするものは，わしが価値有りとするものとは違う．あんたが土地や森を見たときに目に入るものは，わしが見ているものとはずいぶん違う．普遍的価値についての話とは，一体何なんだ[iii]』というわけさ」．

　3日目の最後，ワークショップの主催者がその晩にはカクテルパー

第1章 世界銀行を理解する

ティーがあることを伝え，参加者たちに彼らの母国地域を担当する世銀の融資担当マネージャーに会うようしつこく勧めた．「融資担当マネージャーはコンサルタントを捜しているので，皆さんにとって大きなチャンスです」とアドバイスをした．1週間が過ぎた頃には，参加者の多くはすでに講義のアメリカ中心主義と教条主義的スタイル，討論時間の不足，アフリカの事例研究の欠落などで失望させられていたものの，彼らはワークショップの意味を理解した．ジンバブエのコンサルタントの一人は満足げに言った．「この研修の修了証書があれば国に帰ってから国際機関から多くの仕事にありつける」．そこまで楽観的ではないものの，著名な東アフリカの大学の経済学部長は「世銀の構造調整政策によってテニュア制（大学の終身地位保証）が廃止され，私たち教員は，個人教授でもなんでも，他の仕事を自分で見つけなければならなくなった．世銀のコンサルタントになれれば……まあ，それは助かるね．私たちは20年以上も前の教科書で教えている，図書館は空っぽでね．このワークショップで一番いいことは教材をもらえることさ」．3人目も同じ意見のようだ．「確かにこれらの教材は使えるよ．しかも，私たちが思うように使えるんだ」．セミナー室で缶詰にされた長い一日が終わり，その帰りがけに彼の学生時代には主流の学問であったマルクス経済学で教育を受けたエチオピア人があきらめたような口調で説明してくれた．「アジスアベバの世銀コンサルタントは，同等の経歴を持つ経済学者の30倍も稼ぐんだ．軍隊の場合は脱走すれば銃殺さ，でも，世銀が相手では天文学的なサラリーを失うことになる．脱走して軍から銃殺を逃れることの方が，世銀に「ノー」を言うよりはるかに簡単さ」．

世銀からその使命を果たすべく選ばれたアフリカの専門家たちは，単純

---

iii　この発言は立場の違いによる自然の見方の相違を端的に表現するにとどまらず，社会科学全般にかかわる一つの基本問題にまで及んでいる．アメリカの言語人類学者ケネス・パイク（Kenneth L. Pike）は phonemic（音韻論）と phonetic（音声学）から emic, etic という認識論に関わる基本概念を提起した．前者はある社会やコミュニティの成員に固有の知識，価値観，分類，世界観にもとづく認識を，後者は外部者（多くは科学者）の特定の学問体系に従った認識の仕方を意味する．地域の個性を捨象する経済学と普遍性を嫌う地域研究との間に会話が成立しないといわれるのは，この認識論的相違によるものといえる．

には類型化できない様々なやり方でその役割を遂行しているが，唯一の共通点は，世銀に対して従順さに欠けるということである．専門家は様々な理由から世銀のコンサルタントとなるが，必ずしも世銀がコンサルタントに望む仕事をするとは限らない．与えられた任務を彼らなりに読み替え，世銀の意向には沿わない方法に即興的に変えてしまう．しかしながら，「環境的に持続可能な開発」に関する最も初期のものの一つであるこのワークショップを開始してから6年も経たないうちに，世銀とヨーロッパを基盤とする援助機関はアフリカに50を超す政策並びに研修機関を設置した．そこでは，多くの世銀の研修プログラムがアフリカ人専門家によって教えられており，そのテーマは環境経済学から「WTOを発展途上国でも機能させるための」水部門の民営化にまでおよんでいる．これらのワークショップで配布され誰もがほしいと望む教材は，単に財政難の大学での経済学の講義で必要とされるだけではない．それらはアフリカの政策立案者にとっても重要な資料となるのである．世銀融資の前提条件として，国の憲法と土地法の改正，森林，水部門の民営化，そして国家機関と規制当局の再編を強いられるのである．世銀のアウトリーチと研修プログラム，開発プログラムそして国家政策プログラムの指針に関する言説[iv]には，リベラリズムの考え方を踏襲する「財務省のアジェンダ」と，社会正義と環境的に持続可能な開発を求める「市民社会のアジェンダ」という相反する考え方が同居している(Wade 2002)．2つの世界観がどのようにして融合して，グリーン・ネオリベラリズムという，「南」と東欧への介入のための世銀にとって最新で最強の枠組みが形成されたのか，が本書の課題である．

　以下の各章で，世銀と「南」と「北」からの専門家たちが，せわしなくこのような地球的課題を構想したことを論ずる．それは，思いもよらない結末となったのであるが，権力と意味が付与されたものであり，きわめて論争的であり，なおかつ偶発的なものである．また，戦略，欲望，制約そして可能性が融合され世界を変えてしまうほどの影響力を持つものである．本書は，世銀とそのパートナーたちが，グリーン・ネオリベラリズムを（世界に）当たり前のものとして受け入れさせ，正当化され永続性を持

第1章　世界銀行を理解する

世銀は単一の国際機関をはるかに超えた存在だということをテーゼとして掲げたい．それは，ホワイトハウスや財務省と道を隔てた向かいに立っている20のビル以上のものである．むしろ，複数のアクター（アメリカのMIT（マサチューセッツ工科大学）経済学部，ウォール街の投資会社，カーギル（注xvii参照）の農業関連資材部門から，インドの農村研究機関，肥沃な農地，農業関連産業）との相互作用を通じて産み出される収奪的な影響力を維持する生産性の高いアクターとして理解すべきである．世界は世銀総裁によって管理されているのではなく，むしろ，世界の政治経済は世銀が深く関与している一連のエリート権力のネットワークによって支配されているのではないか，ということである．世銀を理解することで，国際政治経済の仕組みとそれを維持しているヘゲモニーの力の一端を垣間見ることが出来る．開発プロジェクトの枚挙にいとまがないほどの暴力についてはすでに多くの書物が著されているので，私は開発の名において永続させられている暴力のよりありふれた形，すなわち，有形の不正ではなくヘゲモニーを構築する日常的な形，人々にその参加が必ずしも最良の利益にはならないにもかかわらず，世銀のグリーン・ネオリベラル・アジェンダの形成と安定化に参加するよう影響して圧力をかける構造を強調する (Bond 2003; Caufield 1996; George and Sabelli 1994; Rich 1994)．もちろんこれら暴力の全ての形態は，ネオリベラリズムの猛攻撃の中を生き抜こうと努力すれば，人々の苦悩と結びつき，人々の心に重くのしかかることになる[1]．

開発学における緊張関係

開発について考えを巡らせれば，どのような政治的背景をもつにせよ全ての学者は「開発はなぜ失敗するのか？」という疑問にとりつかれる．そして，この疑問を追及し解決策や社会的対応の修正を助長してそのプロセスの「改善」に務めようとすれば，やがては袋小路に入り込んでしまうことになる．しかしながら，改善を追求する中で，わかりきったことであるが，彼らはまた開発プロジェクトを正当化し拡張する．「南」に近代化と

進歩をもたらす一律のプロジェクトにほころびが生じれば，その正当化を試みるのである．開発に関する文献は莫大で多種多様であるが，いくつかの共通する論脈がある．ここと次の節では，これらのアプローチの問題点に光を当て，開発における世銀の役割に加えて世界システムにおける開発の役割に関するもう一つの見方を提案する．端的に言って，開発をめぐる論争には2つの異なる見解がある．近代化論にルーツをもつ「開発推進論」と近代化を批判する「ポスト開発論」である．しかし，後述のように，この二派は思いがけない仕方で収束していくのである．

開発の近代化モデル

近代化論者は，西側諸国の資本主義発展スタイルが理想の開発モデルであるとする．その発展は，一連の資本の法則もしくはそれをより具体化した，「市場」の法則に則って自然に展開するのである（Dasgupta 1998; Dollar 2002; Easterly 2001; Germani 1971; Gilman 2003; Hoselitz 1960; Hoselitz and Moore 1963; McClelland 1961; Meier 1995; Ray 1998; Rostow 1971）．この学説は，第三世界で開発が失敗する理由は在来の制度が不完全なために資本主義の恩恵を完全に利用できないからだとする．問題は，世界資本主義と世界システムのパワーダイナミクスにあるのではなく，「南」にその要因，すなわち「西」が提供する資本，技術，そしてノウハウを採用し，順応し，取り入れる能力が「南」にないこと，があるのである．制度的未成熟と倫理的抑制の欠如が開発に失敗した原因と見なされる．したがって，これらの学者や実務家は科学技術的な視座から「開発の最適モデルは何か？」という問いを立てることになり，それに対する解答は例外なく，「発展した西から学ぶべき」ものとなる．それは，あたかも西欧諸国が，非西欧諸国に，経済成長と繁栄のノウハウに加えて「文明化」「発展」「豊か」になるための社会規律と行動規範を教えることが出来るかのようである[viii]．

[viii] 開発援助の理論的基礎となる開発経済学の系譜に関して文献は多数あるが，本書の理解を助け，また本書とは異なる視点から整理したものとして，国際協力機構・国際協力総合研修所編『援助の潮流がわかる本』（国際協力出版会，2003），秋山孝允ほか『開発戦略と世界銀行：50年の歩みと展望』（知泉書館，2003）を参照されたい．

1950年代には，世銀の初期の開発政策は以上のような近代化モデルによって枠組みが作られた，とはいっても民間資本が投資を控える部門への政府の介入を重視するケインズ経済学の世界観を伴ってではあるが．したがって，ケインズ経済学による「開発国家」の仕事は，世銀の助けを借りて，雇用創出と経済成長を促すために積極的に踏み込むことであった．世銀の観点からは，開発の旗の下に国家が為すべきことが多くあった，そして世銀は追い立てるように政府に「北」の企業から発電プラント，送電系統，その他の資本集約的な資材を購入するために，（比較的高い）ドルを借り続けさせた．世銀は，開発の名において，その貸出計画を慎重に前進させた[ix]．

　この保守的アジェンダは，1970年代初期に津波のように押し寄せる問題が世界経済に打撃を与えた時に急激に消滅した．ふくれあがるユーロダラーと（原油価格高騰による）OPECのオイルダラー，それに積み上がる財政赤字と軍事費によって抜け出せないでいるアメリカ経済の惨状があいまって，ニクソン大統領とポール・ヴォルカー顧問は長く続いたブレトンウッズ体制の終焉を宣言した．この体制は，全ての通貨の価値を金本位に縛りつけ，アメリカドルとリンクさせていた（Block 1977; Gowan 1999; Kapstein 1994; McMichael 2004）．この動きは，アメリカ主導の，最終的にはアメリカ経済の利益になるような国際金融の流れの規制緩和を求める経済運営の指図の始まりを象徴するものであった．第2章でみるように，新しい世

[ix] 1950-60年代の開発経済学の主流は，途上国における市場の失敗を政府主導によるインフラ整備で克服し，輸入代替工業化によって資本蓄積を図ろうとするものであった．したがって，資本と技術力が不足する途上国に対して上のような援助がなされたのである．いったん成長が軌道にのれば労働市場も拡大しトリクルダウン効果（第2章注v参照）によって，経済発展の恩恵は社会の隅々にまで行き渡り貧困問題もおのずと解決されると考えられた．当時冷戦下にあって，貧困問題は社会主義の温床ともなりかねないので，援助は資本主義陣営の囲い込みの手段でもあった．なお，日本は1953-66年に電力，鉄鋼，自動車，造船，農地・灌漑開発，運輸などの部門で総額8.6億ドルの世銀融資を受け，返済を終えたのは1990年である．この世銀融資が，日本の戦後復興と55年体制下での保守長期安定政権の確立に寄与したことは否めない．ただし，高度成長下の日本において，本書で紹介されているような近年の途上国でみられる諸問題が噴出していたこと，そしてそれらの多くは現在でも解決済みでないことも忘れてはならない．

銀の総裁であるロバート・マクナマラ（Robert McNamara）は，世銀のプロジェクト融資を拡大させ世銀を世界の大立者へと変貌させるために，この資本の過剰を利用した．

1980年代初めまでには，しっぺ返しを受け，過剰支出が「南」の債務危機に拍車をかけ，IMF，世銀，アメリカ財務省は債務国に対してそれまでとは異なる政策を打ち出すこととなった．近代化モデルの新バージョンは，「南」の諸国に対して国家財政緊縮化，市場開放，そして公共部門の民営化（後に「ワシントンコンセンサス」と呼ばれることになる三本柱），を強調した[2]．世銀内部では，「分配を伴う成長」を標榜する開発経済学から「市場オンリー」の原理主義的見解への転換は，正統派のアン・クルーガーを主席エコノミストとして採用し，「分配を伴う成長」派の経済学者をパージすることで確固たるものとなった．クルーガーの任命を契機に，世銀内外のワシントンコンセンサス・ネオリベラリストたちは他の人々に，世銀と他の国際機関は不注意にも「無責任」な指導者たちに「非生産的」な公共投資をさせるために貸し続けることで「南」の苦しみをただ単に長引かせてきた，ということをしつこく説き伏せようとした．彼らの見解によれば，この「浪費的な」開発融資は，単に理性を欠いた経済行動，クルーガーがいうところの「レント・シーキング[x]」，を助長するだけである（Krueger 1974）．

ネオリベラルの考え方を踏襲した開発アジェンダが根づいたが，それはきわめて厳格なものとなった．厳密な経済用語でいえば，世界のほとんどの「南」諸国にとって，1980-2000年の期間はその前の20年間（1960-80年）の経済的利益の破棄を意味した（Easterly 2001; Wade 2001; Weisbrot 2001）．ただし，中国，インド，韓国を筆頭にそれにはいくつかの例外もあった．また，通貨切り下げ，貿易障壁と資本規制の撤廃，国家財政緊縮，公共財・サービス・インフラの民営化という厳格なネオリベラル的処方箋を拒否した国々もある．そのような例外もあるが，世銀・IMFの処方箋にはほとん

---

[x] 政治的特権を利用して賄賂を要求したり，逆に政治家や有力者とのコネを利用して独占的利益を確保しようとする行動．

ど選択の余地はなく，それらに忠実に従った国々は遙かに苦しめられた．

1990年代半ばまでに，多くの「南」と東欧諸国では事態は深刻さをきわめ，「北」諸国の主たる政策決定者たちは公然と，ロシア，メキシコ，東アフリカ諸国の経済を破壊し，東アジアと中南米の1990年代の経済危機を招いたとワシントンコンセンサスを非難した．10年以上続いたワシントンコンセンサス・イデオロギー支配の後，ポスト・ワシントンコンセンサスを唱道する人々は，世銀とIMFのネオリベラリスト正統派が世界中に一連のとてつもない災難をもたらしたと結論づけた（Easterly 2001; Meltzer 2000; Sachs 1993; Stiglitz 2002）．新見解の先頭に立つのが，世銀で主導的な立場にいながら世銀に幻滅させられたジョセフ・スティグリッツに代表される，新制度学派[xi]の経済学者たちである（Hart 2001）．かつての世銀のチーフエコノミストであったスティグリッツは，次のように論じている．近代化政策は「より公正で持続的な成長のための手段になるのではなく，それら自身が目的と化してしまった．その過程で，極端すぎる政策を早急に押しつけてしまったために，他に必要であった政策が排除されてしまった[3]」．

最近では，ポスト・ワシントンコンセンサス政策推進派は，近代化モデルを再構築するために二つの分岐した道を進みだした．世銀とIMFはネオリベラル政策の影響を弱めるためにより多くのセイフティーネットと社会福祉制度を整えなければならないと主張するグループ，すなわち，ケインズ主義的社会的緩衝施策を選択的に再び取り上げ拡張することを主張するグループである．これらの経済学者および開発実務家の見解では，世銀とIMFは「ショック療法」アプローチを捨て，国々が経済統合に備えるためにより緩やかなスケジュールで国ごとの条件，ニーズそして能力の相

[xi] 新制度学派における制度（institution）とは，当該社会に組み込まれて人々の社会的行動を規定するルールのことで，行政機構などのフォーマルな制度から商慣行や社会的に共有される倫理観などインフォーマルな行動規範まで広く意味する．新制度学派では，市場が機能する条件として，政府，法制度が整っており，契約遵守の取引慣行が社会に根付いていることを重視する．途上国の多くではこのような条件は満たされておらず，そのような社会に近代化政策を押しつけることの誤りを指摘した．

違に対して細心の注意を払って開発を進めなくてはならない（Fine 2001）．彼らは，貧困者が雇用の望みやきれいな水もない状態で生活する世界は，すぐにでも革命，もしくは宗教的原理主義者の炎に包み込まれかねない世界だとおそれている．

　もうひとつのグループは，世銀とIMFは元来の使命——彼らが信じるところではかつて世銀が小さく効果的で融資が優れて識別力のあった頃——に戻ることを求める（Finnemore 1997; Pincus and Winters 2002; Wade 1996a）[4]．「開発は道を誤ってしまった」と主張する研究者たちは，タコのように触手をひろげた世銀と傲慢なIMFが開発を政治化することによって汚職をあおり，民主主義を根づかせようとするこれらの組織の本務をむしばんでいったとみている．これらの研究者はスリム化しより高い見識を持つようになることで，世銀とIMFは彼らがイメージするかつての姿，第三世界の経済開発のための賢明な触媒（catalysts）に戻ることができると考えている．

開発は道を誤ったのか？

　世銀に関する著名な研究者であるロンドン大学経済学部のロバート・ウェイド（Robert Wade）は，世銀に対するアメリカのヘゲモニーが開発に関わる活動の正当性に重大な影響を及ぼしたことを挙げている（Wade 1996b; Wade 2002）．ウェイドが2002年の論文で提起した議論は，冷戦時代のアメリカの外交および国家安全保障政策は，世界市場をアメリカの資本，商品，サービスのために開放せよとする要求と共産主義の影響下の国と国民を封じ込め排除するという政策の間の緊張が生んだ政策であると定義する所見から始まっている．しかし1989年以降アメリカは，その封じ込めドクトリンを拡張ドクトリンに転換した．アメリカの国家安全保障担当補佐官であったアンソニー・レイクは，1993年に行ったスピーチで次のように述べた．「冷戦時代は小さい子供でもアメリカの安全保障上の使命を理解していた．彼らが学校の教室の壁に掛かっている世界地図を見るとき，合衆国政府は，その巨大な赤い染みの侵略的拡張を封じ込めようと努力し

ていることを知っていた．今では……「青の領域」の市場民主主義の拡張を促進することが我々の安全保障の使命なのかもしれない」(Wade 2002).

　ウェイドによれば，世銀とIMFはアメリカの拡張戦略の主要な手先となってしまったのだ．「アメリカの強力なエリート集団」は，「南」と旧共産国の市場は，アメリカ国家と軍事力で直接力づくで押しつけるよりは，ブレトンウッズ体制下の多国籍の諸機関の圧力を通じて行った方がより安上がりにアメリカの影響下の「青の領域」に転換できることに気がついている．その結果，アメリカはジレンマに直面することになる．すなわち，アメリカは，世銀をアメリカの政治的利害に従属するよう強いることで，世銀の正当性を維持し世界中にそのアジェンダを広めるために必要な多国籍的特徴とその資質を弱めてしまうことになるのである．それでも，世銀とIMFのコントロールなしには，借入国ばかりでなくヨーロッパや日本までがアメリカのイデオロギーを攻撃的と見なし，アメリカ・ブランドの市場原理主義は揺らめいてしまうだろう．アメリカの支援なくしては世銀とIMFは歴史のゴミ箱の中に消えかねない．要するに，ウェイドは「世銀はもし連邦政府とアメリカをベースとするNGOの両者からなるアメリカのコントロールが少なくなれば，より良い開発機関になるであろう」と論じる (Wade 2001).

　最近の世銀に関する論文で，ウェイドは他の批判者も例証している次のことを強調する．すなわち，世銀はきわめて傲慢な組織で，批判に応えるために活動範囲を広げ目的を多様化すればするほど，とてつもない誤りを犯すようになるのである (Finnemore 1997; Pincus and Winters 2002). ウェイドらは，韓国，台湾，日本そしてアメリカ以外の西欧諸国の「成功した」政策から導き出されるスリム化して目的を絞った柔軟な開発モデルにもとづいて運営される開発銀行を求めている．世銀は最近の成功例から，世銀自身の開発アジェンダを時代に合わせて改革することを学べるであろう．

　ウェイドの議論の強みは，世銀のアメリカ中心主義政策の傲慢さを浮き彫りにしたことにあるが，その一方で，世銀が果たしていた政治経済上の役割という視点を欠いている．彼はヘゲモニーを，世銀内部と世銀本部と

ワシントンの権力の回廊での錯綜したパワープレイと解釈するが，国際機関としての世銀はそのヘゲモニー的主導権がワシントン以外の様々な社会的領域と借入国機関での活動を通じて維持されない限り繁栄できないことも事実である．それに加えて，ロビイストはワシントンD.C.で活動するかもしれないが，世銀にとって最も大切な顧客はワシントンD.C.の住人ではない，世界のあちこちに点在する多国籍企業なのである．これらの企業は，「過小評価されている南」での資本蓄積のための資源動員，およびそれを促進するための法律の制定を世銀に促してもらうことで企業活動の幅を広げることができるのである．ウェイドは，「南」の貧困削減の触媒としての経済学と，経済成長の意義を無視するアメリカをベースとするNGOの狭い思考様式に惑わされてしまったのか，世銀の「ガバナンス，住民参加，環境」アジェンダを研究の射程に入れていない (Wade 2001)．そのため，市民社会アクターに地盤を確保させるような政治的合意形成の過程とそれを確実なものとする上で，「市民社会アジェンダ」を開発プロジェクトに反映してゆくということの意味を批判的に眺めてはいない．さらに，世銀が，世界資本の蓄積のためのスコープを拡張する上で果たしている中心的役割を無視することで，ウェイドは世界経済をきわめて不公正なものとしている世銀の重大性を過小評価してしまっているのである．

　実際，ウェイドや他の開発推進論者は，「北」の比較的安定した経済成長率と「南」の成長の欠如の関連については，資本不足国が見習うべき開発の「良い」お手本という観点以外では，真摯に考察していない．しかしよく考えてみると，ジンバブエが一体どのように韓国をまねることができるだろうか？　韓国の戦後の成長は，アジアにおける共産主義との戦いという地政学的理由で莫大な資本注入とともにアメリカによって与えられた強力な特権的地位，それに続くアジアへの展開をねらう日本からの資本投入の上に基礎づけられていたのである (Amsden 1994; Hart-Landsberg 1993; Lie 1998)．それとは対照的にジンバブエは，他のゼロ成長国と同じように，歴史的に築き上げられてきた世界システムの中で，韓国とは全く異なる役割を演じてきたのである．韓国経済が開花している頃，ジンバブエはヨー

ロッパを南部アフリカから追い出そうとし，アメリカを背後にもつ反動勢力とも戦っており，同時に南アフリカ共和国の反アパルトヘイト闘争への支援も行っていた（Bond 1998; Moore 2000）．しかし残念ながらこれらの政治的，軍事的努力は，西欧やアメリカのジンバブエに対する関心を引かなかったのである．このように異なる発展の経路を辿ってきた国々を単に開発モデルの良し悪しに矮小化してしまったら，相違の背後にあるこれらやそれ以外の歴史的な経緯をまったく考慮できなくしてしまうであろう．

　開発研究者や専門家が，世界経済統合の利益を述べながら，もう一方で，それぞれの国のアクターによって構築された各国固有のモデルとしての国民経済の重要性を語るのであれば，それは思慮不足といえる．２つの次元の重要性を述べるこのような立場は，近年見られるグローバルとローカルの相互関係に加え，極端な力関係の不平等性に特徴づけられる世界政治経済の現実をも否定する．この考え方によると，市場はその性格において一国内で完結しており，放任するか，企業家精神志向だが不干渉主義国家による軽い活気づけを受けた時に最も有効に機能する．この近代化志向の世界観では，各国はそれぞれが孤立した存在ととらえられ，貿易か戦争以外にはほとんど没交渉となる．そんな非現実的な世界があるだろうか？　私が本書で示すように，南北の世界システムにおける根源的な繋がりは，日常的なとりとめのない開発行為によって見えなくさせられている．つまり，今日でも開発は依然として「北」からの贈り物と理解されているし，どんな特定の開発の失敗もその原因は「南」の指導者もしくは文化の欠陥に帰せられ，汚職と不合理性の泥沼にはまったからだと簡単に臆断される．世銀の悲惨なプロジェクト，エンロンで起こったような企業腐敗[xii]，そしてアメリカによる権力の乱用などの「北」が起源のときおり生じる失敗も，制度的特異性と個別的な不合理と短絡的に解釈されてしまう．このダブルスタンダードの根は植民地主義にある．そして開発という企てとより広い

---

xii　エンロン（Enron）は，電力・ガスなどのエネルギー取引とITビジネスを行うアメリカの巨大企業であったが，巨額の不正経理・不正取引が明るみに出て，2001年12月に破綻に追い込まれた．会計事務所や顧問法律事務所も不正に加担し，ブッシュ大統領とも親密な関係にあり，内政・外交にも影響をおよぼしていた．

政治経済の中での開発という行為の位置づけについての我々の分析能力に大いに影響を与えている．「南」での増え続ける貧困と「北」における富の蓄積との間には何も関連はないとの主張や，世銀のような国際機関は，ノウハウ，経験，技術を持たない人々に提供する技術官僚的(テクノクラティック)専門家のみから構成される組織であるとの主張を固持している限り，我々は帝国主義的近代化の神話を形を変えて語っているに過ぎない．

ポスト開発主義学派

　全ての開発学者が近代化モデルの理論的前提と世界観を共有しているわけではない．実際，多くの異なる分析枠組みが存在する．近年，一群の開発研究者が，ポスト開発学と称される大変影響力の強い教義をうち立てた[5]．アルトゥロ・エスコバー，マジッド・ラーネム，グスタヴォ・エステヴァ，ヴァンダナ・シヴァ，ウォルフガング・サックスといった南北の知識人によって主導され，ポスト開発主義的学説は，第二次大戦とブレトンウッズ合意の形成以降，開発は，制度化，専門化し，「北」の国家，「北」の資本と職業的専門家によって支配される単一のトップダウン・プロジェクトとして立ち現れるようになったという説得力のある議論を構築している (Escobar 1995; Sachs 1992)．

　植民地主義とその後の歴史に対する批判としての反植民地主義的見方から始め，ポスト開発学者は世銀60年の歴史は西側世界で始まりそれ以外の世界へと広まっていったとぎれのない自己拡張の企てを映し出していることを示している．ワシントンコンセンサス／近代化論者がこの開発の絶え間のない拡張を（不完全だが）「南」の進歩と向上への道を開くことだと解釈するのに対し，ポスト開発学者は，開発という事業は，富と貧困を生み出す世界システムの中で大きな構造的暴力と結びついていると主張する．このような社会的不公正は，「開発というお話」，すなわち，開発の失敗は「南」の人々の文化的，心理的，生物的な特質の結果であると説明するとりとめのない戦略を通じて覆い隠されるか正当化される．その結果，開発においてもっとも影響力のあるアクターは，支配の諸形態を市民社会の中

で常態化させるような新しい慣用句と知識を発明し普及させる専門家となる．従って，開発は一連の諸制度（例えば，資本主義的市場，国際機関など）ともっともらしい言説（すなわち，資本投資による貧困との闘い）を通して解釈されるようになり，それらが結合することで世界の富裕階級と貧困階級の間に非常に搾取的な社会関係が生みだされ正当化される．

　西側世界によって押しつけられた近代化，開発，進歩に対する強力な批判者として，ポスト開発学はきわめて有効である．実際，これらの論考を読んだものは，無邪気に開発を慈善的な贈り物もしくは中立な技術移転の行為，などとは二度と考えないであろう．エステヴァからエスコバーまでこれらの学者は，この西側世界からの「贈り物」というもっともらしさを広める権力の力学と仮説を強調する．社会の上から下までそして中心から周辺へと権力の影響を広めることで，「北」がいかにその意向を「南」に強要したかを力説するなかで，これらの学者は不可避で一方向的な拡張の歴史的物語を作り上げる．このきわめて決定論的な歴史観では，我々は変化に富んだ景観，すなわち様々な生産，抵抗，不安定そして政治的機会の現場を見失ってしまう．このような押しつけの歴史観では，空間的・時間的不均衡，歴史的亀裂と構図的危機，もしくはもう一つの（alternative）社会変化を見るのは困難である．端的に言えば，ポスト開発学の論考は，支配の押しつけをあまりに単純化している．つまり，あたかも運転席に誰もいないスチームローラー（地ならしなど道路工事のためのローラー付きの重量車両）がそれを止めるものが何もないような状態で第三世界を踏みつけにしているかのようである．このような意味において，ポスト開発学の論考は，開発そのものを廃棄することを求めているにもかかわらず，開発推進論者と歴史的解釈を共有している．「急進的な社会変化はどこから生じるのか？」という問いに対して，ポスト開発主義者はひどく省略された答しか出さない．開発の近代化プロジェクトから排除された人々が巻き起こす新しい社会運動によって，と．しかし，南北の開発関係の影響の及ばないところにいて，ポスト開発学が示唆する，開発の全ての局面を拒否する人々から生じるもう一つの選択肢について語ることなどできるのであろうか？　つま

るところ，後に見るように，言説としての開発は，「南」全体にわたって植民地支配に対する反逆者を手なずけることから独立運動の支持まで，異なる政治的プロジェクトのために利用されてきたのである．開発をその不均衡な歴史的・文化的文脈の中で理解することはそれとそれに代わるもう一つの選択肢を批判的に分析するためには必須である．

第三の道──「巡り合わせの領域」の分析論

これまで述べてきた開発論で欠落しているのは，開発ヘゲモニーができあがる過程，すなわちヘゲモニーの形成がいかに歴史的巡り合わせの産物であって政治的に不安定であるかについて，我々をより明確な理解に導いてくれる，具体的な政策と開発プログラムにかかわる論争についての分析である．全体像を見るためには，対立する様々な人々であふれている「南」と「北」が出会う現場への洞察を可能にするアプローチを開発しなければならない (Cooper and Packard 1997; Crush 1995; Moore 2003; Peet and Watts 2004; Young 2003)．人々は，進歩，開発，近代化などの普遍的な概念に単純に合意や承諾，あるいは完全に支持するか反対するものではない．人は，熱帯林のハイウェイや巨大ダム建設のためにコンクリートを流すことについて，なんらかの思慮，留保，あるいは論争なくして，科学的立場をうち立てることはない．そうした成功や失敗について，まずどのようにヘゲモニーが形成されたかを見ることなく臆断すれば，なぜ人々は圧力を受けなくとも承諾したりそうでなかったりするのか，我々は判断力を失ってしまうだろう．政治的好機はどこにあるのか，支配的な構造が形成されている現場や空間はどこにあるのか，いかにして人々はそれらを転覆させようとしているか，そしてどこからもう一つの選択肢は現れるのか，を見分ける能力を失ってしまう．ヘゲモニー体制を見ることでしか，権力の闘争は垣間見ることはできないのである．

実際，開発を不均一で矛盾する資本主義発展の歴史に埋め込まれたものという前提で理解したときにのみ，権力の闘争に気づくのである．本書は

批判民族学的アプローチの視座から，世銀の歴史を通して，商品，知識，環境，資本，そして（開発）課題の生成過程を洞察し，開発という行為の脆弱性と歴史的な偶発性を明らかにしたい (Hall 1996; Hart 2003)．要するに，ほとんどの開発研究で不足しているのは，ヘゲモニーと反ヘゲモニーが構成される過程の説明である．すなわち，社会的合意から過半数者の抵抗という社会現象全てに視野をひろげ，今起こっていることはそのどこに位置するのであろうかという問題意識を持つということである．

開発の歴史を読み直す

世銀と開発を研究する多くの学者にとって，ハリー・トルーマンの1949年の就任演説は，現代の開発プロジェクトの発明において重要な契機となった．トルーマン大統領は，その演説の中で，アメリカ国民に戦後世界の低開発地域の問題を解決する重要性を訴えた (Escobar 1995; Sachs 1992; Saldana-Portillo 2003)．「より一層の生産こそ繁栄と平和の鍵である」とトルーマンは宣言し「平和を愛する人々に我々が持っている技術的知識を提供しなければならない」と述べた (Escobar 1995, p. 4)．一般的に，トルーマン・ドクトリンは，開発という壮大な企てを通じて南北関係の新しい時代の口火を切ったと言われている．しかし，このスピーチを世界政治の劇的な転換と解釈してしまうことで，開発研究者たちは行きつ戻りつした開発の過程を無視してしまっている．開発とは植民地と資本家の対立と動乱であると深刻に受け止めることで，開発行為は常に変化し常に不安定であり，またイデオロギーとしての開発は，異なるアクターたちによって政治的なもくろみの渦中で構築された，ということを理解できる．言い換えれば，（世銀をその世界の先駆者とする）開発研究のほとんどのアプローチは，開発を連続性と不可避性からもたらされた歴史的・地理的偶発性と亀裂によって形づけられているということを説明できないでいる．本書では，どのようにしてそしてなぜ開発という権力が増殖しあるいは覆されるかという問題意識をもち，その歴史的変遷を理解することから始める．このように歴史の巡り合わせを強調することで，もう一つの開発の道を理解し，（具体像を）

頭に描くことができる．

　一つの出発点として，植民地主義下の開発が単なる啓蒙主義的事業などでは決してなく，新しい経済自由主義政策と信託統治の植民地文化とを橋渡しするような新しい形の植民ルールを持ち込むことで，植民地における一連の政治的緊張と反乱を鎮めるための一揃いの戦略的手段として設計されたものであったことに注目する．例えば，19世紀半ばに，イギリスは反抗的で手強いインド亜大陸と取り組むことを強いられた．東インド会社の社員でイデオローグであったジョン・スチュアート・ミルは，インドは開発（例えば，繁栄，進歩，文明化）が実現可能な条件を整えるために信託統治を行う「清廉潔白な」帝国軍によって統治されるべきであると主張した（Cowen and Shenton 1996）．植民役人に対する絶え間ない反乱を経験した後，工場主と地主たちは，東インド会社がインドの統治をあきらめざるを得ず，（インド人にとっては過酷な結果をもたらす）英王国政府と軍隊にゆずらざるを得なかったセポイの反乱（1857年）をピークに，ミルの開発を基礎とした信託統治の原理が新しい施政の基礎となった．

　しかし忘れてはならない．19世紀半ばの急速な資本主義的工業化は，ヨーロッパの農民と小生産者をも搾取し，西ヨーロッパ中に抵抗と破壊行為を広範に燃え広がらせたことを．イングランドでは，この闘争はラッダイト運動，急進主義者，労働組合主義者，チャーチスト，民主主義者，そして空想的社会主義者を生み出した（Cowen and Shenton 1996; Shenton 1995）．これらのきな臭い時代はまた，当時のいくつかの核となる教義と開発諸制度を創りだした．すなわち，経済自由主義と社会福祉主義である．イングランドではスピーナムランド期（1795-1834年）の終焉と1834年の救貧法改正は，労働者に保護的な工場法と社会法制に対する突然の要求をもたらした産業労働者階級の運動と，同時期になされた（Burawoy 2003; Burawoy 2000）．「ベンサムとバーク，グッドウィンとマルサス，リカードとマルクス，ロバート・オーエンとスペンサー」（Polanyi 1957）の思想が，生じつつあった「大転換」に関する懸念をめぐる新しい苦悩へと転化した．この苦悩は，カール・ポランニーが呼ぶところの「社会の誕生」，すなわち，

産業資本主義発展の暴力的動乱を生き残るための，政府の積極的な関与と開発を求める社会的な空間をもたらした (Polanyi 1957)．政府による開発は，時と場所によって異なる形で展開したが，それは常に本国と植民地との両者において，帝国主義的国家機関に新しい植民地管理に関わる役割を担わせることとなった．つまるところ，開発体制 (Ludden 1992) は，政治的闘争を通じて常に形を変化させてきたのである．さらに，植民地での出来事は経済自由主義と社会福祉制度など宗主国で起こっていることと切り離して理解することは出来ない．

今日みられる開発政策（ネオリベラリズム，セイフティーネット福祉主義，良い統治，自由貿易，世界的統合そして「市民社会」への投資）に先行する様々な事柄は，当時の一触即発で暴力的な，植民地と本国の関係性の文脈において考察すべきことである．こうした言説は，「植民地官僚の額(ひたい)」からではなく，大規模な反乱と暴力的な宗主国の十字砲火から生じたのである (Cooper 1997)．世銀とワシントンコンセンサスのイデオローグは，150年前に東インド会社が展開した議論と理由づけに類似しているということを立ち止まって再考すべきである．特定の歴史的暴力と，開発という言説が生まれ広まった最新の常識との両者を理解する視点が必要なのである．

この植民地主義の文脈とは対照的に，20世紀を通してそして第二次世界大戦ともつれあって，開発は非常に異なる様相を呈するものとなった．ある時には，開発とは植民地で弱まった帝国の力を再び呼び戻すための仕掛けであり，別の時には帝国の支配を追い出そうと，反植民地・自由主義的政治の旗を掲げた社会運動の道具ともなった．インドでは，独立後の何年間かは，開発計画が影響力のある言説であり続けた (Bose 1997)，しかし，独立前には大英帝国に煽られた言説のみに影響を受けていたが，現在のインド政治には，反植民地主義，ガンジー主義，民族主義アウタルキー[xiii]，社会主義，そして空隙を埋める他の政治的立場などより多様な言説が登場するようになった．独立時の多くのアフリカ諸国にとって，「あらゆる抱負，活動，そして言説を包含するようにみえる概念は，疑いもなく開発であっ

[xiii] 自給自足を目指す排他的な社会経済体制．

た」．ママドゥ・ディオフによれば，開発とは「近代化，文化の再征服と再生，経済進歩，そして社会的公正の達成」と類義語であり「経済的な復興と同時に国家と市民社会の建設をも意味していた」（Diouf 1997, p.291）．解放運動においては，途上国が普遍的権利を得られるようヨーロッパが責任を取るべきであるという独自の力強い言説を展開し，そこから現代世界システムを変化させようとした（Cooper and Packard 1997; James 1963）．

　このように変化する開発体制への歴史的洞察は，安易な開発観，明瞭で理にかなったテクノクラシー的計画，あるいは，東インド会社や世銀のような，変わらない「北」の組織による第三世界の支配を良しとする考え方を凌駕するにちがいない．これまでの革命運動がそうであったように，「西」が作り上げた急進的な社会正義アジェンダをたとえ受け入れることになったとしても，世銀との関係を通じて生み出された開発の政治的空間もまた，反ヘゲモニー勢力を動員する重要な場所となったのである（Saldana-Portillo 2003）．

世銀の役割を再解釈する

　今日の世銀について調べるのに，植民地時代の昔を繰り返し引き合いに出す必要はない．むしろ，植民地時代の出来事を批判的な立場から考えてみると，世銀の権力がどこから噴出しどこで衰えるのかを考察する際には，「巡り合わせの領域」（Gramsci, Hoare, and Nowell-Smith 1971）に細心の注意を払い，他者を服従，沈黙させながら特定の開発体制をヘゲモニックにする実際の活動について熟考しなければならない（Hart 2004）．このような認識をすることで，これまでの世銀に対する典型的な視座は部分的にしか正しくないことがわかる．近年の開発をめぐる歴史における最大の変化は，

---

xiv　ベーシックニーズ（Basic Human Needs; BHN）とは人間が生活する上で欠かせない衣食住に加え，社会資本としての水，衛生，公共輸送，保健，教育文化施設などを指す．BHNは，経済成長を重視する考え方とあわせ，公正な所得分配や雇用の増大を重視する「改良主義」の発想にもとづいて1960年代から興隆した（絵所秀紀『開発の政治経済学』（日本評論社，1997）第3章）．この背景には，成長の恩恵が貧困層にも浸透すると説くトリクルダウン理論（第2章注v）への疑義があった（詳しくは第2章の「マクナマラの時代」（69ページ）で詳述）．

1944年のブレトンウッズ体制を支える諸機関（世銀とIMF）の設立であることに間違いはないが，世銀は，今日では主たる仕事とされる貧困者救済のための投資と「ベーシックニーズアプローチ[xiv]」に当初から関わっていたわけではない．一般の理解とは逆に，設立当初世銀は，戦争で破壊されたインフラ再建のために，主として「北」の諸国に融資していた（第2章参照）．

　合衆国政府がマーシャルプランを通じてヨーロッパに無利子ローンと贈与を導入した時，世銀は融資先の切り替えを強いられヨーロッパの（旧）植民地のインフラ再建のための融資を始めた．典型的には，世銀は，鉄道，港湾，鉱山の再建のために欧米企業を雇って，これまでと同様にヨーロッパに拠点を置く植民地銀行を通じて，「西」側諸国の通貨建てで融資した．このように，第二次世界大戦後，世銀は，アメリカ財務省，アメリカの投資会社・銀行，アメリカのコントラクターなどの新しいアクターをヨーロッパと第三世界に従来からある不均衡な貿易・生産関係の中心へ導くことで，世界経済において枢要な役割を果たすようになった．戦後10年間にわたりアメリカは世銀の最大の投票権を支配し，かつ世銀融資からの外国調達の最高割合を享受した（すなわち，アメリカ企業が借入国のプロジェクトの契約を請け負っていた）ことは，偶然の一致ではない．つまるところ国際機関は，その商取引に関しては，ほとんどをワシントンD.C.から目と鼻の先の顧客と行っていたのである．欧米の指導者間の合意によって，世銀総裁は通常はウォール街のパワーブローカーで常にアメリカ人，一方，IMF総裁は常に西欧から，と決まっていたようである．世銀設立当初は，世銀の正職員のほとんどは，20世紀中期の南北貿易，資本投資の専門家として再指名されたヨーロッパの在外事務所の植民地官僚から構成されていた．

　このような特有な歴史があるにもかかわらず，世銀についての研究書は，世銀の起源に焦点をあてる際，貧困削減という一つのテーマを強調する（Caufield 1996; Kapur, Webb, and Lewis 1997; Pincus and Winters 2002; Rich 1994）．しかし，世銀の初期の歴史において，貧困がアジェンダとして取り上げられることはついぞなかった．世銀は，開発を農村の貧困者のため，あるいは資本投資を社会的向上に向けることとして，提示したことは一度もない．

1950年代，そのような考え方はきわめて疑わしい主張であり「不合理な」試みとみなされていたのである．初期の世銀は，その主要な顧客と構成員，ニューヨークとロンドンの銀行家・投資会社と西側諸国の資本財セクター，といった相手のために古い植民地のインフラ再建を目的とする資本プロジェクトに投資した．ワシントンに拠点を置きウォール街の銀行家によって管理されている世銀が，虐げられた人々や貧困者と関わるなどとは，ほとんどの人が予期していなかったであろう．では，そのような期待は一体どこから生じたのであろうか？

大規模な資本介入で貧困と闘うという考えは，残虐で金銭的犠牲も大きかったインドシナでのアメリカの戦争，アメリカ経済の破綻，資金がだぶつく西欧，日本，OPEC諸国のアメリカ以外への投資機会の切望，第三世界全体を覆う革命の気運，そして食料不足ではなくアメリカの安価な食料輸出の洪水によって引き起こされた「国際食料秩序」の世界的危機[xv]など，多くの関連する出来事の歴史的巡り合わせから生じた（Friedmann 1982）．この時宜を得た重要な巡り合わせは，世銀の新総裁であるロバート・マクナマラにとって，「北」の過剰資本と「南」の経済的苦境を新たな開発体制——それは世銀を「世界中の貧困者の守護者」へと変貌するよう促進した——につなげる絶好の機会となった．第2章で詳しく述べるように，全く異なる歴史的状況が，その後の開発体制，すなわち構造調整とグリーン・ネオリベラリズムの興隆（と衰退）を急速に促したといえよう．

知識生産の役割

本書の終わりまでに，世銀が借入国で莫大な政治・経済的権力を巧みに行使することは十二分に明らかにされると思うが，私はむしろ，純粋な経済力ではなく，世銀の知識生産活動によってもたらされる補完的な権力の方に焦点をあててみたい．世銀が融資を通じて力を行使するやり方は，か

---

xv アメリカは国内の余剰農産物処理のために現物での援助や補助金付で食料不足の途上国に輸出した．食料援助を受けた国では生産基盤が失われ食料生産が停滞し，慢性的に輸入せざるを得なくなった．

なり直接的なので比較的分かりやすい．より理解が困難なのは，長い期間をかけてどのようにそのような力と権威が強まり常態化していったかである．この難問に取り組むためには，どのようにして常識が創られ人々の「事実上の意識」がいかに形成されるかを徹底的に探求する必要がある．「常識は堅牢でもなければ不動でもない」とグラムシはかつて書いた．「それは，普通の生活に浸透してゆく科学的理念と哲学的見解で内容を豊かにしながら常に変化する．常識は将来のフォークロア——すなわち所与の時と場所における民衆の知識の比較的堅牢な側面——を創り出す」(Gramsci 1971, p.362n5)．世間一般の通念と科学的理論は，人の認知の結果に過ぎないという理由で，当然のこととして受け入れてはならない．それどころか，それらは私たちが生活し変革しようと葛藤している世界に直接影響を与える実存する諸力なのである．

　だからこそ，近代化，開発といった社会全体に及ぶ企て (project)，あるいはネオリベラリズムがどのように出現し，常識となったのか？　という問いが必要なのである．開発はエリート階級の利益を反映するであろうが，グラムシがいうところの市民社会のヘゲモニーもしくは，学校，宗教生活，科学，文化，ボランティア組織，またコミュニケーションやメディアなどの，市民社会を通じた権力の拡大を通じて，支配的で良識的なものと認識されるようになる．しかしながら，このような知識，理念生産過程は，単に不愉快でまずいネオリベラリズムの影響を正当化するあるいは口当たりをよくするだけのために生じたわけではない．知識生産と政治経済の領域は，相互関連を持つ共依存の関係にある．世銀のグリーン・ネオリベラリズム体制は企業や銀行家の策略から生まれたのではなく，政府，企業，NGOそして大学や学術団体で働く専門家の活動から現れたのである．

　従って，これらの理念，概念，政策そして融資が議論されている現場に焦点を当てる必要がある．体制が構築される現場は，多様な専門家たちが出会い，開発の世界を共に構築する場でもある．その結果，極めて不安定で緊張した力関係が現れ，今日の世銀は資本調達よりも知識生産能力にはるかに依存するようになった．世銀はこれまで資金調達に苦労したことは

一度もない．問題は常に貸付にあった．用心深い世界で継続的に仕事をあの手この手で獲得出来るか否かは，新たな地球的問題についてのアイディアとそれに関する専門知識，新たな介入のメカニズムと借入理由，あらたな開発課題と正当性を生み出す世銀自身の能力次第である．世銀は，新たな国際機関，ネットワーク，規範，信条，（一つの階級となった）専門家達を作り出し，世銀への需要を喚起する活動に精を出している．この奇妙な「国際社会」では，金になりそうなネオリベラリズム的案件に関与できる政府系機関と役人がいる一方で，それとは無縁の人たちもいる．世銀の未来は，このような現場における相反する立場，ネオリベラリズムから利益を得る者と損失を被る者とのバランスにかかっている．世銀が仕事にいそしむこのような場においては，知識それ自体の正しさや有効性よりむしろ，それが世銀にとってどのような意味を持つかが重大事となる．その意味で，知識生産は極めて重要ではあるが危ういものとなった．

いかにしてネオリベラリズムは急激に世界中で影響力を持つようになったのか？ ワシントンの一握りのリーダーの考え方の大転換が，こんなにもたやすく世界各国の基本理念になるとは考えられない．それとは逆に，ネオリベラルなアジェンダに対する世銀の支援は，すでに存在していた資金力のある組織と人を動員することができたから可能になったのである．世銀の知識生産機構は断続的に創られていった．1950，60年代には，世銀は，後に首相，大臣，世銀やIMFの上級職員となった少数のエリートの訓練に焦点を絞った．インフラ投資が中心であった初期の頃，世銀は国家レベルの開発銀行，電力・発電公社の育成を，しばしばそれらの所長を訓練することで，手助けした．ロバート・マクナマラ（1968-81年）の下，世銀は農業と工業セクターに急速に手を広げ，全く新しい国家官僚機構を創り上げた（Kapur, Webb, and Lewis 1997）．マクナマラが主導する世銀は，その融資の正当性を説明するために必要な知識を生産するために，借入国の新たな科学的・官僚的社会基盤に資金を出した．これらの投資により，その予算と生計が開発機関の資金に依存する国家機関，組織，大学，そして専門家集団の増加を促した．開発機関の規模が大きくなり地位が高まる

につれて，生産される知識，知識生産者，そして開発の名において調査の対象とされる途上国の人々の役割も増大した．

開発の諸矛盾

「マクナマラ革命」の10年後，大規模開発融資と開発政策の矛盾が明白となった．世銀の資本集約的開発プログラムは，多くの人々を土地，森林から追い出し，漁労の機会を奪い，生産の生態的条件から疎外した (Caufield 1996; Kapur, Webb, and Lewis 1997; O'Connor 1998; O'Connor 1994; Pincus and Winters 2002; Rich 1994)．インドネシアでは世銀が後押しした（ジャワから外島への）移住プロジェクトは，数十万の少数民族を彼らの土地から追い立て，また広大な湿地と熱帯林を破壊した．ブラジルのアマゾンでは，世銀が融資した幹線道路建設，森林伐採，採掘，農業開発計画は，森林破壊，河川汚染，そして森に住む先住民の死を加速させた．大規模ダム，電力プロジェクト，農業の近代化により，フィリピン，インド，タイ，その他の国においてもさまざまな弊害が見られるようになった．このような絶望的な状況に一筋の希望の兆しを見いだせるとしたら，これらのプロジェクトが世銀スタイルの開発に対する反対運動を巻き起こしたことである．抵抗に対して暗殺や拷問で押さえ込もうとした国（インドネシアやフィリピン）では，その抵抗は世銀や合衆国政府など超国家的な「外部の」アクターを標的とした．政府が反対者に対してそこまで苛烈でない国においても，反対者達は自らを組織化し数多くの活動家ネットワークを作り上げ，いわゆる「公共圏 (public sphere)」もしくは「市民社会 (civil society)」と呼ばれるものを開花させた．要するに，世銀の破壊的介入の後，一連の政治活動が疾風のごとく吹き荒れたが，こうした事態を世銀は予期していなかった．また効果的に押さえることも出来なかったのである．

その間，資金不足国は支払い能力以上の債務を負い深刻な状態に陥っていった．こうした国々は，輸出向け高品質商品を生産してその収入から債務を返済し，社会に再投資することを期待してドル建ての開発資金を借り入れていた．しかし，世銀による洪水のような輸出を目的とした資本の無

理貸しは，砂糖，食用油，穀物，綿花，ゴム，コーヒーなどの国際商品の価格急落をもたらした（George and Sabelli 1994; McMichael 2004）．これらのプロジェクトによって強制退去させられた何百万という人々は，国家に対して，補償，保護，雇用，土地，住居，水，食料を要求し始めた．都市は土地を追われた農村住民の絶え間ない流入であふれかえった．この時期の開発の悪影響を説明する一般的な学術用語――蓄積する国家財政の「債務危機」――は，社会の大部分に降りかかった荒廃の規模を十分とらえてはいない．

　マクナマラの「ベーシックニーズ」時代を通した爆発的資本投資の後，世銀の責務は絶大なものとなった．その仕事は世界中で痛烈に批判され，一時的には正当性の危機にまで陥った．世銀の事業が非難の渦中にあり言説としての開発が世銀に対して否定的であったにせよ，開発は活況を呈していた．創造的な気運が開発の失敗から芽生え，影響力のある援助機関からNGOまで，新たなアクターやネットワークが生み出されていった．1970年には開発NGOの海外開発援助は全体の0.2％に満たなかったが，1995年までにはアメリカだけみても援助資金の30％がNGOの活動を通じてもたらされた（Donini 1995）．世銀はNGOと協力することを覚えただけではなく，プロジェクト関連の調査や世銀プロジェクトの実施と改善のためにNGOのスタッフを雇うなどして人材育成までするようになった（Nelson 1995）．このような新たな機会のおかげで，NGOや学者は脇役から抜け出して「開発ビジネス」に直接かかわるようになった．

　国際開発機関がNGOをコンサルタントやコントラクター（請負業者）として雇うことが一般的になるにつれて，世銀に対する敵意を弱めるNGOが出てきた一方で，深刻な軋轢を持つNGOも生じてきた．世銀と協力して仕事をするNGOは目立って繁栄しているが，主義主張のはっきりしたNGOの多くはそれを拒否するか，一度は世銀と仕事をしたとしても批判的な態度を変えなければ再雇用されることはまれであった．ほとんどの学術論文は，一方は国家，他方は「市場」と企業家という壁を想定し，それによって隔てられている「市民社会」の中心部にNGOが位置するという

固定的な枠組みで社会をとらえている（Florini 2000; Fox and Brown 1998; Frey et al. 1984）．しかし，第5章，第6章で明らかにするように，開発の世界では人は複数の役割を担っており，異なる組織や部署を動き回るのが通例である．実際，2000年代初めには，世銀は民間企業やNGOとの人事交流プログラムを立ち上げた．今では，世銀の農業部にモンサント[xvi]やカーギル[xvii]からの出向者がいたり，NGOの職員が世銀職員と共にプロジェクトに参加したり評価委員を務めたりする光景も見られる[6]．

環境国家の誕生

要するに，国境を越えたネットワーク形成における世銀の役割は目を見張るものであるにもかかわらず，それについて語られることはほとんどなかったのである．世銀顧問弁護士，アメリカの管理会社職員からNGOの科学者まで幅広いアクターが，借入国における所有権法改正，国家機関の再編と職員の再教育，地方の経済改革に寄与しているのをみれば，国民国家と「公」務員に関する古い前提を再考しなければならないのは明白であろう．「緑化した」世銀の開発行為に焦点を当てると，自然資源管理に責任を負うのは，米国国際開発庁（USAID），世銀，国際自然保護連合（World Conservation Union: IUCN），そしてプライスウォーターハウスクーパース[xviii]など，官民が混然一体化しているハイブリッド型の「国家」であり，借入国以外のアクターで編成された組織なのである．

ハイブリッド化した国家アクターは越境する専門家階級のネットワークを通じてグリーン・ネオリベラリズムを広めると同時に，自然を値踏みし環境と自然資源へのアクセス権を価格づけする手法を開発する．そうした手法の適用は国内外に作られた組織が実施する．第5章で述べるように，世銀の活動は途上国の国家に新しい役割を求めまた新しい法制度と環境の

[xvi] アメリカに本社を置く多国籍化学メーカー．主要な農薬で独占的シェアを占め，遺伝子組み換え作物の開発も行う．
[xvii] アメリカに本社を置く穀物メジャーの一つ．
[xviii] ニューヨークに本拠を置く多国籍企業．監査，税務，経営・組織・人事アドバイザリーなどあらゆる業種の企業・公的組織に統合的なサービスを提供する．

原則を課し，いわゆる「環境国家」の誕生を促しているのであるが，結局は国家権力を分裂化，階層化させ不均衡に多国籍化させてしまったのである．環境国家は，政府機関が国家公務員としての地位を昇りつめた自国の市民のみによって運営されてはいないということである．プライスウォーターハウスクーパースやイギリスの土木会社の職員もいれば，例によって高給とはいえない官僚の給与からではなく特定の開発プロジェクトから支払いを受けている者もいる．ヨーロッパ人と共に，エアコンが効きコンピューターが完備されたオフィスで働く政府職員がいる一方で，古いタイプライターを打ちながらネオリベラリズムの煽りをうけて目減りする政府からの給与を補うために副業を探している者もいる．またある者は海外でネオリベラルな国家管理手法の研修を受け，特定の環境開発プロジェクトに雇われているため，問題がありそうな世銀もしくは二国間の資金調達プロジェクトの承認が助長される．

　環境という理念は，一般的な言説であるが，「南」の国家にとってその意味するところは全くよそから持ち込まれたものであり，各国政府，とりわけ世銀，IMFや「北」の銀行から重い債務を負った国で席巻する民営化政策の要望やパラダイムを反映するもののようである．環境国家という理念には，世界経済に統合し債務から抜け出すための手段として自然資源を利用しようという意図があり，その結果河川流域，森林，湿地帯，帯水層といった公共財は過小評価されていると決めつけてしまっている．いつの間にか，財務省と環境省の理念的，実務的差異は顕著に狭まってしまったのである．借入国の環境関連機関を成功裏に再編することで，世銀は10年越しの計画である，環境，森林，農業，鉱業，土地管理，水関連省庁の「米環境保護庁化」を実行に移した．あいにく，環境関連機関の組織再編は，米国環境保護庁の歴史に関する誤ったイメージを反映してトップダウンの非民主的なものとなってしまった．EPAは実際のところ，1960，70年代に展開された息の長い社会運動から生まれた組織なのである（皮肉にもこの「米国環境保護庁化」のプロセスは，本家の米国環境保護庁が国内の様々なネオリベラル陣営によってすっかり骨抜きにされ，元の姿から比べると見る影もなくなってしまっ

たのと時を同じくしている).

　このような変化として，水を巡る新たな世界的指針，「すべての人に水を（Water for All）」政策の登場があげられる．世界の人口の40％はきれいな水へのアクセスがないという忌まわしい現実への対応策として，ここ10年ほど，どこからともなく湧き上がったかのように，水の民営化がほとんどの国際機関によって取り上げられるようになった．第6章では，いかに多くの国の政府，国際機関，NGO，そして学界のリーダー達が，京都，ハーグ，ヨハネスブルク，カサブランカ，その他各地の主要な政策フォーラムで語られたのと同じ言葉と論拠を使いながら，かくも早急に水の民営化政策を受け入れたのかに焦点をあてた分析を行う．

　新しい水政策により，途上国の水の供給システムは一時的に変貌した．国は，公共財の供給者から民間財の単なる管理人へと格下げされた．大多数の貧困層は「良き客」となることを求められているが，この新しい商品を購入できる資金力はないので，公衆衛生状態が更に悪化している．最悪の場合，国家が不在地主となり貧困層が自国の一時的な賃借人となってしまうような，いわゆるデーヴィッド・ハーヴェイが述べた「剥奪による蓄積」(Harvey 2003) のような現象が起こりうるのである．皮肉にも，土地，水，エネルギー，その他の基本的公共財の管理を，グリーン・ネオリベラル開発体制が言葉の上では育成しようとしている市民社会の手から離してしまうような行為なのである．2000年から2003年までのアフリカ各国への世銀，IMF融資において，借入国政府に水政策の即時民営化を条件づけたのは偶然の一致ではない (Grusky 2002; Hall, Bayliss, and Lobina 2002)．今日，重債務国は，最初に水，医療，電気などの公共財をベクテル (Bechtel)，ヴィヴェンディ (Vivendi)，スエズ (Suez) といった西欧の大企業に売却するという民営化政策を提示することなく，海外の銀行や国際機関から融資を受けることはできなくなった．

脆弱なヘゲモニー

　水の民営化は，最も敵意をかき立て物議をかもしたネオリベラル政策であり，南アフリカ共和国，ガーナ，ボリビア，アルゼンチン，フィリピンそして世界の2大水道建設会社の本社があるフランスにおいてすら，抗議運動が高揚している．グラムシの視座にたてば，ヘゲモニーは強制あるいは合意によってその権力を行使するのであるが，後者の合意によるヘゲモニーとは「相容れない利害に取って代わる，交渉が生んだ妥協」(Burawoy 2003, p.225) と呼べる．ヘゲモニーがいかにして形成されたか，誰の利益を代表しているか，いかにして権力を覆い隠しているか，といったヘゲモニーを巡る中心的な問題意識は，さもなければそれに反対していたであろう，環境もしくは社会正義に関わるNGOや社会運動家がどのようにしてグリーン・ネオリベラリズムを受け入れるようになったかを考えるためのヒントを与えてくれる．ヘゲモニーは，20世紀中期のアメリカにおける「フォーディズム」工場生産体制[xix]――そこでの高賃金と新たな消費文化が労働組合主義の破壊を導いた――のように，生産分野でも生じる．またヘゲモニーは，公教育，マスコミ，宗教や市民組織といった市民社会の諸制度の中にも現れる．グラムシは，市民社会とその何層にも織り込まれた民衆組織とネットワークの拡大を，媒介する「膨張国家」との緊密な結びつきを通して，現代的階級形成が関連づけられ階級闘争が覆い隠されてしまう場として理解した (Burawoy 2003)．支配的階級はまず市民社会の内部で自らの価値観や利害を示し，それらをより広い社会にまで広めようとする．民衆の合意が日常的な社会的相互作用を通じて形成されるかのごとくである．グラムシのヘゲモニー概念は，商工会議所，開発NGO，国際的

[xix] フォード社が採用した自動車の大量生産システム．製品の単純化，部品の規格化，作業の標準化，ベルトコンベアによる組み立て工程の合理化を特徴とする．単純作業の繰り返しと機械に支配される働き方は，労働者の働く喜びを奪い，労働疎外を深刻化させた．その一方で，生産性向上が労働者の高賃金と製品の低価格化をもたらし，大量生産・大量消費の大衆消費社会が実現した．

開発銀行といった異質なアクターが述べる「市民社会の興隆」の背後に隠された意図について，そして，開発の世界で常識となった地方や地域の政治課題の変容に関して疑問を投げかけるべきであると示唆している．

さしあたり，世銀は，国家再編，良い統治，活発な市民社会，そして環境持続性などが，疑う余地もない世界共通の規範であるかのように仕立てたが，これらはおよそ権威主義的で多面的で，資本の論理で動く世銀のやり方から生まれた基準である．にもかかわらず，世銀とはまったく縁のないきわめて多数の人々が世銀の見解を信じているということは，社会組織や政治経済プロジェクトの中に合意によるヘゲモニー体制が埋め込まれているのではないかと疑ってみる必要がある．それが本書の試みなのである．

世銀は，世銀の正しいとする倫理と社会的権威を一般市民とエリート層へ浸透させたが，ヘゲモニー体制は依然として脆弱なままである．第2章で示すように，過去60年の歴史において，投資家と借り手の無関心，社会活動家からの徹底した抗議，返済不能な不良債務の山，などのために世銀は資金調達能力と貸付の政治的権威を脅かされ消滅しかけたことが何度もある．世銀は民間企業ではないが，1970年代初めよりその主たる資金源は（「南」諸国の借入国からの返済利子を除いて）国際債券市場であり西側諸国の納税者ではなかった．そして債券投資家は周知のとおり選り好みが激しく，自身の投資に対する収益率が悪化しそうになれば忠節であったためしがない．投資家は利益が脅かされそうな前兆を感じたら直ちに世銀債から撤退する．信用こそが公開株や債権に依存する企業のアキレス腱であり，それは世銀にとっても同様である．もしアフリカや中南米の指導者達がこぞって，「南」諸国の多くの国民が嫌悪すべきで不公正とみなしている世銀やIMFの負債への返済を拒否したら，現在AAAの格付けの世銀債に対する市場の信頼は急落し，世銀の資金調達能力は（したがって権力も）簡単に消滅するであろう[7]．

このような圧力は単なる仮説ではない．多くの借入国が世銀やIMFから，利子だけでも，国の公衆衛生，福祉，教育への投資を上回る額の返済を迫られるようになるのに伴って，債務返済は国家主権の危機を招くとい

う論点が「南」の国政選挙戦で取り上げられるようになった．失業，大幅な社会支出カット，公営企業・公共財の民営化，土地なし問題や土地配分プログラムの失敗，新たに自由化した外国企業が主役となる資本主義的情景，は全て，良かれ悪しかれ，世銀の権力に起因するのである．「南」の政治エリートの中には，世銀を「国家の敵」と訴えることで，外国の敵対勢力に対抗して国の統一を図ろうとしている者さえいる．たとえ，世銀の潤沢な融資を受け，民営化にともなって競売に付された公共事業を格安価格で買いつけているにも関わらずである．

一般市民に目を転じれば，私が本書の結論で述べるように，何百万もの人々が現体制に挑戦しもう一つの政治アジェンダを作り出そうとしている．西側の巨大メディアが1999年末WTOシアトル会議における反グローバル化政治問題に目覚める前から，「南」から発した社会運動は，世銀，IMFとWTOのネオリベラル主義に押しつけられた一連の剥奪に抵抗すべく街頭での集団抗議運動を展開していたのである．西側のメディアは「シアトルの闘い」をよく事情を呑み込んでいない中流階級の人が貧困層への開発に異を唱えていると簡単に片づけていたが，一方で，抗議運動はエクアドル，タイ，ボリビア，アルゼンチン，ハイチ，韓国，南アフリカ共和国，インド，ブラジル，メキシコの街角で精力的に繰り広げられていた．大きなリスクを負いながらも，こうした運動の参加者は，水道事業の民営化，失職と賃金カット，警察の弾圧，そして世銀とIMFへの責務によってもたらされる国家主権の喪失に対抗して組織化したのである．ある日2,000万人のインド人が職場を退席すれば，別の日には南アフリカ共和国の全労働者の半数がストライキを打った．彼らは政府に対して，世銀やIMFとの隷属的関係を絶つことを要求したのである（Bond 2000）．

このような運動は，生活する権利，軍事的抑圧，環境破壊，そして自然資源や公共財の民営化といった問題を巡る，一般市民の開発の権威者に対する挑戦とも言える．過去10年の間に，様々な組織の連携は，アンナン山脈からメコンデルタ，コチャバンバからブエノスアイレスまでの人々を団結させた．巨大ダム，人権侵害，GM食品の輸入，汚職と身びいき，そし

て開発によってもたらされた負債に対してさまざまな場面で闘う国境を越えたネットワークから，多くの支持を得た．市民社会の一部ではネオリベラリズムは当たり前の社会通念となったが，他の部分ではそれは無限の可能性を秘めた政治変革の温室となったのである．グラムシの言葉を借りれば，繰り広げられる一連の「陣地戦（wars of position）」を繰り広げているのである．それらは「ヘゲモニー体制の外側で運動を行うのではなく，体制の内にあって，民主主義の意味の根本的改革，市場の適切化，統治の民主化，そして人権の拡張を企てようとするものである」(Burawoy 2000).

一見したところ世銀のヘゲモニーは手に負えないように見えるが，その体制はきわめて脆弱なままである．世銀が，近年広報活動に対して，研究を上回る予算をつぎ込んでいることからもその脆弱性が窺える (Finnemore 1997; Kapur and Culpeper 2000; Kapur 2002; Pincus and Winters 2002; Rich 2002; Standing 2000). 世銀は独立した主体ではあるが，世界の政治経済に関わる多くの制度の中に深く埋め込まれたものとしてのみ存在しうるのである．鉄のカーテンあるいは東南アジアや中南米の通貨が経験したように，あっという間に崩れ去ってしまうかもしれない．もしそうなった場合，それは比類するものがないほどの世界史上の出来事となろう．私は，世銀の力を民族学的に探索することを通じ，強靭な国際機関がどのようにして脆いヘゲモニーを構築したのかを明らかにしたい．そして，反ヘゲモニー勢力の出現と，根底的社会変革につながる政治的好機到来の可能性を展望する．

注
1) ティモシー・ミッチェルはエジプトでの世銀・IMF政策の影響について「それは珍しいことではない，(IMF・世銀が唱道する) 改革の擁護者であれ挑戦者であれ，構造調整と市場開放は政治的抑圧……予期しない，不運な，断続的で，そしておそらく世界市場の拡大に伴う一時的な副作用のショックを伴うかもしれないことを認める」(Mitchell 2002) と述べている．ミッチェルは，軍政の魔力，アメリカの外交政策，そして世銀IMF政策の日常効果からもたらされた抑圧，暴力，検閲，そして屈辱を記述している．
2) 「ワシントンコンセンサス」という言葉を初めて作ったジョン・ウィリアムソンは，コンセンサスは，全ての「思慮深い」経済学者が信奉する共通の英知の

核心を形成する10の基本的原則から成ると明記している（Pincus and Winters 2002; Williamson 1993）.
3) 世銀在職中, スティグリッツは, IMFにいる同僚が, 国が再生するためには「痛みを感じ」なければならない, と述べたことにショックを受け落胆したという（Stiglitz 2002）.
4) 第2章で, 世銀とIMFの歴史に関する異なる解釈を試み, この見解に異論を述べる.
5) 次節で強調する例外を除いて, 多くの知的基礎を共有しているので, 私はポスト開発学に焦点を当てる.
6) この情報は世銀上級環境職員へのインタビュー（2001年）に基づく.
7) 国際的労働組合, 地方自治体, 投資会社, そして教会の上部団体が参加している, 世界規模の世銀債ボイコットキャンペーンの最新情報とその背景については, Center for Economic Justice (www.economicjustice.net) および World Bank Bond Boycott (www.worldbankboycott.org) のウェブサイトを参照.

Chapter 2
世界銀行の台頭

> もし新世界が恒久的平和と繁栄を謳歌したいならば，それは旧世界につなぎとめられ，そのままでいなければならなかった．
> ——ジョン・メイナード・ケインズ，1946年私信 (Skidelsky 2002)

1995年に，世銀とIMFの関係者が，年次総会のためにワシントンD.C.に集まったが，世界経済が落ち込んでいるにもかかわらず，その雰囲気は決して暗澹としたものではなかった．この会議は，世銀とIMFの設立が決められ，そして世界の開発プロジェクトを世銀が管理することの契機となったブレトンウッズ会議の51周年を記念したものである．その会議には精力的な世界的活動家ネットワークが抗議に押しかけ，「50年で十分だ！」というキャンペーンを行い，ワシントンのオフィス街を大声を出しながら歩いていた．その抗議団体は祝賀記念行事を妨害することに成功し，世銀とIMFの指導層は憤慨していた．こうした抗議団体は世銀を改革し，新たな開発レジームを形作る上で，長期にわたり重要な役割を果たしてきたのである．この反対キャンペーンの内外で，世銀の政策が，ラテンアメリカ，アフリカ，アジア各国での経済崩壊を促進し，2つの「失われた10年」（1人あたり所得とGDPの減少，および保健・社会指標の悪化で世界各国が苦しんだ10年間）を引き起こしたのだと，多くの人

達が知ることとなった．世銀とIMFのプロジェクトにより強制移住させられ，不当な扱いをされて腹を立てた利害関係者の代表者が集まり，街頭での抗議集会やティーチイン（討論集会），ワークショップにおいて意見を述べた．彼らの目から見れば，年次総会参加者は暗澹としなければならないが，参加者のほとんどは，そうは思わない様子だった．

年次総会に出席している人の多くは，研修コースやメディアを通じて開発について学んでいるいわゆる開発の専門家ではなく，教会を中心とした慈善団体や食糧援助NGOと関係はなかった．出席者は，慈善事業やひどく貧しい第三世界の人々について話すことはなかったし，大惨事を防ぐための緊急援助についての会話も全くなく，ビジネスについての議論ばかりしていた．世銀とIMFの年次総会開催中の1週間，ワシントンに詰め掛けていたのは，各国の中央銀行総裁や財務大臣であり，見るからに金遣いの荒そうな人たちだった．彼らはヘンリー・キッシンジャーやビル・ゲイツ，そしてウェスティングハウス社やベクテル社，シティコープ社のCEO達，さらには主要な銀行や保険会社，金融会社，軍事会社，電気通信事業者，電力エネルギー事業者，コンピューター会社のCEO達と精力的に意見交換を行っている様子だった．メインのホテルでは，ベアー・スターンズ社，ベアリング・セキュリティーズ・インターナショナル社，イスタンブール証券取引所，ING・キャピタル社，ポルトガル銀行，スタンダード・チャータード銀行が提供する朝食を取り，昼食は，コーコラン美術館と国立女性美術博物館において，ケミカル・バンク社，クレディット・アンシュタルト・バンクフュアライン社，ABN-AMRO社によりもてなされた．夕方には，参加者はシェラトンホテルに戻り，公式プログラムである世銀総裁とIMF専務理事の話を聞いた．午後5時にもなると，東京銀行をはじめ，ブラウン・ブラザーズ・ハリマン・アンド・カンパニー，ユニコ・バンキング・グループ，シティコープ／シティバンク，アラブ・バンキング・コーポレーションそしてバンク・オブ・アメリカがスポンサーのカクテルパーティーが開催された．ファースト・シカゴ銀行はメリディアン・ハウスで，モルガン・スタンレー社はフィリップス・コレクション

第2章　世界銀行の台頭

で，チェース・マンハッタン銀行はジケーター・ハウスで，中国信託商業銀行はツインオークスでディナーパーティーを主催した．金遣いの荒いエリートグループは，準礼装で出席するディナーにJ.P.モルガン幹部とともに出席した．その後ゲストは，ベルリン銀行主催の正餐後のパーティーに招待された．そこでは，午後10時から「ブロードウェイ・ミーツ・ベルリン」のショーも行われた．総会の二日目以降，各国の代表者は疲れきっているようだったが，それは単に飲み騒いで疲労しているようにしか見えなかった．

　米国科学アカデミーと世銀がスポンサーを務めた会議は，学会も同時に兼ねていて，アル・ゴア副大統領，ブートロス・ガリ国連事務総長（ビデオでの出席），ウォルフェンソン（Wolfensohn）世銀総裁，ジャック・イヴ・クストー，ハーバード大教授のE.O.ウィルソン，ワールドウォッチ研究所長のレスター・ブラウン，世界野生生物基金会長のクロード・マーティン，マリ共和国のイブラヒム・ブバカル・ケイタ首相，中華人民共和国国家環境保護総局長の解振華（シエ・ゼンホア），エンロン社のCEO兼会長レベッカ・マークなどの著名人も出席していた．3日間にわたり，世銀や政府，NGO，大学，研究所，そして民間企業の科学者や職員が，名声のある米国科学アカデミーで「環境的に持続可能な開発のための効率的な融資」について，パネル討論会と全体会議を行った．アカデミーの会長であるブルース・アルバーツは，歓迎の講演で，「環境的に持続可能な開発」という考えを学術研究に組み入れるのに一役買ったという理由から，世銀に対し感謝の意を表明した．その会議は，気さくで質素な学界には珍しく，華やかで陽気なムードであった．

　開発事業とは，収益の多い多方面にわたる事業であり，今回の総会やその他の世銀の会議で議論される話題は，飢餓や貧困についてではない．世銀の出版物によれば，貧しい債務国，「北」の援助機関，そして開発NGOが開発事業の主体であり，世銀のパートナーであると主張しているが，世銀の年次総会をみる限りでは，開発事業の関係者はもっとずっと多様で，営利目的の関心が強いと思われた．さらに言えば，世銀が構築してきた開

発についての言説，あるいはこの60年間の世界の政治経済における世銀の役割についての言説は，自然発生的に生まれたものではなく，意図的に作られてきたものであることがわかる．これまでの研究の多くは，世銀はその他の国際機関と同様に，リーダーとして君臨するのは当然であり，国際機関の権威を当然のこととして議論をすすめているが，それらとは対照的に，この章では，他の研究者が触れなかった歴史的局面（特に，ロバート・マクナマラが強力な制度的暴力とも呼べる驚くべき方法で世銀を世界経済の中に組み入れたという側面）を強調することにより，世銀が世界規模のヘゲモニックな制度をつくりあげるのを促進した政治経済的な背景と世銀の言説戦略 i について説明する．また，これまでの世銀の歴史研究においては，マクナマラのもとでの世銀の成長に注目するあまり，国際的な政治経済の枠組みの中でおこった歴史的転換と，マクナマラのもとで確立された権力／知識 (Foucault 1990) がどのようにして世銀を成長させ困難な時期でも繁栄を可能にしたのかは分析してこなかった．権力と知識は，反世銀の社会運動の勢力が広まるなかで，その面目を保つために世銀にとってはきわめて重要なものとなった．まず世銀の歴史は4つの期間により特徴づけられる．1944–68年は「貸し渋りの銀行家」期である．1968–80年は世銀の「権力獲得」期で，開発のレトリックの転換を反映していた時期であり，「貧困緩和」と「絶対的貧困者」の「ベーシックニーズ」を満たすことが優先された．1980–89年は「債務問題と構造調整」期である．1989年から現在までは「グリーン・ネオリベラル」期である．最初の期間は，初期世銀の主要な構成員であるアメリカ財務省，国務省そしてウォール街の銀行家によって世銀は絶対的に管理されていた[1]．これら関係者の主たる関心は，世銀に，従来型のインフラ整備プロジェクトへの融資をさせることであった．国務省が冷戦の同盟国に対して援助を行うことが重要だと主張した時

---

i 文化的・社会的文脈に規定されて，ある言説が，ある時代にある社会において支配的になるかどうかが決定されるが，これとは逆に社会的文脈が言説により影響を受けるという規定関係も存在する．そして，このような言説の社会に対する規定関係を利用して，ある言説を普及させることによって社会を変質させようとする働きかけを「言説戦略」という．

を除けば，彼らは保守的な銀行家の倫理に基づき，世銀の支出を厳格に管理し続けた．こうした拘束とそれと矛盾する合理主義のもとで，世銀は小規模かつ無力のままであり続けた．最初の20年間を振り返ると，世銀は資本主義的経済発展という理念を広めることができず，その結果，世銀は，開発と政治経済の領域において，小さな役割しか演じられなかった．

　世銀が強力な機関として台頭したのはマクナマラの時代（1968–81年）になってからのことで，この時期に世銀は，超国家的な専門家のネットワークと，規則・真理・政府が結び付いた言説の統治体制を生み出したのである．世銀総裁としての13年間の間に，ロバート・マクナマラ（元アメリカ国防長官）は，世銀を開発についての世界一の権威機関であるばかりでなく，主要な超国家的機関へと変化させたのである．

　皮肉なことに，長年続いた通貨と資本規制に関するブレトンウッズ協定が失敗した後，ブレトンウッズ会議から生まれた2つの機関（世銀とIMF）が成長し始めた．マクナマラのもとでの世銀は，これまで単独の機関ではなし得なかった規模で，「南」の多くの地域で金融資本投資を行い，有り余るほどの開発知識を生産し，開発を世界的規模で展開した．経済成長，社会改善，そして世界規模の安全保障という考えを一つにまとめ，それを世銀の融資により裏づけられた「科学」へと作り変えることにより，マクナマラは全く新しい「権力／知識」の巨大複合体を作り出した．国家ではなく，国際機関ではなく，銀行でもなく，世銀は世界の中で唯一無二のものとなった．唯一の超国家的開発機関の誕生である．

　1970年代の10年間の成長後に，国営の開発銀行，国立の開発研究所，国立の農業（あるいは緑の革命）研究センター，巨大ダム，幹線道路，発電所，鉱山，そして国営の森林管理プロジェクトなどを通し，世銀の資本，アイディア，組織は根づき，花開いた．世銀，国連機関，「北」の大学が発信する学問は，開発経済，貧困，緑の革命についての研究を奨励した．こうした研究が重要なものとなるためには，「北」の財団が支援する下で，世銀の融資を受けている国の研究所が研究を実施し，そして農業関連産業の大企業がその研究成果を利用する必要があった．要するに，途上国に流れ

込む世銀の莫大な資本は，貧困緩和，ベーシックニーズ，そして緑の革命への融資という観点から必要であると説明されてきたのである．世銀が行った融資の結果，先進国の中産階級の人たちは，インドやブラジル，ケニアの貧しい農民をいかに助けるかという問題意識を持つようになった．

　開発についての権力／知識の関係が明確に見えるようになったのは，1970年代と1980年代初期における世銀の変貌である．世銀が招いた第三世界の累積債務危機が原因で，途上国の自治能力が衰退してしまったために，1980年代になり，世銀の役割が政治的かつ経済的により堅固なものとなった．しかし，世銀の驚くべき権力の獲得は，世銀の借入国への政治的な介入が妥当かどうかという問題も引き起こした．メキシコやサハラ砂漠以南のアフリカ諸国といった借入国の財務大臣や中央銀行総裁に対し，世銀は，政治とは無関係にアドバイスを提供することができなくなっていたのである．結果として，そのヘゲモニーの絶頂期にあっては，世銀を標的とする世界規模の社会運動(世銀を廃止させようとする街頭での暴動，議会要求，大量動員)が増大した．こうした反対運動のあおりで「改革もしくは廃止」を余儀なくされ，世銀は1990年代に変革したのである．これが，「グリーン・ネオリベラリズム」へのシフトのきっかけである．

幸先の良いスタート

　ブレトンウッズ会議においては，IMFの設立が主要な議題であり，世銀の設立については単なる付け足しの議題に過ぎなかった．1944年の5月に合衆国政府は，ニューハンプシャー州のブレトンウッズでの会議に参加して，戦費で使い尽くされた国際通貨を再建するための国際通貨基金の創設を考えるよう44ヵ国の政府に対して求めた (George and Sabelli 1994; Mason and Asher 1973)．招待状の中には，「復興と開発のための銀行」についてという議題も含まれていたが，ジョン・メイナード・ケインズやイギリス政府はこれに反対していた．ブレトンウッズでの40日間の中で，この話題の議論に割ける時間はわずか1日半しかないと読んでいた人もいた (Kapur,

第2章　世界銀行の台頭

Webb, and Lewis 1997, p.58）．ケインズは再建努力に対する国際的な協調が重要であるとしたが，「国際的」とは明らかにヨーロッパ（宗主国の西欧諸国）のみを意味していた．適切な経済運営を行えば好景気がもたらされ，ヨーロッパ各国の生活水準は今日のアメリカの水準にまで上昇すると，ケインズは主張した．「それはインドや，大英帝国のその他の国にも当てはまるのか？」と聞かれると，ケインズは，その当時の植民地主義の考え方を反映して，「ヨーロッパの復興が進まないことには，それらの国の繁栄は無理である」と答えた（Kapur, Webb, and Lewis 1997, p.61）．戦争によりヨーロッパの経済は破壊され，植民地に対する支配力は弱まってきていたとしても，1940年代の半ば時点で，ラテンアメリカを除く「南」の多くの国々は，依然として植民地のままであり，西欧諸国の指導者は心の中では絶対的な支配権を抱いていた．そうした考えが主流であったために，会議には「南」の代表者も招待されてはいたものの，自分たちの要求を通すためには，旧宗主国の私利と結びつけなければならないことを十分承知していた．

　会議に参加していたあるオブザーバーによれば，「ブレトンウッズでは，途上国は自分たちを，開発問題を抱えた国といりはむしろ，新たな原料産出国として見なす傾向にあった」（Bauer, Meier, and Seers 1984, p.9）．ブラジル，コロンビア，キューバ，ボリビアは，戦後の世界経済をどのように運営するかについての提案として，戦前は「明らかに釣り合いが取れていなかった」，「南」の原材料価格と先進国の工業製品の価格を再調整することを挙げた．「南」の代表者にとって，自国の経済が危険にさらされている根本的な理由は，この価格差であった．ブレトンウッズにおいて，「南」からの出席者はこの問題を会議の議題に挙げようとし，メキシコの代表者は「原材料と「南」の市場がないことにはヨーロッパ諸国の復興はありえない，資本が植民地で最適に使われることがヨーロッパの復興の促進につながると思わないか」と如才なく主張した（Kapur, Webb, and Lewis 1997, p.69）．結局，アメリカとイギリスのまとめ役は，不均衡な関係の是正という途上国の主張を真剣には取り上げなかった．

　実際は，ケインズはそのような議論を予想していたため，今回の会議は

イギリスとアメリカの1対1で行うことを希望していた．彼は,「貢献することが何もない22ヵ国にとって,その会議は数年かけて組み立てられた最も醜いサル小屋だろう」と非公式に述べていた (Kapur, Webb, and Lewis 1997, p.69). しかし，アメリカ財務長官ヘンリー・モーゲンソーの補佐官であるハリー・ホワイトは，もっと楽天的で戦略的だった.「これらの国々をある種の主義（共産主義など）に駆り立てる最大の要因は，十分な資本を持てないことである」(Kapur, Webb, and Lewis 1997, p.61).

ブレトンウッズ会議に対するイギリスの展望は，この章の冒頭の引用句にあるように，ケインズによりはっきりと要約されている通りだが，アメリカの立場は，1944年の会議の初日に出された，以下の国務省の声明文に要約されている．

> この会議の目的は，アメリカの伝統に則ったものであり，政治的考慮を度外視したものである．アメリカ合衆国はこの戦争後に，自国の産業や工場および農場の完全利用と，国民，特に元軍人の安定的な完全雇用，そして十分な繁栄と平和を望んでいる．通貨が安定的であり，満期日に国民が受け取るお金が契約どおりの価値を持つ時に初めて，我々は望みを達成できる．このようなことから，最初に「為替安定基金（すなわちIMF）」の設立を提案する．物価が保障され，安定的に維持されたならば，次に望ましいことは，世界規模の復興を促進し，通常の貿易を復活させ，そして健全な事業のために利用できる基金を設立することである．これらすべてのことは，アメリカ製品に対する需要を引き起こす．第二の提案は，復興と開発のための銀行（すなわち世界銀行）である (U.S. Department of State 1948, p.1148, as cited in Peet 2003, p.47).

こうした「サル小屋」での芝居から，国際復興開発銀行 (IBRD) すなわち世界銀行と，国際通貨基金 (IMF) が誕生した[2]．すぐれた欧米の指導者による指導や信頼もないまま始まったが，第二代総裁ジョン・マックロイのもとで，世銀は個性を発揮し始めた．ジョン・マックロイは「アメリカン・エスタブリッシュメント（支配者層）」で影響力のある人物の一人で，ウォール街での経験は豊富だった (Bird 1992)[3]．マックロイが行った最初

第 2 章　世界銀行の台頭

の処置は，彼が作り出そうと努めた組織の個性を明確に反映したものであった．例えば，フランス，ポーランド，チリから世銀に，最初の融資の申し込みがあったときに，マックロイは迅速に動き，融資先をフランスだけに決定した．この決定は，世界中に対して強烈な愛のむちのメッセージを送ったことになる．彼についての伝記作家は次のように記している．

> 　1947年の4月時点で既に，マックロイは最初の融資先をフランスにすると決めていた．融資の条件は容易ではなく，要請のあった5億ドルの半分だけを世銀が貸し付け，さらに世銀の幹部が貸付金の最終的な使い道を監視するというものだった．そして，フランス政府に対し，他の対外債務よりも，世銀の貸付に対する返済を無条件に優先することを求めた．さらに世銀は，フランス政府が予算の均衡，増税，高級輸入品の消費削減といった処置を確実にとるように，フランス経済を注意深く監視した．フランス政府は，「これらの条件は主権への侵害だ」と抗議したが，マックロイが譲歩を拒んだため，嫌々ながらもこの条件に同意した．同時に，アメリカ国務省は，「現在の状況を正す」ために，閣僚で，共産主義の議員を解任するようにと，フランス政府に率直に伝えた．1947年の5月上旬に，共産党は連立政権から外され，そしてあたかも関連を強調するかのように，その数時間後に，融資が承認されたとマックロイは発表した．その時でさえ，ニューヨーク市場で2.5億ドル分の債券を発行することに世銀が成功するまで融資を受けられないかもしれないと，マックロイはフランス政府に警告していた．このことはまさしく，マックロイがウォール街に対して伝えようとしたメッセージだった．この後の2年間，開発援助を受け取ることを希望して加盟した40ヵ国ではなく，あたかもウォール街の投資家がクライアントであるかのように，マックロイは世銀を運営する計画だった (Bird 1992, pp.288, 290–91)．

厳しく選ぶ，用心する，ウォール街できちんと信頼を得るといった事柄が，初期の世銀のスローガンであり，潜在的な借入国に対する貸出準備金についてのシグナルであった．しかしながら，ヨーロッパや日本といった世銀の潜在的な顧客を合衆国政府のマーシャルプランにより奪われてしまったために，上に挙げた理想を急速に譲歩することとなった．ブレトンウッズ体制に比べ，マーシャルプランは数十億ドルの無償の援助であり，

世銀の権限とは正反対のものであった．マーシャルプランは大規模かつ無差別な援助であり，表面上は無償であった (Kolko and Kolko 1972; Wood 1986)．マーシャルプランは，巨額の資本投入によりヨーロッパの資本主義経済を活性化させることを目的として展開された社会福祉プロジェクトである．世銀は，戦後のヨーロッパを相手とするマーシャルプランとは全く対照的で，厳格なルールと規制により管理された銀行であったが，このマーシャルプランが原因で，世銀はヨーロッパ以外の国々のための銀行へと新たにモデルチェンジしなければならなくなった．宗主国と植民地との関係は，これまでどおり非常に不公平な関係だったので，ヨーロッパにはマーシャルプラン，植民地には世銀という異なる形での援助は，アメリカと西ヨーロッパ諸国の指導者や有権者にとって正当かつ客観的で，道理にかなったものであり，たやすく承認された[4]．このやり方で，植民地独立後の開発についての言説が始まった．

　ウォール街と世銀職員が最も「健全な」金融投資であると判断したものについてのみ，ウォール街は嫌悪せずに投資する[5]．例えば，1947年から1959年の間，世銀の財務担当者であったロバート・キャバノーは，植民地でリスクの大きい投資を行うことについてウォール街が抱いている不安を和らげる必要があると理解していた．後に主要な開発分野となる学校教育，衛生，住宅供給といった分野に世銀が投資することは当初ウォール街により拒否されており，世銀はこのように束縛されていた．「もし，我々が社会福祉に関わる分野に関与し始めれば……金融上の見地からは我々が慎重に行動していないものと，公債市場の参加者は感じるでしょう．……学校，病院や上水道事業などに融資を始めたとしても，これらの事業は，一国の借金返済能力を通常直接的には高めはしないのです」(Cavanaugh 1961)[6]．世銀は最初の20年間，「生産資本（道路，港，発電所など）」への直接的な投資のみを奨励していた[7]．最初の数十年間に世銀に勤めていた経営に関するエリートとのインタビューにより，世銀の根本的な構造に関するあらゆる意思決定，および世銀の安定性と成長は，最大の議決権を持つ5ヵ国——ビッグ・ファイブ（アメリカ，日本，ドイツ，イギリス，フランス）

第2章 世界銀行の台頭

とその企業——を満足させられるかどうかにより決まっていたことが明らかになった[8]．あらゆるプロジェクトは，これらの国々の通貨が使われるのかどうか，どの国の金融機関と資本財が使われるのかという観点から決定されていた[9]．後で考えてみたときのみ，こういったことは異常だと感じられる．外貨と投資は非常に不足していて高価であり，復興中のフランスと日本にとっては，1円，1フランも貴重であったはずである．第三世界についての議論では，貧困緩和や現地のニーズなどの諸懸案が議題に挙がることは全くなかった．この事実に今日の我々が驚くということは，ここ20-30年の世銀の開発主義によるヘゲモニー効果を反映している．創立時点では，世銀の役割は明快であり，その受益者は少数であった．

　それに対し，アメリカの政治指導者はこのような世銀とは異なる機関を必要としていた．ヨーロッパ以外の国々に投資することは，考える以上に予測可能かつ観察可能で，魅力的であると，世銀の最高幹部が経済学者 (何人かの世銀職員も含む) に説得する一方で (Kapur, Webb, and Lewis 1997, p.129)，合衆国政府は，アメリカの戦略的な目的の実現に向けて行動するよう世銀に迫った．マックロイ時代の世銀は，「経済学的な」基準に基づく厳格で妥協のない融資政策を好んでいたが，合衆国政府は，アメリカと友好関係にあると考えられる国だけを融資の対象にして欲しいと要求した．例えば，与党の政治姿勢のために，世銀はグアテマラとセイロンに対して融資することはできなかった (Kapur, Webb, and Lewis 1997, p.135)．世銀内部とウォール街の保守的な人間が，低利長期の寛大な (「ソフト」) ローンのアイディアに反対していた時 (今ではソフトローンは世銀の通常の融資方法となっている)，ダレス国務長官は「南アメリカ諸国にお金を貸さず苦境に立たせるのは，優良な銀行業であろうが，そのままでは南アメリカは共産主義国になってしまうだろう」と主張した (Kapur, Webb, and Lewis 1997, p.136)．もっと「経済的に価値のある」国が融資を受け取っていないにもかかわらず，アメリカの政治力により，トルコ，エジプト，さらにはラテンアメリカの過酷な権威主義政権が，寛大で精査されていない融資を受け取ることとなった．このような融資は，アメリカの巨額の対外軍事援助と調和したものであっ

た[10]．

　明らかに，初期の世銀は，次の2つの事柄により厳しく束縛されていた．1つは，ウォール街と共有した信念であり，「いい加減な融資」が第2次世界大戦前の金融崩壊を促進したという信念である．もう1つは，アメリカからの政治的圧力である．各融資の承認は，ワシントン，ニューヨーク，ロンドンでの反発を最小にすることに注意が払われる骨の折れる過程であった．世銀が停滞する運命にあるということは，世銀の総裁やスタッフにはすぐに明らかになった．初代総裁ユージン・マイヤーは，1946年の6月から12月の間だけの在任であった．突然の辞任の後，「私は留任して，こいつらと戦い，最終的には勝つことができるだろう．しかし，それをするにはもう年をとり過ぎている」と述べた（Kraske 1996, p.31）．ジョン・マックロイは任期を全うせずに2年間で辞めたが，その2年間は大変なものだった．

　こういった政治的な苦境をうまく切り抜けるために，世銀は政治のエリート集団からの信頼を維持する一方で，安定した収益を提供できるということを債券所有者に対して証明しなければならなかった．これら2つの関係者は異なるが関連していた．植民地が独立した後の「公的機関による」銀行業務は，世界にとっては目新しいものであった．その定着のために，世銀は西側諸国の発起人と有権者が賛成してくれるような形で創立されなければならなかった．世銀の初代高官の一人は次のように記している．世銀の職員は「植民地以外の発展途上国についてはほとんど知らなかった．さらに，彼らは開発融資や開発経済についてもほとんど知らなかった」[11]．その証拠に，初期の世銀においては，ケインズとその同僚が，開発に関する経済学的見解を創案した（Mitchell 2002）．このことは，世銀が単に「安全な」融資以上のものを創出しなければならなかったことを示唆している．世銀は，世界全体における自らの役割について，全く新しい見解を構築しなければならなかった．さらに，その新たな展望を育成して再生産するための制度上の基盤を構築しなければならなかった．

　要約すれば，創設後の世銀の任務は，ヨーロッパ諸国の復興から，ヨー

ロッパの旧植民地と残された植民地の開発へと変化した．そして，衰退しつつある宗主国の二国間の代表者としてではなく，新たな国際経済における多国間の最高権威者として，政治とは無関係に介入するようになった．成功の見込みは高くなかった．「北」の政治・財政機関は，この種の開発融資が旧植民地に対する優先的な「補助金」であると受け取っていたので，こうした世俗的な試みは不合理で無駄が多く，非生産的であると主張した．このような抗しがたい疑念と批判の下で，最初の20年間の世銀は，融資が活発でなかった．実際，インドシナでの不名誉な戦争を取り仕切ったロバート・マクナマラが総裁になるまで，世銀の影響力は大きくなかった．

マクナマラの時代

　インドシナ半島でのアメリカによる戦争により，ベトナム，ラオス，カンボジアは荒らされ，世界経済におけるアメリカの支配的な地位は蝕まれた．その戦争は，世銀に重大かつ生産的な効果をもたらした．世界全体の国内総生産（GDP）に占めるアメリカのシェアが，1950年代初期の35％から1970年代初期の26％へと急激に減少するにつれて（Gwinn 1997），世銀と世銀の資本移動を支配する力も急激に低下していった．世界の政治経済におけるアメリカのヘゲモニーの衰退に伴い，世銀は自身の限られた権力を行使する新たな機会を得た．

　ひどい敗戦で苦境に陥っていたジョンソン大統領は，マクナマラ国防長官を解雇せざるを得なかった．しかし，大統領はマクナマラの顔を立てるやり方で，解雇することを望んでいた．彼はマクナマラに，世銀を運営するという決して魅力的とは思われない仕事を与えた．その地位を承諾するとすぐに，「マクナマラの戦争」に対して世界中から批判が沸き起こっている中で，マクナマラはオフィスに引きこもって異常なまでに数字と図表に没頭し，2週間後に，世銀再建のための2つの目標を持って人前に再び姿を現した．個人的な覚書の中で書いているように，彼の戦略はまず，「新たな資金源を開発することであった．具体的には，各国の中央銀行による

世銀債の購入を促進することであり，ヨーロッパの年金信託市場に進出することであった．さらに，カリフォルニア大学とハーバード・ビジネス・スクールを出た若き総裁のいるクウェート・ファンドから，毎年約5,000万ドルを得ることだった (May 25, 1968, cited in Kapur, Webb, and Lewis 1997, p.953)[12)]」．彼の第2の戦略は，資金調達リスクに対して世銀を守るための新たなメカニズムを開発することであった．「合衆国政府が1969年の会計年度において多額の借り入れを断った際に，世銀はスタンドバイ・クレジット[ii]を民間金融機関と開発した」．

当初から，マクナマラは自分が引き継いだ世銀は弱くて無力であると十分に認識していたため，新たな資金源を見つける，もしくは作り出すことにより，世銀の権力基盤を増大させることを望んだ．引き継いだ開発プロジェクトがひどく失敗だったと，威厳ある世銀には似つかないやり方で率直にマクナマラが公表したために，皆を怒らせてしまった．貧困は増大し，融資は緩慢だった．人口は増加し続け，一方で世銀の資金は縮小し続けた．何かが迅速になされる必要があった．制度上，世銀は開発プロジェクトを拡張し，新たに始めるといった自律的な権限をほとんど持っていなかった．マクナマラは，以前にハーバード・ビジネス・スクールの教授，フォード自動車のCEO，フォード財団の役員，国防長官を歴任していたため，OBのネットワークを頼ることの重要性をよく知っていた．それにもかかわらず，新たに指名された世銀の総裁として，彼は世銀に対する管理・統制を「北」の先進国のエリートネットワークから引き離そうとし，その一方で彼らの資本と権力を利用しようとした．マクナマラはむしろ逆に，彼らを世銀のために働かせようとした．1968年，堅実な財政と高収益を要求するアメリカとヨーロッパの債券市場の影響力により，世銀は沈滞していた．合衆国政府は，政治的な関心から資金提供を続けていた．また，アメリカ財務省と大企業の圧力団体は，世銀の融資により自国企業が利益を得る（も

---

ii　スタンドバイ・クレジットとは，金融機関と借り手の間の契約に基づいて，定められた金額の範囲内であれば，決められた期間中のいつでも借り手の求めに応じて与えられる信用のことを言う．

第2章 世界銀行の台頭

しくは損害を被ることが確実にない)ことを望んでいた.世銀は財政的に健全でかつ堂々とした名前にもかかわらず,無力で十分活用されていなかった.そこで,マクナマラは2つの大胆な処置を行った.

当初,彼はスタッフと役員会に助言を求めていた.就任の際の上級スタッフのミーティングでは,上級スタッフの成功談に耳を傾けていたが(上司の過大評価された長話は昔からの伝統である),我慢の限界に達した(George and Sabelli 1994; Wade 1997).マクナマラは突然,「もし資金の制約が全くない場合に,世銀に実行してほしいプロジェクトやプログラムの一覧をすぐに私に提出してください」という要請とともに会議を打ち切った(George and Sabelli 1994, p.42).彼が,世銀はその潜在力を解き放つ必要があると提案したために,保守的なスタッフは非常に不愉快な気分になった.スタッフに対しマクナマラは,優先すべきプロジェクトとその根拠をつけて,すべての借入国の開発プランを出すよう求めた.次の行動は,最初の幹部会議の時であり,その場でマクナマラは,慎重な重役に世銀の融資を2倍にするよう指示した(Kapur, Webb, and Lewis 1997, p.216).彼はさらに,スタッフを120%まで増員し,新たなスタッフ昇進策を開始した.その昇進策では,生産性は融資担当者のローン・ポートフォリオの規模と回転率で計測された.結論として,彼は最初の5年間だけで,760のプロジェクトに融資し,134億ドルの資金を貸し付けた.これは,それまでの22年間で融資されたプロジェクト数708件と融資金額107億ドルを上回っている.もし世銀がそのやり方を変えるならば,マクナマラが考える世銀の将来像についてウォール街は奨励してくれるものと,マクナマラは信じていた.驚くことに,彼の在職期間の5ヵ月だけで,今までのどの1年間よりも多く世銀は資本市場で債券を発行した.世銀は新しい総裁の下で混乱状態にあった.奇跡的にも,ビッグ・ファイブからの新たな資本投入を請い求めることなしに,彼は増加する融資のほぼすべてに対し資金を供給することができた.要するに,過去の世銀の資本調達手段を踏襲せず,新たな調達手段を開拓したのである.「世銀の貸付能力は,今はほぼ完全に世銀の借入能力に依存している」と,世銀の新しい財務担当者であるユージン・ロットバーグ

は断言した (Rotberg 1994, p.199). 世銀が誕生したばかりの国際債券市場を利用することによって，借入についての潜在力を拡大し，債券市場を有益に利用したということをロットバーグはよく理解していた．世銀の借入・貸付能力の著しい成長とともに，「マクナマラの時代」は始まった．

ブレトンウッズの金ドル本位制協定の崩壊と世界銀行の隆盛

世銀本部内での政治的な変化の背景には，世界の政治経済における重要な構造変化と，マクナマラの新しいオフィスからほんの数歩の距離にいるアメリカ大統領によりなされた一連の重大な決定があった．マクナマラは，新たなアメリカ中心主義の中心に世銀を置き，アメリカの権力と力を合わせて世銀が成長するのを促進させた．多くの事件が世界経済に打撃を与えた1968年から1973年のひどく混乱した時期を経て，マクナマラ以前の世銀における保守的な銀行業の基本方針は，すぐに消滅した (Block 1977; Helleiner 1994; Kapstein 1994).

ユーロダラー，OPEC 諸国のオイルダラー，日本円の世界規模の供給過剰を吸収するのに適当な投資先を探している投資管理者がいるにもかかわらず，もがいているアメリカ経済は，通貨，公債，不動産，軍事について外国の投資家を惹きつけることができなかった．アメリカ経済の暴落を止めるために，ニクソン大統領は，経済アドバイザーのポール・ヴォルカーの勧めにより，全世界の通貨をアメリカドルを通じて金の価値に固定する戦後のブレトンウッズ体制から脱却することを決断した．金ドル本位制を廃止し，西ヨーロッパと日本の願望に反して国際的な金融関係を自由化することにより，巨額の赤字を他の国家や投資家へ巧みに負担させた．外国の投資家がアメリカの資産やドルを買うことにより，彼らはアメリカ経済を浮上させると同時に，アメリカの債務超過リスクを負うことになった．国際金融資本の自由化に向けての動きは，勢力のバランスを国家管理の金融機関（と国家の開発プロジェクト）から民間の金融機関と資本投資家へと移すこととなった．ニクソンの大胆な決断により，投機的な資本活動が著しく増加した．そして，1990年代までに，数千億ドルの為替取引が，中央

政府の管理と国境を越えて瞬く間に行われるまでになった．しかし，金融資本を多く持つ者は，マクナマラから誘われて，世銀の「グローバル公債」に，もっと迅速に投資させられていた．この公債は，資本が不足した第三世界のマーケットへの巨大な生産的資本投資に対し，資金提供を支援するものであった．こうした投資家たちに一定のリスク保証を約束することにより，マクナマラは彼らの過剰な固定資産を利用して，世銀の融資基盤を劇的に拡張し，非常に不安定な植民地独立後の世界において，彼が理想とする巨大プロジェクトへの融資を始めた．しかし，ローマは一日にして成らずであり，この重大な歴史的状況で利得を十分に得るために，マクナマラは多くの事を成し遂げる必要があった．

最初の改革――世銀債で世界を結ぶ

　世銀総裁に就任してから数週間も経たないうちに，マクナマラは新しく雇った財務担当者のユージン・ロットバーグに対し，世銀は資本の入手方法を増やせるのかどうか，どのようにしたら増やせるのかを尋ねた．「我々は1年間に10億ドル調達できると思うかね」とマクナマラはロットバーグに質問した．「もちろんできますとも」とロットバーグは答えた．15年後に世銀は年間100億ドルをたやすく調達しているだろうと，1983年のインタビューでロットバーグは説明した（Institutional Investor 1988, p.242）．「私の同僚が貧しい人たちのために1,000億ドルを調達でき，貧しい人たちに直接的にも間接的にも通常は貸し付けない機関から資金を調達できる環境を作り出す上で，私は一役買ったと思っています」とロットバーグは主張した．

　ロットバーグは，世銀のオフィス内に立会場を開設し，他に負けない利回りで資産を取引した．後に「ピット（落とし穴）」と呼ばれるようになるその立会場では，1970年代の終わりまでに8.8％の利益がもたらされた．すなわち，95億ドルの流動資産は1年間で8億3,600万ドルの儲けとなった（Shapley 1993, p.528）．ここでの利益は世銀の新しい豪華な本部とスタッフ拡張の資金源となっただけでなく，ビッグ・ファイブの常任理事からの

世銀の独立性をも強めた．これは，各為替取引は，その通貨が売られる国の中央銀行によって承認されなければならなかったという過去からの大きな変化だった．この過去の為替取引における承認過程は，世銀が欧米の銀行家と大臣の管理から逸脱するのを防ぐための懲戒的手段であった．

ロットバーグは，世界中から十分に活用されてない資本を探した．その当時，日本の公債市場が相対的に小さかったにもかかわらず，ロットバーグは数十億ドルほどの話を日本に持ちかけた．日本の貯蓄率が高いことを知っていて，国際金融マーケットに対する彼らの関心の高まりを利用したのである (Institutional Investor 1988, p.245)．ドイツの市場，それから資本急増の源であるOPEC諸国も同様に魅力的であった．ロットバーグは，彼の戦略を次のように要約している．「注意しなければならないことは，誰が財産を持っているか，財産がどれくらい早く蓄積されているか，財産の管理を引き受けるためには財産管理者がどのような種類の資産運用を望んでいるのかということである．彼らは株式を望んでいるのか？　すぐに換金できる資産形態を望んでいるのか？　長期？　短期？　借入資本に頼る，それとも頼らない？　固定資産それとも流動資産？　財産管理者の要望に応えるということを，あらゆる政府，民間企業，準公共機関はぜひとも理解しなければならない．そして，もしひとたび財産管理者の要望を知ったならば，彼らから財産管理を引き受けるための手段の創造は簡単なことである」(Institutional Investor 1988, p.244)．

1980年代までに，世銀はクウェート，日本，リビア，インドといった様々な国から資金を借りることに成功し，アメリカの財務次官だけでなく，巨額の年金基金や多様な証券仲介会社とともに働いた．世銀はまた，伝統的な調達先であるアメリカドルから，フラン，トルコのリラ，円，クローネ，ボリバル，ルピーまで調達通貨の多様化を図った．

マクナマラ＝ロットバーグ改革は，国際金融界に対してのみならず，世銀自身の変化も促した[13]．あらゆる国から資金を調達できるようになったため，世銀は「北」の政府とその払込資本金を徐々に当てにしなくなった．1968年に世銀は20億ドル相当の払込資本を20の欧米諸国から受け取り，

金融市場から35億ドルを借りたが，1994年までには47億ドルの払込資本と国際公債市場から990億ドルを調達するまでになった（Rotberg 1994）．世銀は1ヵ所や1つの通貨で巨額の資金を借りることはせず，世界のあちこちの新たな場所で，新たなマーケットや投資手段を作り出してきたので，世銀の権力に対する忠誠は，以前に増して分散された．

こうした功績は新たな世銀にとって注目に値することであるが，一方で世銀はその資本に対する需要を刺激することができずに苦しんでいた．20年後，世銀は依然として，その厳格な承認条件を満たしうる借り手と融資パッケージが不足していた．融資承認過程での政治的・制度的制約の厳しさを快く思わない借入国は，プロジェクトに関して世銀と容易には同意できなかった．莫大な量の「開発資本」を効果的に利用するには，さらに上からの大きな改革が必要だった．

新たな課題

世銀の最初の25年間は，投資には慎重であった．世銀の融資のほとんどは，実際には世銀を成長させるためではなく，経済成長を刺激する上で必要と思われるインフラの領域に費やされた．世銀の成長については，アメリカ財務省やウォール街がかねてより難色を示してきた．また，確実な結果を得るために，世銀は豊かな国にしか融資しなかった．1946年から68年まで，世銀は約13億ドル融資したが，それらのほとんどは日本，イタリア，フランス，オランダなどの高・中所得国への融資だった[14]．マクナマラが総裁に就いた時，世銀が「公平」と「貧困緩和」の名目で実際に貸し付けている金額がいかに小さいか，そして全体として開発モデルが失敗していることについての驚きを公言した．彼は初期の公式声明と非公式な談話において，世銀の貸付のほとんどは「最も貧しい40％」を完全に無視していると強く主張していた（McNamara 1973; McNamara 1981）．

マクナマラはそれまでとは対照的に，慎重な過去の世銀のマネージャーが経済的見地から意識的に避けてきた事業と，最貧国に対して融資することを望んだ．世銀総裁としての初めての演説において，マクナマラは次の

ように述べている．1960年以来，第三世界での「平均成長率は4.8％である．それにもかかわらず，こうした喜ばしいデータは上辺だけであり，あまり喜ばしくない状況を隠していることはあなた方も私も知っている．成長の多くは，都市部に集中しており，農民は貧困から抜け出せず，生存ぎりぎりの状態で生活している」（McNamara 1981, pp.3–5, as cited in Kapur, Webb, and Lewis 1997, p.217）．

マクナマラは，「投資銀行」よりは「開発」という言葉と政治的戦略を用い始めた．今日，「開発」という言説はありふれていて，目新しさがないように思われるだろうが，その当時は，斬新な考え方だった．総裁に就いた当初から，マクナマラは世銀の資金を「絶対的貧困者」のために使うことを望んでおり，これは世銀のクライアントにとっては急進的な考えだった．そして農業や農村開発に融資することをマクナマラが強く主張したので，融資構成は大きく変化した．農業や農村開発といった領域は，資本に対してあまりにも不確実性が大きく利益が見込めないので，一般的に回避されてきた領域である．それにもかかわらず，開発において投資銀行業が失敗してきたのは，新技術，資本および専門的知識が不足し，さらにそれらを入手する手段も不足していたからであり，石炭生産や港湾拡張に投資することは貧困層を助けることにはならないと，マクナマラは強く主張した．

マクナマラによれば，貧困と低開発の問題解決の糸口は，世銀が第三世界の農民に細心の注意を向けることにある．彼の考え方からすれば，「農民に手を差し伸べて彼らの生活を改善させるには，何が最も効率的な手段なのか？」という問いが重要であった．もちろん，これらはまさしく，初期のアメリカ国際開発庁，外交問題評議会，CIA，国防省そして国務省での政策エリート集団の関心であり，インドシナでの戦争により，第三世界の農民の心を掴むのがさらに困難になったと信じる多くの人々の不安を反映していた．世界各国での暴動や改革運動へ参加する農民は，増加しているように思われた．もしかするとベトナムでの自身の経験から，世界中の不安定さの改善には民間設備投資ではなく，公的資金やより包括的な方法

が必要だということを他の人よりも理解していたのかもしれない[15]．したがって，マクナマラの世銀は，事実上無制限の資本調達により，長い期間をかけて途上国を新しい種類のプロジェクトで覆い，特定のタイプのインフラへの個別の貸付から，社会全体への介入へと変化していった．

1968年9月，マクナマラは，世銀の理事会の年次総会において，長々と，世銀の介入が「貧しい」国々に行われることをどれほど強く期待しているかについて話した．「過去数世紀の間飲み込まれてきた貧困から，彼らが抜け出るのを手助けすることが援助の目的である．そして，そのような援助は世界の経済発展に最も寄与するだろう．貧困国への援助は，それらの国々での教育計画への支援を意味し，教育改善を目指す．経営者や企業家，農業専門家のトレーニングを含む，様々な教育活動へ我々は援助を拡張していくことになるだろう．このプログラムを実行するために，次の5年間で，教育開発に対する融資を少なくとも3倍増やそうと思う」[16]．

しかし，最も重要な貸付の拡大は農業分野であった．「繰り返して言うが，農業の重要性についてはこれまで全く疑う余地はない．第三世界の人々の3分の2は，農業で生計を立てているが，それにもかかわらず，こうした国々は先進工業国から，年間40億ドルもの食料を輸入しているという事実がある．多くの場合，彼らの食事はひどく不十分であるため，一日の仕事を効果的にできず，さらに恐ろしいことに，親の栄養欠乏症はその子供の知的障害につながるという科学的証拠が増えてきている」(McNamara 1973, p.24)．

こうした問題を解決するために，マクナマラはアジア，アフリカ，ラテンアメリカに対して，緑の革命を持ち込むことを提案した．緑の革命とは，高収量品種，化学肥料，灌漑，資本，そして技術サポートが統合されたプロジェクトである．彼は次のように述べていた．

> 農業改良への投資は，わずかな収量増をもたらしたに過ぎない．伝統的な種子や植物は灌漑や化学肥料により良く育った．しかし，収量の増加は劇的なものではなかった．しかしながら，過去20年間の研究で，小麦や米の品種改良が進み，3倍

から5倍の収量増加を達成できた．さらに，こうした新品種は，水や化学肥料といった投入要素にとりわけ敏感である．管理が悪い場合には，それらの新品種は伝統的な品種よりも収量が悪いだろう．しかし，適切な管理がなされれば，新品種は農民に未曾有の収穫量をもたらすだろう．

　灌漑，化学肥料，農民への教育を普及させることで，奇跡に近い生産量を今なら達成できる．過去にはしばしば，科学的農業はその有益性が疑わしく思われてきたが，今なら短い作期の間に農民自身がその有益性を体験することができる．我々の任務は，農民がこの機会の多くをものにできるようにすることである．（McNamara 1973, pp.23-25）

　貧困緩和に対するマクナマラの考えは，農村部門と過小資本の「小規模農家」に強く関心が注がれているが，第三世界に対する彼の意欲的な計画は，そこで終わりではなかった．マクナマラ以前の総裁は，小学校教育には全く融資せず，ノンフォーマル教育[iii]には微々たる額しか貸し付けなかったが，マクナマラは任期終了までに教育に対する融資を大幅に増やし，その約半分を，低識字率の問題に取り組むために小学校ならびにノンフォーマル教育に費やした．マクナマラはまた，農村プロジェクトにおいて，栄養改善と人口抑制，さらに衛生改善を重視した．こうした教育部門や農村の衛生部門への融資の増加は，世銀にとって大きな変化であった．彼はまた，都市の貧困問題に対しても融資を増やし，低価格住宅計画とスラム街の再建計画を開始した．当初，こうした投資は，開発融資における支配的な勢力を動揺させた．彼のスタッフは，銀行部門からの批判を回避し，世銀のプロジェクトが生産資本の拡張と全般的な経済成長にどのように貢献するのかを論証するための手段を持ち合わせていなかった．しかしながら，1980年代までに，こういった貧困緩和型の投資は，世銀や，複数国にまたがる開発機関ネットワーク（2国間の援助機関，NGO，慈善団体），さらに借入国の官僚にとって標準的なものとなった．

---

iii　ノンフォーマル教育とは，非就学児童，学校中退者，少数民族，ストリート・チルドレンなど，教育を受ける機会がない／なかった人々の基礎的な学習のニーズを満たすための教育活動である．

抵抗の克服

　大規模な計画と資金を利用できるにもかかわらず,マクナマラは,ウォール街,アメリカ財務省,ビッグ・ファイブの政界エリートといった世銀の主要な構成員の信頼を失わずに,新たな基本方針を採用するのは容易ではないことを認識していた.実際に,そのような新たな基本方針の採用については,広範囲にわたる全く新しいアプローチだけでなく,徹底した陳情運動を必要としていた.道路や鉱山,発電所など古い投資レジームにおいて必須だったもの以外への莫大な融資を正当化するため,社会的なイメージを作り上げることが必要だった.ポートフォリオを拡張し,資本に乏しい国や貧困緩和のような無形資産への投資も含むようになるにつれて,世銀は財政的に依然として健全であることを機関投資家に納得させなければならなかった.そのために,マクナマラは,機関投資家の開発に対する認識の大きな転換を促し,理論を実践の中に取り込む制度化された手段を生み出さなければならなかった.世銀の内部でさえ,マクナマラの新しい構想はかなりの抵抗に遭っていた.彼の介入主義と壮大な開発基本方針への支持を得るために,マクナマラは自身の基本方針がいかに合理的で,政治的かつ経済的に必要であり,その上付随する開発プログラムの収益性がいかに高いかを説明しなければならなかった.そのためには,新たな組織文化と権威ある開発科学を必要とした.

　アイディアと支持を求めて,マクナマラは,世銀の伝統的な有識者と金融関係者のネットワークではなく,アメリカと西ヨーロッパの学界や政界で台頭してきていた新しい発想と方法に注目した.経済史家のH.W. アーントが提唱してきたように (Arndt 1987),1945年から1965年までの戦後の時代が「成長としての開発」の時代ならば,1965年から1975年の期間は「社会的目標」の時代であった.世界規模の社会運動の真っ只中で,サセックス大学開発学研究所のダッドリー・ゼールスや国連のH. W. シンガーのような影響力の大きい開発学者が,開発での測定指標として,GNP(国民総生産)は必ずしも最良ではないと公式に発表した.貧困と不平等は明らかに,GNP成長率が高い最中に生じうるので,ゼールスと他の学者は,もっ

ぱら経済成長だけに関心を持つ姿勢を捨て去る時が来たと主張した（Arndt 1987）.

　マクナマラが，自身の世銀拡張計画が妥当であるばかりでなく必要なものなのだと懐疑論者を納得させる上で，次のような政治的・経済的背景が役立った．中・高所得国の経済成長率は下落する一方であり，失業率と貧困率は上昇し続け，インドシナでの戦争により，アメリカ支配の世界経済はひどく弱体化した．1960年代末と70年代初頭は，街頭での抗議運動や，帝国主義的な社会体制に対する革命的な運動が，世界中で見られた時期だった．そして，そういった運動により，「北」の政界エリートや経済学者，そしてマクナマラ自身までが不安に陥った．国防長官の時でさえ，彼はバーバラ・ウォードやマブーブル・ハック，デーヴィッド・モース（国際労働機関ILOの事務局長）といった見識のある政策立案者，およびアメリカでの貧困に対する10年戦争から自由に着想を取り入れていた．さらに世銀総裁として，マクナマラは，南北間の不平等という観点から貧困問題を取り扱うために，インディラ・ガンディー（「新しい国際経済秩序」すなわち南北間の権力の根本的な再調整を要求した人物）など影響力のある第三世界の指導者と一緒に宗旨替えした．マクナマラは注目を浴びる多くの場で，もし開発についての専門家が，「高い成長率が貧しい農民にまで行き渡るとの期待をもって近代部門を重視し続けるならば，所得の不均衡は間違いなく拡大するであろう」と断言していた（McNamara 1981, as cited in Caufield 1996, p.99）．さらに，「絶対的貧困者」と彼が呼んでいた世界の8億の人々は，1日30セントでどのようにしたら生存し続けられるだろうかと，マクナマラは尋ねた．豊かな国は，革命の流れをくい止めるという現実的な理由とともに，道徳的かつ倫理的な理由から，その富を貧しい国々に再分配する義務があった．もちろん，ベトナムも再分配の対象として検討中の国だった．

世界銀行の再編
　マクナマラが世銀の使命を変えた時点で，彼は世銀の組織再編に着手しなければならなかった．ロバート・ストレンジ・マクナマラは，フォード

自動車で自動車産業を近代化し，国防長官としてペンタゴンを合理化したという評判のおかげで，世銀に入ってきた（Shapley 1993）．バリー・ゴールドウォーター上院議員により「歩く IBM マシーン」と評されたように，マクナマラは，ビジネス界の若手実力者の一人であり，徹底的に合理化され数字に基づいたシステム分析により企業の経営者支配を変えてきた．彼はその後，大変深刻な判断ミスがあったにもかかわらず，ケネディ政権とジョンソン政権の「非常に優れた人材（ベスト・アンド・ブライテスト）」，すなわち動乱の1960年代と1970年代を通じて国家の舵取りをしたアイビーリーグ出身のエリート青年の一部であり続けた．マクナマラを知る周囲の人々は，世銀の総裁に就くことで，マクナマラの良心のとがめは和らぐものと考えていた（Clark 1986; Shapley 1993）．国防長官の時代に，「貧困者に対する富の再分配なくして，安全保障はあり得ない」と主張した演説は，耳を傾けてもらえなかった（McNamara 1973）．世銀総裁に就いてからのこのような演説は，これからマクナマラが行うことの予言のように聞こえた．彼は貧困問題の解決に取り組むことの正当性を信じていたが，世銀の有効性は十分ではないと感じていた．国防省が年間700億ドル以上の予算を使っているのに対し，世銀は1年間に10億ドル未満しか貸し付けていないことにマクナマラは驚いた．彼のシニアマネージャーの一人によれば，「彼は10億ドルの単位で話し続けていたが，その後訂正し，「私が言っているのは100万ドルの単位のつもりです」と言い直した」という（Shapley 1993）．

　マクナマラには，運営した組織に独特の経営文化を植えつけるという有名な経歴があった．『ベスト・アンド・ブライテスト』の著者であるデーヴィッド・ハルバースタムは，マクナマラとホワイトハウスの彼の同僚が支持する破滅的な戦争を，組織内で正当化させたのがその一例だと説明した．マクナマラは数量化が好きであり，ベトナム戦争における大虐殺の様子を，アメリカの新聞界が概して容認した数字を用いて表現していたが，このような数による表現は虐殺の様子をイメージしにくく，大衆の虐殺に対する認識不足をもたらす上で役立ったのかもしれない．しかし，大衆は

ジャーナリストや兵士からの情報に加えて，イブニング・ニュースでの写真の方を信じていた．マクナマラの伝記作家は次のように述べていた．「彼は敵と貧困を探し出し，それを数量化した．彼と世銀のスタッフは，1974年の秋の時点での絶対的貧困者は7億人であると特定しようとした．「個々の国の様々な集団を特定するのに必要な情報をすべて持っているわけではない」と彼は言った．しかし，彼らは「個人の生産性の現在の水準と潜在的な水準」のデータベースを構築していた．世銀スタッフの中には，人々を絶対的あるいは相対的貧困者として分類することは，いわば愚かしい行為だと異議を唱える者もいた．「我々はその当時，死体計測をたくさん行った」と，あるスタッフは皮肉を込めて言う」(Shapley 1993, p.519)[17]．

さらに，1970年代初頭の世銀は，「カルカッタのスラム街を改善する機関には見えなかった．……767名のスタッフの圧倒的多数はアングロサクソン系の米国人や……すっかり英国化されたかつての植民地出身の男性であった．……オックスフォード＝ケンブリッジ社交界の会合の案内が，世銀のニュースレターで知らされた．その場所は，イートン校のような寄宿制の学校の雰囲気だった」(Shapley 1993, p.477)．かつての世銀の文化は，マクナマラの基本方針を容易に支援するものではなかった．ある世銀スタッフは，「あの当時，我々はガーナに融資を行い，それがどのような結果になるかを見るために，他の国へ融資をせずに数年間待っていた」と回想していた．この調子では，第三世界の進歩は良くてもカタツムリほどの速さにしかならず，マクナマラは我慢のならないペースだと感じていた．彼は，側近に対して，これは「世界を運営するのに非効率な方法」だと話した (Clark 1986, p.31, as cited in Shapley 1993, p.477)．

就任後すぐに，マクナマラは，フォード社と国防省で彼を有名にした，極めて階層的で数字に基づいた管理スタイルを世銀に導入した．彼は組織構成を，慎重かつ真面目が取り柄でリスク回避的なものから，成長が早くてリスクを厭わないものへと変えることから始めた．彼はスタッフに対し，絶対的貧困者を対象とした新たなタイプの投資を含む貸付ポートフォリオを増やすだけでなく，リスクを正当化するために実態のデータを提供する

よう要求した．言い換えれば，世銀スタッフの昇進が融資の回転時間と関連づけられるにつれて，かつてないほどの短期間に，スタッフは新しいプロジェクトを考案し同時に設計しなければならず，さらにそのプロジェクトに対する需要を喚起し，こうしたプロジェクトが借入国の経済成長と貧困緩和，ならびに世銀の投資家への金融的報酬にとって必要であるとデータを示して正当化しなければならなかった．

マクナマラは，貧困という本質的な問題を説明し解決する上で役に立つ理論と手段を，学界が供給できないと早くから確信していた（Stern and Ferreira 1997, p.604）．彼が引き継いだ世銀も学術界もともに，例えば，保護貿易主義の経済から，価格メカニズムと競争市場が機能し海外直接投資を呼び込める経済へと移行させる方法をよく理解していなかった．マクナマラ以前の世銀も学術界も，小農への低利子貸付や読み書きのできない若者への初等教育の普及といった特定の介入が，貧困水準をどの程度そしてどのように変化させるかを説明するモデルや計測式を全く持っていなかった．マクナマラは成長についてのトリクルダウン理論[iv]をまったく信用していなかった．確かに，信頼できかつ定量化できる事実に基づいた理論ではなかったが，マクナマラは，経済学者や開発の専門家が，貧困や栄養失調，健康障害，急速な人口増加といった問題をどのようにすれば解決できるか全く分かっていないと主張した．

世銀で広く浸透している文化と，世銀スタッフが働いている世界では自明のことであるが，ウォール街と財務省を満足させ続けたのは慎重で定型化された生産性指向融資であった．自力では成長と発展を達成できない場所でそれらを達成する方法は大規模なインフラ投資である，との世銀の主張を肯定し再生産する制度的支援体制は存在していた．しかし，「貧困者

---

iv　トリクルダウン理論とは，新古典派アプローチにもとづき，経済成長の恩恵は富裕層を潤すのみならず，やがて貧しい人々にも浸透（trickle-down）するという経済理論である．実際はこの想定に反して，先進国と途上国の経済格差が増大し，途上国の国内でも富める者と貧しい者の経済格差が増大したため，マクナマラだけでなく多くの専門家から疑義が付されていた．このため市場のみならず，それを補完する政府の役割が重視されはじめ，ベーシックニーズ（第1章訳注 xiv）を充足する必要性もあわせて唱えられるようになった．

に投資すること」は第三世界での平等を伴った成長をもたらす最も効率的な方法であるというマクナマラの大胆な主張を，真実のように見せるための制度的支援体制は世銀内部には存在していなかった．さらに，そのような投資の財務健全性を承認する覚悟のある者は，世銀内部のスタッフや開発の専門家，経済学者の中には誰もいなかった．それは，マクナマラのチームが作り出さなければならないという認識だった．世銀はこうして，いわゆる途上国についての，調査，経済モデル構築，データ収集，報告書作成，そして情報の普及に関する総司令部となった．世銀の劇的な拡張，および開発分野での新たなタイプの仕事と実験への関与を正当化するために，制度的能力の開発が急速に促進された．その仕事は，借入国への大きな関与とデータを必要とし，さらに，長期にわたるデータ収集とプロジェクト設計責任の現地国化を含む国際的労働分業体制の確立を必要とした．マクナマラの命令に従って，専門職員とコンサルタントのチームは，経済研究を行うという広範な「特命」で出張した．彼らは生活水準，消費，生産そして貧困についてのデータを収集した．彼らはまた，変化の妨げとなるもの，社会制度のメカニズム，さらには天然資源の状態についての分析を行った．国内経済分析と，借入国や他の主要な開発機関との公式の政策論議が，正規の任務の不可欠な要素となったため，世銀職員は，こうした経済調査・分析に熱心に取り組んだ．

変化を引き起こす

　マクナマラの下で世銀がどの程度変わったかを見る上で，マクナマラ以前の世銀と，彼が指揮を執った後の世銀とを比較するのは有効である．1961–62年の世銀の年次報告書によれば，初期の世銀に解決を命じられた最大の課題は，需要不足であった．「世銀の貸付率についての主たる制約要因は，世銀に提案されるプロジェクトやプログラムの数が限定されているということであり，プロジェクトに対しいつでも融資を執行できる状態にはあった．プロジェクトやプログラムを準備するのに必要な調査と分析は，訓練された人材と経験が現場で不足しているために，開発途上国では

多くの場合不可能である」(World Bank 1962, p.6).

　この問題を解決するために，世銀の第3代総裁のユージン・ブラック（在任期間は1949年7月から1963年1月）は，融資申請の準備の際にアドバイスと技術サービスを提供する「開発サービス部」と「開発アドバイスサービス部」を設立した（World Bank 1962）．1961年の世銀の融資額は，8億8,230万ドルだった．全額の半分以上を電力事業が占め，アルゼンチン，オーストラリアそしてメキシコが最大の借入国だった．主に高速道路の建設（アメリカ産業界の執念）であるが，輸送手段の開発が2番目に大きなカテゴリーであり，日本，コスタリカ，メキシコ，ペルーそしてベネズエラが借入国であった．貸付のわずかな部分は，南アフリカやインドの鉄道建設に使われた．そして，インドやフィリピンでの港湾開発が，最小の融資カテゴリーであった．農業に対する唯一の融資がケニアに対して行われ，その額は840万ドルで入植にかかわる費用であった．

　1961年の技術援助の多くは，カルカッタのフーグリ川に架ける橋の調査やナイジェリアの最北部での支線道路の調査，さらにはスリナムでの鉱物調査など，非常に限定されたプロジェクト事前評価に対し行われた．世銀の使節団は，スペインが開発プログラムを企画するのを手助けし，チリには2人から成る顧問チームが駐在し，ナイジェリアには1人駐在した．さらに，開発投資戦略についてタイとパキスタンを手助けするために，数名が駐在した．世銀の「経済開発研究所（EDI）」で行われるプロジェクト開発とプロジェクト管理に関する10週間コースに，143ヵ国の政府関係者が出席した．実験的にフランス語が導入され，スペイン語は検討中であったが，そのコースは英語で行われていた．400冊の蔵書が開発途上国の93の図書館に送られた．

　1961年において，典型的な世銀の融資は次のように記述されている．

　　南アフリカ／鉄道融資（1,100万ドル，10年間で，利子率5.75%の融資）
　　この融資は，南アフリカの鉄道と港湾を拡張し近代化させるという大規模プログラムについて，現在の投資条件を満たすのに一役買うだろう．融資は1947年からな

されている．合計して1億3680万ドルとなるこれまでの世銀の融資は，このプログラムを支援し，そして今回の新たな貸付は，1961年から63年の為替要件の一部を補填することになるだろう．南アフリカの鉱工業における貨物輸送の約80％は，鉄道によるもので,そのため鉄道へのさらなる投資は経済成長に必要不可欠である．現在の拡張プログラムは，輸送能力の拡大，交通障害の除去，そして漸進的なディーゼル化をもたらす．

　参加機関：総額196万6,000ドルの貸付に参加する銀行は次のとおりである．バークレーズ銀行D.C.Oのニューヨーク代理店，フィラデルフィアのジラード穀物取引信託銀行，モルガン銀行，サンフランシスコのバンク・オブ・アメリカ，モントリオール銀行のニューヨーク代理店，フィデリティーフィラデルフィア信託会社，フィラデルフィアのペンシルバニア第一信託銀行，ワシントンD.C.のリッグス国法銀行（World Bank 1962, p.18）．

技術援助については，以下の記述が良く知られている．

　イギリス領ギアナ：世銀は,国連の特別基金プロジェクトの執行機関として活動し，ジョージタウン港の泥土堆積と浸食問題を調査している．現地調査は終了し，コンサルタントの報告書を出版準備中である（World Bank 1962, p.28）[18]．

　1961年に，世銀は19ヵ国の29のプロジェクトに対し，わずかに9億ドルを下回る新規貸付を行ったが（World Bank 1962），12年後には，50ヵ国の140のプロジェクトを支援する88億ドルの貸付を行っていた（World Bank 1981b）．マクナマラが引退した1981年までに，プロジェクトとそれを表す言葉は完全に変わってしまった．世銀はもはや，大規模インフラに対しそのクライアントに単純に資金を提供するだけではなくなった．今や世銀は，プロジェクトに関する次の記述が示すように，その使命の一部として，現地スタッフを訓練し,現地の研究施設を支援して,「総合的農村開発」を行っている．

　ブラジル：世銀――6,000万ドル．現在の研究プログラムを拡張しようとするブラ

第 2 章　世界銀行の台頭

ジルの国立農業研究機関を支援し，さらに新たなプログラムを後押しするために，研究者を訓練し，既存の研究施設を改良できるよう資金を提供する．それには技術援助も含まれている．総費用：1 億5,010万ドル（World Bank 1981b, p.99）．

ブラジル：世銀——5,600万ドル．セアラ州の北西部での第二農村開発プロジェクトにより，約 6 万の農家と1,000以上の小規模企業家が恩恵を受けるだろう．そのプロジェクトには，農業普及サービス，協同組合の開発，小規模企業への支援，さらには支線道路や販売施設と灌漑システムの建設，そして教育，保健，公衆衛生サービスへの支援が含まれている．協調融資（2,500万ドル）が IFADS（国際農業開発基金）により提供される．総費用：1 億6,320万ドル（World Bank 1981b, pp.99-100）．

カメルーン：世銀——2,500万ドル．国際開発協会（第 2 世銀）——1,250万ドル．農村インフラ改善，効果的な返済猶予とクレジットサービス，さらには研修や研究により，北部地域に住む16万3,000の農家の所得は増加するだろう．しかも，広範囲の農村開発活動を計画，監視，評価するために，資金・技術援助は出先機関にまで拡張されるだろう．総費用：6,600万ドル（World Bank 1981b, p.100）．

　世銀の年次報告書が，より幅広くそして大衆的な読者を対象とした言説手段[vi]になるにつれて，開発受益者についての定義もまた大幅に変わった．「北」の企業と投資銀行が，プロジェクトに対し機械設備，技術リポート，金融サービスを提供するにつれて，これらの事業体に流れる経済的利益を強調するというよりはむしろ，開発過程での様々な市民社会の「受益者」へと関心が移った．例えば，カメルーンへの融資によって影響を受ける「16万3,000の農家世帯」．世銀の様々なプロジェクトにより科学教育を受ける現地の役人，農学者，研究者．世銀の資金により設立・改良される研究施設（World Bank 1981b）．マクナマラの時代に，貸付に関する記述において，「北」の受益者（すなわち北の金融資本）を強調するのは不適切となった．開

---

vi　言説手段とは，言説戦略を進めていく上で，ある言説を普及させるための手段をいう（書物や演説など）．

1960年，ワシントン D.C. で，初期の世銀のトレーニングセミナーに参加する政府高官達．世界銀行アーカイブスの好意による．

発の新たなクライアント，すなわち途上国の貧困者が受益者だと強調するようになった．概して，これらは単なるレトリックの変化ではなく，ケインズ主義で左寄りの先進国の政界エリートが希望する形で考案された．むしろ，それらは非常に重要で実質的な結果を伴う変化であった．

世銀の権力の種をまく

開発の世界そしてより一般的には南北関係にとって今では一般的となった方法により，世銀の権力はマクナマラの時代に著しく増大した．今日，アメリカの専門家に対し，彼らのノウハウを凶作後のアフリカやインドの農民に提供するよう求める前に，ノウハウを伝達することの是非について熟考する人はほとんどいないだろう．そのような情報が移転可能であると疑いなく考えるようになったのは，1970年代に世銀が，技術移転を実行可能にする世界規模の組織構造と言説構造の両方を作り出すことに成功したからである．その組織構造の中には，緑の革命が生んだ「奇跡の種子」の提供と技術移転を支援する施設も含まれている．世銀は，国の省庁と信用銀行，研究センターに対し十分な制度的支援を実施し，さらにダム，発

第2章　世界銀行の台頭

1961年，ナイジェリア，鉄道建設現場で働く男性．この写真と左の写真は，世界銀行の1961年の年次報告書に由来するものであり，その当時は，このような写真の並置は政治的にまずいものとして認識されていなかった．世界銀行アーカイブスの好意による．

電所，灌漑システム，農業関連産業の工場などに対する融資を提供することにより，緑の革命を「南」に普及させた[19]．

　緑の革命は，レスター・ブラウン（ワールドウォッチ研究所の現所長）のような後援者に対し，「慢性的な過少生産という病状は，慎重な評価，信頼に足る科学的かつ経済的な計画，そして絶え間ない努力により克服できる．成功の秘訣は，新たな適合品種と他の投入要素が利用可能な地域で，それらを論理的なやり方で組み合わせることである」ということを証明した (Escobar 1995, p.159)．しかしながら実際には，国際的な農業研究機関と農業関連産業の企業によりなされた技術革新が，貧困をもたらすこととなった[20]．同時に，ネパールで研究する人類学者のステイシー・ピッグによれば，開発立案者は「村民は特定の習慣，目標，動機，信念を持っていると直観的に「知り」始めていた」．開発の専門家にとって，「村民について「無知」であることは知識不足を意味しない……（そうではなく）あまりにも局所的に植えつけられた信念が存在するために，村民について知ろうとしていないだけである」(Pigg 1992, pp.17, 20)．エリートによる知識生産に基づいた完全な権力／知識の複合体により，1980年代までに「奇跡の種子」

は途上国の農村に普及した．このことは，世銀のヘゲモニーが構築される土台となった．主として，世銀による莫大な財政支援と，幅広い開発支援ネットワークにより，緑の革命という発想は世界的に重要なものとなった．

マクナマラはスタッフを現地に送り，確かなデータとプロジェクトを手にして戻ってくるよう要求したので，農村貧困者に関する情報への需要は，国境を越えて世銀により生み出された．そして，これまでの見えざる大衆を，目に見える開発の対象へと変換した．マクナマラは情報収集のスピードが遅いことに不満だった．彼は，データ収集のスピードが，世銀の融資承認過程の速いサイクルに合致することを求めた（Kapur, Webb, and Lewis 1997）．新たな融資を迅速に処理して正当化するために，マクナマラはロックフェラー財団が資金援助した２つの研究センター（メキシコとフィリピン）を公認することで，独自の知識生産マシーンを作り出した．そして，そこから彼は，「国際農業研究協議グループ（CGIAR）」と呼ばれる複数の現場にわたる研究ネットワークを作り出した．世銀が支援する研究キャンパスの数は増加し続け，CGIARは急速に「開発プロモーション史上最も成功したものの一つ」となった（Kapur, Webb, and Lewis 1997, p.401）[21]．最終的には，CGIARシステムを構成する研究所は16となった．それらを通じ，緑の革命の技術は「南」に瞬く間に広まった．1965年時点で，小麦の半矮性新品種の作付面積は，途上国の小麦作付地全体の0.1％未満だった．しかし1983年までに，CGIARが奨励する緑の革命の小麦は，途上国の小麦作付地全体の50％に作付され，特にラテンアメリカとインドに関して言えば，新品種は全体の80％に及んだ．米については，1983年までに，途上国の米作付地全体の約58％に半矮性品種が作付され，中国では95％，インドでは54％，アジアのその他地域では40％作付された（Baum 1986, pp.283-84）．

創立後の最初の25年間に，世銀は約５万人の科学者をCGIARで養成した．その科学者の多くはその後，主な多国籍企業のCEOや研究ディレクター（World Bank 1999）ばかりでなく，国務大臣や農業大臣，財務大臣（Baum 1986）など卓越した地位に就いた．こうした世界的規模の研究事業は，初

期の世銀からの顕著な変化を表していた．というのも，1961年時点で，農業研究の専門家は世銀にはたった12人しかおらず，彼らの多くは排水と灌漑の専門家だったからである（Kapur, Webb, and Lewis 1997）．マクナマラの時代には，世銀の農業部門はスタッフの採用が追いつかないほどであった（Kapur, Webb, and Lewis 1997）．

世銀は研究現場を改革し，そこでは国際的な農学者が経済的および政治的な報酬を得て意気揚々と働くようになった．この科学－産業－政府のネットワークにより世銀は，農業生産に投資することへの資本市場の疑いを晴らすことができた．工業への莫大な波及効果（エネルギー，化学肥料，化学農薬，人工種子，農業機械など）により，世銀の緑の革命は「北」のクライアントに大きな利益をもたらすものとなった．世銀とその二国間援助のパートナーは，この開発の方向づけを行うために，農業大学と，農業の研究と政策に関するセンターを，「南」の至る所に設立した（Anderson, Levy, and Morrison 1991; Anderson et al. 1982; Stakman 1967; Wright 1990）．こうした人目を引く国立研究所は，開発のための資金を引きつけ，さらにはアメリカの土地寄託大学（イリノイ大学やアイオワ大学等）や，経済学部と法学部（シカゴ大学等）にとっても学術交流は魅力あるものであった．それにより，借入国内の農業食品システムや，所有権に関する慣行と制定法，加えて貿易と投資に関する法律の「アメリカ化」が促進された（Dezalay and Garth 2002）．

全体として，マクナマラの下での世銀は，ノーマン・ボーログの「奇跡の種子」を我が物とし，融資を多方面に拡大するためにその種子を利用した．工業と農業に電力と水を供給する巨大ダム，農場で用いられる資本財のための鉱業と工場，輸送機関，都市部の開発，そして緑の革命の導入を容易にするための農村での基礎教育と公衆衛生の改善などに融資された．しかし，世銀とその他の機関による努力に付随して，世銀の貸付ポートフォリオは急速に増大し，最終的には，「南」に対し壊滅的な打撃を及ぼした．その打撃とは，高額の対外債務，食料生産の多様性の損失，数多くの農民を強制退去させた土地の囲い込み，食料生産のドル化とアメリカ化，世界規模での供給過剰による農産物価格の暴落といったものである

(Bonanno 1994; Friedmann 1982; Wright 1990).ひどく不均衡な交易条件のために，マクナマラの「貧困撤廃」の10年間は，巨額の債務を抱えた「南」と非常に階層化された農業システムを残して終結した[22].在来の食料生産システムが徹底的に破壊され,輸出志向の農業生産が勝利を収めたため,「南」はアメリカやヨーロッパからの食糧純輸入国となった.こういった変化は開発問題を解決するわけでもなく，絶対的貧困を著しく減少させるわけでもなかった.それよりむしろ，世銀を中心とする開発関連産業の結果として貧困が増大した[23].

外国人投資家は大きな利益を得たが，マクナマラの新たな開発レジームは，巨額の世銀融資を返済するための資源がない借入国にとっては大きな費用負担となった.世界の食料価格の暴落と石油価格の急騰が同時に発生したため，社会的な混乱がぼんやりと現れた.世銀の新たな固定資産は想像をはるかに超えて拡大し，債務国での累積債務危機は急速に拡大していった.

負債と構造調整

次から次へと長く続いた世銀の融資は,「南」の対外債務の劇的な増加を煽り，1976年から1980年の間の年平均増加率は20％にのぼった (McMichael 2004; Mosley, Harrigan, and Tore 1991; Toussaint 1999).1980年代までに，世銀が行った融資の多くは，基本的資材（固定資産），種子とトラクター，あるいは調査やトレーニングに使われていたのではなく，国家の財政赤字の利子の支払いに使われていた (Mosley, Harrigan, and Tore 1991; World Bank 1986).農村の工業化のための莫大な借入と，さらに「南」の食料農業部門と「北」で生産された資本財や農業生産資材とが関連づけられた結果，「南」から「北」へ大きく資本が流出した.

差し迫った累積債務危機は,世界における世銀の立場を転覆させうるが,実際にはそれと逆の事態が起こった.借入国の脆弱な立場と，開発の支配者としての世銀の類のない役割のために，債務の再編過程を管理できる主

要な多国籍機関の一つとして，世銀は自分自身を位置づけた．累積債務危機をもたらした張本人であるにもかかわらず，世銀は突然，「北」と「南」の負債関係についての全世界の調停者となった（Gowan 1999; Helleiner 1994; Kapstein 1994)[24]．

理論的に言えば，ダム，発電所そして種子から生産された商品により生じる収入によって，国は開発融資を返済できるわけだが，世銀の融資によって生産された多くの商品の国際市場価格は急落した（George and Sabelli 1994）．世銀が「南」の至る所で熱心に生産を推進した多くの主要な商品は，「北」で生産された商品に代替されていった．例えば，砂糖はコーンシロップに，銅はガラス繊維に，熱帯作物からの食用油は大豆油に，そしてゴム，綿，ジュート，材木といったものは合成品に代替された（McMichael 2004）．1986年までに，途上国の借金は1兆ドルにまで増大し，過去の融資に伴う利息を払うために，各国は世銀とIMFから多額の借金をしていた．多くのアフリカ諸国は，膨張する負債を返済するために，輸出収入を全額使わざるを得なかった．

累積債務危機により，借入国と世銀やIMFの間に劇的な権力の転換が起こった．こうした姉妹機関が，各国の対外債務の管理を引き受けた途端，彼らは各国政府に対し経済を再編成して再構築することを要求した．とりわけ，国内ニーズのためではなく輸出のための生産を行うこと，貿易障壁と関税を削減すること，さらには国際競争のために主要な公共部門である電気通信，電力と鉱業，製造業，保険，銀行，輸送機関などの民営化を強要した．民間からの融資が減少し，世銀とIMFの融資に課される新たな条件に従うために，各国政府はこうした圧力に屈し，衛生，教育，福祉への財政支出を急速に切り詰めた．

こうした構造調整は，石油価格の値上げに対する調整と，2–3年の経済の再構築を乗り切るのを手助けする一時的な「ショック療法」と見られていた．そしてその後で，「北」と「南」の間の自由化された貿易関係により，構造調整が済んだ国々へ資本が流入し始める予定だった（Dasgupta 1998）．ところが実際には，ショック療法は，巨額の債務返済のために融

資を受け，そして借入国をさらに不安定にする追加の政策要件が出されるという終わりなきサイクルとなってしまった．1987年までに，資本は「南」ではなく世銀に純流し，貸付に対する返済という形で，借入国から融資額以上の資金を世銀は受け取った（Dasgupta 1998; Mosley, Harrigan, and Tore 1991）．1980年代後半において，世銀の調整プログラムは「アジア，ラテンアメリカ，そしてアフリカの子供たち数千万人の衛生，栄養，教育水準悪化」の原因となり，その結果として多くの借入国に「失われた10年」をもたらしたとユニセフは報告した（Cornia 1987）．

　多くの国々におけるこの失われた10年は，「北」の勢力にも影響を及ぼし，この危機解決へ向けて世銀の関与と責任を深めることとなった．たとえば，1982年に，メキシコは800億ドル相当の借金を積み重ね，その借入れについて完済不可能となってしまったが，その当時アメリカの銀行は約半分もの資本をメキシコへ貸し付けていた（McMichael 2004）．大惨事を避けるために，世銀とIMFは，貸し出しすぎた「北」の銀行と投資家を救済し，その一方で以前に増して介入主義的な構造調整レジームをメキシコに強要した．たった10年間で，メキシコは世銀から13の調整融資を受け，メキシコの国家と経済を完全に改造するという調整協定をIMFと6つ結んだが，その協定の内容は食糧補助金と農村の公的機関を廃止し，さらには国家の食糧安全保障システムと国営企業による食糧の独占販売を廃止するというものであった（McMichael 2004）．それにもかかわらず，民間金融機関はメキシコで思いがけない利益（5億ドル）を上げ，さらに似たような状況の下で，ブラジルでも利益（10億ドル）を上げていた（Peet 2003, p.76）．1989年までには，「南」への新たな融資のほとんどは調整融資となり，負債に苦しむ旧ソ連諸国も借入国となった．こうして世銀の調整レジームは世界的規模のものとなった．

　累積債務危機と構造調整の結果，民主化とガバナンスというポスト1989年問題と，再分配と公正を考慮した緑の革命の時代は終焉し，自由と資本の卓越というネオリベラリズム問題が世銀により提起された．世銀，IMFそしてWTOは，国家とは別に地域・各国政治を浸食するグローバルな管

理者として振る舞い始めた．緑の革命は，食糧生産の点で南北関係を変質させ，新たな世界的規模の農業食品システムをもたらした．そして構造調整時代には，国家と国民の間の相互作用のあり方（それは「社会的なものの統治」(Polanyi 1957) と呼ばれうる）が変質した．世銀が陣頭指揮を執ったので，貧困緩和と構造調整という重複する開発レジームは，借入国における世銀の支配権を深め拡張するのみだった．そしてマクナマラが夢にも思わなかったほどに，彼の任務は強化された．

　こうした貧困緩和と構造調整という重複する開発レジームは，レーガン＝サッチャーのネオリベラリズム改革の一部であり，世銀内部とワシントンでの重要な政策転換を反映しているだけでなく，ネオリベラリズムを推し進める他の多くの国々での政策転換をも反映していた．レーガン大統領がA.W. クラウセン（バンク・オブ・アメリカの総裁）を世銀の総裁に選定した直後に，クラウセンは世銀内の「成長を伴う再分配」の支持者を排除した．最初に，彼はマクナマラの首席エコノミストで，世界的に著名なホリス・チェネリーを解雇し，ミルトン・フリードマンのネオリベラリズムを信奉するアン・クルーガーを首席エコノミストとした．

　開発経済学の分野でのクルーガーの知的貢献は，途上国における経済成長への重要な妨げとしての「レント・シーキング」状態についての議論だった (Dezalay and Garth 2002; Kapur, Webb, and Lewis 1997; Krueger 1974)．彼女は開発融資という考え方の熱狂的な支持者ではなかったので，彼女が選ばれたことは意外に思われた．1987年の世銀の再編成の終わりまでに，チェネリーの支持者の多くが解雇され，約800人の正統派マクロ経済学者が雇用された．このことは，古い世代の開発経済学者に対する「経済学上の大虐殺」と世銀のある職員が呼んだものの最終段階であった (Dezalay and Garth 2002; George and Sabelli 1994)．

　世銀とIMFにとって，構造調整は危うい経済状態のすべての国々に対する主たるプログラムとなったが，変化の新たな青写真は，増大しつつあるネオリベラリズムに基づいていた．ワシントン・コンセンサスのイデオロギーの基礎として知られているように，ネオリベラリズムの基本方針は，

必ずしもワシントンだけで始まった,あるいは発展したのではなかった.むしろ基本方針の詳細は,南北関係および世銀と借入国の関係の中での政治的な闘争と譲歩を通じて作り出された.金融資本の「南」への不安定な流入と流出から生じた世界的規模の累積債務危機により,ネオリベラリズムの基本方針は,国際的に脚光を浴びることとなった.貿易障壁を低くして外国の輸入品に対し市場を開放する,さらに生産と社会的サービスの供給における国家の役割を縮小して,外国資本についての制限を撤廃するというネオリベラリズムの使命は,多くの国々において国内生産部門の破壊をもたらした.たとえば1980年代に,一連の構造調整政策のことを「ファウスト的契約」と表現していたジャマイカの大統領マイケル・マンリーは,アメリカから安価な輸入品が大量に流入し,ジャマイカの国内農業や酪農,養鶏業を全滅させることとなった協定を受諾せざるを得なかった (Black and Kincaid 2001). さらに,立ち退きにあった農家は,新たな非課税の労働搾取的な企業誘致地域で働く以外に,選択肢はほとんどなかった.その企業誘致地域では,農家は世界の最低賃金に匹敵する賃金で働くことを強要された (McMichael 2004).

　世銀のネオリベラリズムへの転換は,ワシントンを本拠とする政策エリートの全ネットワークはもちろんのこと,様々な国家機関,非国家機関(大学,司法機関,民間部門,人権機関) で働き独自の国家基本方針を追求する専門弁護士や経済学者,実業界のリーダー,そしてサンティエゴやメキシコシティといった首都の専門技術者にも支持された (Babb 2001). 結果として,ベネズエラで発展したネオリベラリズムは,チリで現れたネオリベラリズムとはかなり違ったものに見えた.そして両方とも,ワシントンで緻密に練られた原型との類似点はほとんどなかった.イブ・デザレーとブライアント・ガースが鮮やかに描き出したように,「ネオリベラリズム改革」という考え方の起源は,こうした各国を行き来するエリートと,ネオリベラリズム「テクノポリス」という南北の制度的ネットワークを構成する研修と労働のための機関を通じてたどることができる (Dezalay and Garth 2002). 現実に存在しているネオリベラリズムの生産は,国境を越えるよ

うな弁証法的過程であり，今でもそうである．すなわち，ネオリベラリズムは，世銀，IMF，影響力のある銀行家と政界のエリート，そして世界中の企業，政府，大学や研究所で働く多数の関係者の間での，緊張関係と闘争，そして交渉による妥協の産物だった．世銀の指導力の下で，こうした国境を越える制度の実践から現れた一つの重要な産物が，グリーン・ネオリベラリズムである．

グリーンとネオリベラルの緊張関係

　世銀は設立から最初の数十年間は影響力が小さかったが，その後精力的に活動して世銀は唯一無二の機関であるという社会・政治的環境を作り出し，1980年代には，開発という世界の実権を握ることとなった．それにもかかわらず，累積債務危機を管理する2つの多国籍機関，すなわち世銀とIMFに，祝杯を挙げる十分な時間はなかった．経済が崩壊し，人々が街頭で抗議をするにつれて，2つの機関は軽蔑，怒り，そしてフラストレーションの標的となった．もはや世銀は，各国政治から少し距離を置いて技術的助言をする公平な専門家と見られることはなかった．それどころか世銀は，公共支出の削減，大量失業，通貨危機，そして食料，燃料，その他の商品の値上げ，さらには賃金と輸出価格の減少についての原因とされていた．世銀が自らを支配的な立場に置いたちょうどその時期に，そのクライアントである借入国の多くは，崩壊の瀬戸際にいた．

　それらに加えて世銀に圧力をかけたのは，世銀が行うプロジェクトの社会的・環境的なマイナス効果を暴き，その撤回を目指して注目を集めた社会運動であった．農民と都市労働者が一連のパン騒動とプロジェクト反対運動を始めたので，彼らは世銀の援助を享受する幸福な受益者(すなわち「開発の対象」)であるという「北」でのイメージは破壊された．その運動では，世銀とその政策への不満を劇的に表現するため大規模な行進と断食を行ったりもした．1980年代の半ばに，運動家は反対運動の有効性を増すために，「国境を越えて」組織化し始めた (Fox and Brown 1998; Fox and Thorne 1997;

Keck and Sikkink 1998; Smith, Chatfield, and Pagnucco 1997)．それにより，インドやブラジル，インドネシアといった辺鄙な地域での世銀の政策と実践が，「北」の新聞のトップ記事となり，さらにボンやロンドン，日本そしてワシントンでの国会討議の重要な議題となった（Fox and Brown 1998）．世銀の政策と実践はまた，マニラやジャカルタ，ニューデリーの街頭での政治的衝突を引き起こした．世銀は，世論という名の法廷で審理されていた．

　ほとんど補償もないまま世銀のプロジェクトにより強制的に追放された10万の人々（特に少数民族）を支持するために，タイでは多くの活動家が，多数の有害なダム，鉱業，森林プロジェクトに反対した（Parnwell and Bryant 1996; Rich 1994）．不平の原因は，プロジェクトがもたらした人権侵害や農民の貧困化であり，それらのプロジェクトが恩恵をもたらしたのは主に，政府，都市，工業部門だった[25]．インドネシアでは，スハルト将軍の移住プロジェクトへ世銀が過度に支援したことに対し，抗議運動が勃発していた．この移住プロジェクトとは，1970年代半ばから1980年代半ばまでの間に，ジャワ島とバリ島に住む200万以上の少数民族を離島に強制的に定住させる，軍事を伴う開発計画だった[26]．

　反対運動は，インドのナルマダ・ダム・プロジェクトやブラジルのポロノロエステ・ハイウェイ・プロジェクトへの世銀の支援に対しても開始された．皮肉なことに，世銀はブラジルのアマゾンでのポロノロエステ・プロジェクトを，持続可能な開発の優良事例として公然と推進したが，ブラジル政府は継続的に融資を5つ受けることとなったため，今まで把握しようとしてこなかったプロジェクト対象地域の先住民族のニーズについて，ブラジル政府は真剣に把握するよう努め始めた．一方で，この巨大なハイウェイ・プロジェクトは熱帯雨林と先住民族に対する弔いの鐘だと見る人もいた．なぜなら，森林の皆伐と住人への攻撃（これは実際に起きてしまった）を阻止する国の機関が十分ない地域に，何百万の開拓者を移住させたからである．学者や活動家がプロジェクトの弊害を記録するにつれて，この反対運動は拡大し，運動支持のネットワークは国境を越えて作られるまでになった．そして，このようなネットワークは今日では非常に一般的となっ

た (Keck and Sikkink 1998).

　反ポロノロエステ運動は，アマゾンにおける世銀の開発事業への脅威以上のものとなった．世銀の実践内容が暴露されたことにより，主要な「北」の政策立案者は強く非難された．アメリカ議会の前に開かれた12回以上の公聴会では，アマゾンの先住民族グループが伝統的な衣服を身にまとい，プロジェクトがコミュニティを破壊していることについて熱心に証言した．そして，その公聴会が終わった後で，ある議員は多国籍開発銀行への支援の削減も辞さないと言ったが，別の議員は世銀を罰し，ある種の説明責任を課すことを決断した．保守的なロバート・カステン共和党上院議員は，1986年に次のように言及している．「何が起きているかに人々が気づいたならば，人々は街頭に出て「あなた方はこの資料を読んだのか？　なぜ我々のドルは，この種の破壊に資金を出すために使われているのだろうか？」と言い出すでしょう」．財務省のある職員は「そのような反対運動は思いがけない事態であり，間違いであり，数年間は続くと思う」と述べた (Wade 1997, p.671). 世銀が，ヨーロッパ諸国とアメリカ合衆国に対し，「国際開発協会 (IDA)」への追加支援を要求しているときに，この反対運動が同時に起きたことで，世銀はひどく弱い立場に追いやられることとなった．

　激しい批判攻撃を切り抜けるために，世銀は非難を断固として否定し，否定が裏目に出たときには根本的な組織改革で対処した．世銀内の，少数の改革志向のスタッフの努力により，環境が世銀の最重要の関心領域となった．新たな理論や表現，イメージ，スローガン，担当部署，優先事項，そしてデータが猛烈なスピードで作られた．新たな世銀の報告書は，持続的な環境と，壊れやすい生態系で暮らしている少数民族と先住民族への配慮なしには持続的な経済成長はあり得ないと断定していた．予算と他の制度的資源がこの問題に投入された．1985年にようやく，世銀は環境について公式に研究するスタッフを5人だけ雇った．そして1995年までに，300人以上が雇われている．1985年には，世銀は環境のためという名目で，1,500万ドル未満しか融資しなかった．しかし，10年後には約10億ドル融資している．1985年と1995年の間に，環境のための政策，研究，そして

融資への予算資金は年間90％ずつ増加した[27]．環境業務の小さなオフィスは，かなりの数のスタッフが在籍する環境局へ拡大した．1992年に世銀は，環境的に持続可能な開発を担当する新たな副総裁の地位を設けた．

　1990年代の半ばまでに，環境に関する課題は世銀の業務の中心で，かつ世銀の特色となり，「国家環境行動計画（NEAP）」を承認するまでクライアントは融資を受けることができなかった．このNEAPとは，クライアントに対し，環境に対する配慮を国家開発政策の「主流に組み込む（mainstreaming）」ことを約束させるものだった．世銀が考案した科学的手順に基づく環境的・社会的事前評価がなければ，大規模プロジェクトはもはや世銀の常任理事により認可されることはなかった．1990年代を通じ，世銀は借入国に対して，「環境調整」政策を（しばしば財政上の構造調整政策と合わせて）課した．この環境調整政策は，借入国の政府に対し，似たり寄ったりの環境保護機関の創設，森林や土地，水に関する法律の修正，国立の環境政策研究所の設立，そして環境改善を実行する専門家集団の育成を強要した．こうした介入は，世銀とそのパートナーが協力して作成している「グローバル」スタンダードに，ナショナルスタンダードがより適合することを目的としていた[28]．

結　論

　1940年代半ばの世銀の誕生には，ポストコロニアル時代の影響が色濃くみられたが，マクナマラの指導の下，世銀はたった20年間で強力な機関に生まれ変わった．アメリカのヘゲモニーがヨーロッパや日本，そしてOPEC諸国から批判され，他方では「南」の至る所で反植民地主義の反乱が起こる最中に，マクナマラは世界経済における世銀の役割を拡大する機会を得た．マクナマラの管理下で，世銀は新たな超国家機関として政治的・経済的影響力を強めたのである．世銀と「南」の専門家が支援者となり，新たな開発レジームを生み出した．知識生産と普及に関する驚くべきシステムをマクナマラがつくりあげたことにより，多額の資金を融資すること

で，世銀は借入国の諸機関の意思決定に影響を及ぼすようになった．マクナマラの引退と世銀内の大きな変革の後でさえ，マクナマラの強烈なイメージが残っていたため，世銀は，その権威ややり方への批判に打ち勝ち，より強力な組織へと成長した．実際，累積債務危機と，1980年代の反世銀運動の後でさえ，世銀はその勢力を広めていたのである．

1980年代後半に，開発の世界において環境が重要な領域として取り上げられるようになった．これは，世銀の開発プロジェクトにより，環境的・社会的な影響が広く見られるようになったからである．激しい批判の嵐を切り抜けるために，世銀は大きな組織改革に取り組まざるを得なかった．予想に反して，1990年代の後半までに世銀は，環境管理と環境規制についての新たなグローバルスタンダードを設定した．生物多様性と持続可能な森林，貧困と公衆衛生，先住民族の環境資源利用に関する基本的権利，そして安全な水を利用できる社会全体の権利など幅広い論点が主張されるようになった．世銀が示したこのような問題を，21世紀の初期までに満たさなければ，どの国際機関もその存在意義を主張できないというものだった．世銀は，金融資本の増加と，環境管理のグローバルスタンダードの設定を通じて影響力を拡大し，激しい批判に対応した．

世銀の環境配慮へのシフトは，多くの政府と，開発や環境についての活動家，さらには世銀への投資家と借入国を引き込むことに成功した．そして，世銀内部の者も含む多くの世銀批判者に対し，「AAA」の格付けを損なわずに，環境についての最前線を先導していることを証明した．しかしながら，高度の科学的知識を有する専門家や技術者が支配するこの巨大な機関を，社会的な批判の的から環境についての先駆的機関へ変容させることは，容易な仕事ではなかっただろう．

注
1）世銀の政策と軌跡に対し，財務省や内務省，ウォール街がいかに権威を持っていたかは，初期の世銀幹部のオーラル・ヒストリーより明白である．このオーラル・ヒストリーは，「世界銀行オーラル・ヒストリープロジェクト」として

コロンビア大学図書館と世銀に保管されている．
2）世銀グループは次の5つの関連機関から成る：国際復興開発銀行（IBRD），1945年設立，メンバーは184ヵ国．国際金融公社（IFC），1956年設立，メンバーは176ヵ国．国際開発協会（IDA），1960年設立，メンバーは162ヵ国．投資紛争解決国際センター（ICSID），1966年設立，メンバーは134ヵ国．多国間投資保証機関（MIGA），1988年設立，メンバーは157ヵ国．
http://web.worldbank.org/WBSITE/EXTERNAL/EXTABOUTUS/o,,contentMDK:20040580-menuPK:34588-pagePK:34542-piPK:36600-theSitePK:29708,00.html を参照．

　世銀は実際にはこれら5つの機関から成る．1945年に設立された国際復興開発銀行（IBRD）は世銀の主要な部門であり，「信頼に足る」借入国に市場金利より低利で融資を行う．しかし，設立当初からウォール街は多くの第三世界諸国を「信頼に足らない」ものと見なしていたので，IBRDが融資をし始めたのは遅かった．

　IBRDから融資を受けられるほどの信頼がない借入国のために，これらの国々が信頼に足る国となるのを支援することを目的として，1960年に世銀は国際開発協会（IDA）を設立した．借入国は小額の管理料（0.75％）を払うだけで，利率ゼロの融資を提供された．中所得国の中にはIDAから「卒業」し，IBRDの借入国として一人前になった国もあった．多くの低所得国は，IBRDとIDAの両方から融資を受け続けている．国際金融公社（IFC）は，民間部門のプロジェクトに対する融資とエクイティ・ファイナンスの最大の多国間供給機関として1956年に設立された．この機関は，開発の世界がここ10年の間にネオリベラリズムにシフトしたため,世界的に主要なプレイヤーへと発展した．投資紛争解決国際センター（ICSID）は，国家の法廷制度の範囲を超えて紛争を解決するために，1966年に設立された．ここ数年間で，多国籍企業の多くはICSIDの調停過程を利用して，世銀の借入国との間の紛争を解決するようになってきた．最後に，多国間投資保証機関（MIGA）は1988年に設立されたが，第三世界でのハイリスクの投資に対する保険と政治的リスク保証を提供する上で，最近非常に活動的になってきた．本書では，単一の存在として世銀に焦点を当て，そして特に世銀グループの主要な融資・政策立案部門であるIBRDの役割に重点を置く．

3）世銀の歴代総裁：ユージン・マイヤー（1946年6月から1946年11月までの6ヵ月間），ジョン・マックロイ（1947年3月から1949年4月までの2年間），ユージン・ブラック（1979年7月から1963年までの14年間），ジョージ・ウッズ（1963年1月から1968年3月までの5年間），ロバート・マクナマラ（1968年4月から1981年6月までの13年間），A.W. クラウセン（1981年7月から1986年までの5年間），バーバー・B・コナブル（1986年7月から1991年8月までの5年間），ルイス・T・プレストン（1991年9月から1995年5月までの4年間），ジェームズ・ウォルフェンソン（1995年6月から2005年5月までの10年間）(World Bank 1995)．

第2章 世界銀行の台頭

4) 例えば, 本章の題辞にあるケインズの引用を参照.
5) 「世界の」銀行という新たに考案された役割の中で,「開発」のような不安定な概念に対して融資することの能力と正当性についての懸念から, 世銀の目的に対する疑問は当初から生じていた. こうしたことから, 創立者 (アメリカとイギリス) 自身が世銀を成長させることに非常に慎重だった.
6) Hurni (1980) と Mason and Asher (1973) も参照のこと.
7) メイスンとアッシャーは, 1973年に出版された世銀についての評判の高い歴史書の中で, 世銀の最初の25年間を次のように概説している:「(世銀の首脳部は) 様々な種類の投資が開発のために必要であると認識していたが, ある一種類の投資が他のどれにも比べて絶対に必要であると頻繁にほのめかしていた. (世銀が) 電力, 輸送機関, 経済的インフラ計画に融資するのは比較的容易だったので, 世銀は, 財政の安定性と民間投資の促進を伴う公共施設プロジェクトが大抵何よりも発展を誘発させるという命題の提唱者となった. 同時に, 非常に発展の進んだ自由企業経済においてでさえ, 世銀は公共投資に対して伝統的に開かれているある分野, すなわち公衆衛生, 教育, 医療分野は避けざるを得なかった. しかしながら, 増産に対するこうした社会資本プロジェクトの貢献は, 電力の貢献具合と比べて測定が難しく直接的でない. さらに, そうした社会資本プロジェクトに融資することは, 増大する融資需要に門戸を開くことになり, 世銀の経営の「健全性」についてウォール街での反発を再び招くかもしれない」(Mason and Asher 1973)
8) George and Sabelli (1994) から,「ビッグ・ファイブ」という語句を借用した.
9) コロンビア大学のオーラル・ヒストリープロジェクト集 (Cavanaugh 1961) にあるキャバノーやその他の人々へのインタビューを参照.
10) 経済的価値という考えの系譜については, Mitchell (2002) を参照.
11) 世銀の最初の専門家のほとんどが, かつての植民地の役人だったということは注目に値する (Mason and Asher 1973).
12) マクナマラはカリフォルニア大学バークレー校を卒業し, ハーバード・ビジネス・スクールで教壇に立っていたが, 世銀を発展させるためにしばしば自身の社会的ネットワークを利用した.
13) ロットバーグの下での世銀は, 全く新しい通貨取引と金融取引を始めた. それらには次のような名称がつけられていた.「利率設定,「タップ」施設, 継続的提供の有価証券, 基準に基づく合成発券, グローバル債券, 延長可能, 取り消し可能, 証明書, 複数通貨オプション債, 様々なリセット利率債券」(Rotberg 1994, p.203). 新しい世銀は1年間に100種類もの債券を市場に投入した. すなわち, 世界のどこかで3日ないし4日に1種類が発券されたことになる. 1990年代までに, 世銀は一度に10~20億ドル相当の世銀債を定期的に発行した.
14) 高所得の借入国としては他に, バハマ, フィンランド, ギリシャ, イスラエル, シンガポールがある. 中所得の借入国としては, ブラジル, チリ, フィジー, モロッコ, インドネシア, マレーシアがある. 低所得の借入国としては, サハ

ラ以南の多くのアフリカ諸国，インド，中国，アフガニスタン，ラオス，イエメン，ベトナムが含まれる．これらは世銀により構築されたカテゴリーと指標であり，Kapur, Webb, and Lewis (1997) に引用されている．

15) 地政学的には，新たな戦略は，反共主義者の改革運動が工場から農村へシフトしたことに規定される．マクナマラが農民に焦点を当てたということは，第三世界の社会主義と共産主義はモスクワ指向のものではなく，土地と資源をめぐる闘いに土着的に根ざしたものであるというアメリカの政策立案者の見解も反映している．歴史学者のケート・ダニガンから，この点とこの章への優れたアドバイスをいただいた．

16) 同時に，マクナマラは1969年3月にニューヨークのボンド・クラブに対し次のように断言した．「IBRDのエコノミストは，教育などの社会的投資に由来する経済的収益を数量化する手法に取り組んできた．彼らは，収益は大きく変化するとはっきりと結論づけている．民間部門が低開発の地域では，大学の教養学部建設は全く役に立たないが，必要不可欠な熟練労働力が不足している成長経済の地域に工業高等学校を建設することは，大きな成果をもたらすであろう．ラテンアメリカでのそのようなプロジェクトは，1年間に50％の収益をもたらした．与えられた状況の下で，どのような種類の教育が安定した経済成長に最も貢献するのかを決定し，それに応じて投資するのがIBRDの任務である．我々は，経済成長に直接的に関係しない教育プロジェクトに過去に融資してこなかったが，将来は融資することになるだろう（McNamara 1973, pp.134-35）．

17) 国防総省秘密報告書が1971年に公表され（エルズバーグはペンタゴンでのマクナマラの部下だった），マクナマラと，ケネディやジョンソンの周囲にいるマクナマラの仲間へのハルバースタムの驚くべき批判が1972年に公になったということは，忘れてはならない．行く先々で，マクナマラはインドシナ半島の多くの農民を殺戮したことで厳しく非難された．世銀の内部では，多くの人々がマクナマラを雇用したことと彼の遺物を「世銀の崩壊」と見なしていたにもかかわらず，どうやら彼の目の前で「ベトナム」という言葉を誰も発しなかったようだ（Shapley 1993）．

18) 融資の形態が全く与えられていなかったので，これはおそらく将来起こりうる融資と結びついた技術援助だった．

19) 広範なプロジェクトに資金を供給する過程で，アジア太平洋開発金融機関協会（ADFIAP）やタイ王国電力庁（EGAT），農業分野の大学院と研究のための東南アジア地域センター，さらには無数の国連機関など多国籍及び一国家の政府機関や組織にも世銀は投資し，それらの成長を促進させた．こうした組織の多くは，学会やセミナー，会議，図書館，調査，プロジェクトについて世銀の資金提供に依存するようになった．1960年以前にはこうした組織はほとんど存在していなかったが，1980年までにたくさん設立された．世銀はこれらの組織がOECDやFAO，UNESCO，WHOおよび欧州開発基金と共同作業できるようなネットワークを作ることに対して資金を供給すると同時に，それら組織

の経費の大部分を支払っていた (World Bank 1981a). その結果, 開発の実践は, 多様な領域に広がっていった. すなわち, 財務省や中央銀行, 慈善団体や自助開発 NGO とだけ協力するというかつての世銀スタイルではなく, 農業や林業, 漁業, 農村開発, 経済開発関係の省庁や, EGAIT, ICRISAT などの準政府系の民間団体, および国連機関や開発銀行, 農業大学と協力していった.

20) ジョン・K・ガルブレイスが主張するように, 西側諸国はインド (ケネディ大統領時代に彼は米国大使として勤務していた) などに資本や専門知識しか供給しないので, 貧困はこうしたことから生じていたかもしれない. 彼は次のように述べている.「貧困は資本不足や専門知識の欠如の結果と見られていた. そうした救済策は診察を含んでいた. ワクチンを持つことにより天然痘がもたらされた (ように, 善かれと思ってしたことが問題を引き起こすこともある——訳者注)」(Galbraith 1979, pp.v-vi).

21) 世銀の指導力のおかげで, 国際的な農業研究機関は予算や調査項目, アウトリーチ活動を大きく拡大し成功した (Baum 1986). マクナマラは最初, 食糧農業機関 (FAO) 内の技術顧問委員会と協力して世銀本部内に中央事務局を創設した. FAO はまた, 国際連合も仲間に取り込んだ. 次にマクナマラは, コロンビアとナイジェリアにある2つの新しい研究所のほかに, ロスバニョスとエル・バタンにあるセンターに融資した (Baum 1986; Stakman 1967). 世銀や他の多国間財団法人, 二国間財団法人, そして「北」の財団法人からの最初の寄付金は, 合計して1億6千万ドル以上となったが, 数年後には CGIAR 傘下の研究所への助成金は年間1億ドルに達した (Baum 1986; Shapley 1993). しかし, こうした研究機関で開発された種子が「南」で利用されるためには, 十分なインフラが必要だった. 10年間に, 世銀は緑の革命のインフラに対し, 数十億ドルを投資してきた. ダム, 灌漑システム, 発電機, 道路, トラクター, 化学肥料, 農薬工場などである (World Bank 1969; World Bank 1981a).

22) トラクターと農機具を生産している「北」の企業は, 種子や化学肥料, 農薬, 除草剤, タービンの特許権を取り, 灌漑施設はこれらほぼ全てに利益をもたらした. 世銀は, 第三世界の農民へ高収量品種の種子を売るという儲けの大きいビジネスを奨励しただけでなく, 少数の企業により400以上の種子会社が吸収合併されるという事態を引き起こした. その結果, 1990年代の半ばまでに, 5つの企業が世界の商業的種子生産のほとんどを支配し, そして5つの企業が世界の穀物市場の約80％を支配することとなった. このように, 世銀の緑の革命は, 世界的な商品連鎖を促進し, そこでは第三世界の農民が, 先進工業国の農業関連産業が作る生産資材の消費者となった (Toussaint 1999).

23) 世銀のベルギー事務局長によれば, 世銀から先進工業国への還流は, 1980年で1ドルに対して7ドルであった. すなわち, 世銀に投資されたすべてのドルについて, 7ドルが先進工業国の企業に戻ってきた. 1996年までに, 還流金額は10.50ドルにまで上昇した (Toussaint 1999, p.131).

24) ベイカー・プラン (Seoul 1985) とブレイディ・プラン (Washington 1990) は, シティコープや他の「北」の民間銀行を救済することを約束する代わりに, 強

大な権力を世銀と IMF に譲渡する重要なきっかけとなった．この歴史的局面についての更なる情報は Gowan 1999; Helleiner 1994; Kapstein 1994を参照．

25) 1988年までに，タイの国土面積の半分が民間の木材会社に割り当てられ，そして世銀の融資を受けている輸出作物生産に国土の 1 割が割り当てられた (Rich 1994)．世銀が資金援助するタイの政府機関は，輸出志向の政策を推し進めるためにどんなことでもした．世銀が融資したゴム移植奨励基金の中で，タイのある農民が次のような説明を行った．基金は実際には「全種類の植物を破壊することを1985年に促進し，そして政府の規制は実際には，基金の助成対象ではない土地に農民が木々を植えることを全て禁止した．もし政府がマンゴーやジャック・フルーツを見つけたならば，彼らはその土地の人々に対し，1 本の木につき約250バーツ（10ドル）を罰金として請求した」(testimony from the People's Forum of 1991, quoted in Rich 1994, p.14)．

26) 1976年から1986年の間に，世銀はインドネシアの移住プロジェクトに対し 6 億3,000万ドルを融資した．進歩と開発の名の下に，この農村近代化計画により，4 万km²以上の森林（インドネシアの全森林の 4 %）が伐採され，3 万5,000km²の湿地帯が破壊された．そして，多くは少数民族であるが，400万人が移住させられた．移住させられた人達は，カカオやコーヒー，パームオイルなどの輸出作物を生産するに当たり数百万ドルの農業支援を約束されたが，その約束の農業支援はほとんど実現せず，彼らは生計を営む上での資源や政府による支援もない状態だった．世銀の融資に伴い，合衆国政府やドイツ政府，オランダ政府の他に，アジア開発銀行（ADB）や国連開発計画（UNDP），そして世界食糧計画（WFP）からさらに数千万ドルが融資された．スハルト将軍は戦略的に猛烈な反共主義者であり，西側諸国のからの援助で最も恩恵を受けていた (Caufield 1996; Pincus 2002; Rich 1994を参照)．

27) *The World Bank and the Environment* (World Bank 1990); *Making Development Sustainable* (World Bank Environment Department 1994); and *Mainstreaming the Environment* (World Bank Environment Department 1995) を参照．

28) 最近まで，世銀の環境局のウェブサイトでは，世銀が助成した世界中の EPA (Environmental Protection Agency: 各国の公的な環境保護機関) の数が載せられていた．1992年のリオ・サミット後に，環境保護機関の数は劇的に増加し始めた．その当時，世銀は環境保護機関の設立を政治課題の優先事項とし，世銀融資の非公式の条件とした．EPA の世界的な統計については，Frank, Hironaka, and Schofer (2000) を参照．

Chapter 3
知識の生産
―――世界銀行のグリーン・サイエンス

> 資本は,もはや世界市場における世界銀行の最大資産ではない.知識だ.知識こそ世銀の最大の資産なのだ.
> ―――1995年1月　世銀上級職員談,筆者インタビューより

> 理事会を手なずける方法として世銀で幅をきかせているのは,「くそを食らわせ,暗いところに置いておけ」といわれる「マッシュルーム原理」である.
> ―――Susan George and Fabrizio Sabelli, *Faith and Credit: The World Bank's Secular Empire*, 1994, p.208(＝毛利良一訳『世界銀行は地球を救えるか―――開発帝国50年の功罪』1996, p.262)

世界銀行は比類のないデータ収集力を持つ.海外に調査団を派遣し,政府予算から村の所有記録に至るまでさまざまな調査を行う.こうした情報の多くは国家安全保障にとってのリスクになりうるため,公表されることはまずない.しかし世銀は臆することなく,こうした独占情報から導き出された結論を報告書として発表する.通常考えられない情報入手経路をもつ世界最大の「研究」機関という恵まれた立場でありながら,世銀は誰もが切望するデータ,貴重とされる政策綱領の公表はできないし,望んでもいない.こうした独占情

報の格納により，情報を複製・補足・論破することが不可能となり外部の専門家は相対的に不利な立場に立たされる[1]．

科学知識を生産する主体という意味においても，世銀は他の追随を許さない．世銀の研究員は，入手困難なデータにアクセスできるだけでなく，トップレベルの大学で学位を修めている．ある報告によれば研究員の80％が米国または英国の一流大学の博士課程で学位を取得している (Frey et al. 1984; Wade 1997)．また世銀の3,000万ドルを上回る年間研究予算は，世界でも群を抜く[2]．ある上級職員は「米国の有名大学に勤めていた頃でもこれほど情報の入手が楽ではなかったし，支援も受けたことがない[3]」と感激していた．さらに，職員の大半は世銀のパラダイムを無理なく仕事に取りこみ，研究機関としては珍しく表面上は学究的な団結心が表れている．またコンセンサス主義をとるため，世銀のトップが打ち出す最新の施政方針に矛盾する，あるいは異論を唱える刊行物が出ることはめったにない．

多くの大学の開発経済学コースでは全面的に世銀の出版物に頼っている (Stern and Ferreira 1997)[4]ということからも，世銀は研究結果の普及という点でもトップクラスを誇るということがわかる．世銀の出版物は *Social Science Citation Index* [i] に収録されている一般の経済・経営学の学術論文よりもはるかに引用される頻度が高く，これも学究的思考を形成する上で世銀の理論・データ・分析がいかに重要視されているかを示している．また時宜を得たプレスリリースを通して最新刊行物は常に世界の有力紙に取り上げられている．例えば，アフリカ諸国，旧ソビエト連邦 (1989年以降)，中国 (1980年代初期以降) の構造調整プログラムや，債務，経済状況といった話題では，全世界のメディアが世銀のデータや解釈に頼りきっている[5]．メディアの評価だけではない．首相や大統領といった各国首脳から科学アカデミーや商工会議所に至るまで，世銀の情報に耳を傾ける．インドの砂

---

i 社会科学の50以上の学問分野から1,700を越える学術雑誌が収録されているデータベース．開発学の領域では，*Journal of Rural Studies, Development and Change, IDS Bulletin* —— *Institute of Development Studies* など開発学の最先端の議論が展開される学術誌とあわせて *World Bank Economic Review, World Bank Research Observer* など世銀の活動に焦点をあてた学術誌もインデックスされている．

漠や南部アフリカの未開発森林地帯など遠隔地に有る研究機関では，無料で送られてくる世銀報告書を日々欠かせない情報源として頼っている．世界最高峰といわれる『世界開発報告 (*World Development Report : WDR*)』は経済開発関連の出版物としては最も引用頻度が高い．WDRは6ヵ国語に訳され年間刷数12万部以上を保ち，世界中の開発研究機関やニューヨークタイムズ紙の国際部でも必読資料と位置づけられている[6]．

このように世銀の知識が世界へ広がることにより，世銀のデータは政策決定や議論のための重要な資料となり，それが世銀の政治的存在意義となり，新たな野望を生む．世銀の知識は時とともに当然のこととして受けとめられるようになり，世界中に浸透する．世銀にとって知識は力なのである．学者も活動家も，ジャーナリストも，特定のプロジェクトや政策を批判する際に，世銀の情報の「質」の問題を指摘するが，知識が生産される過程に関しては決して言及しない．本章では，世銀本部で見られる開発にかかわる専門的な知識の生産過程，特に，グリーン・サイエンスにかかわる知識生産のプロセスに焦点を当てる．

世銀の環境問題への取り組みに関する批判の中には，世銀内にはびこる極度に階層的で懲罰的な組織文化の指摘がある (Caufield 1996; Pincus and Winters 2002; Rich 1994; Wade 1997)．ウォルフェンソン総裁をはじめとする上級マネージャーは猛烈な癇癪持ちで，職員は決して逆らうことができないという噂は有名であるが，環境にかかわる知識が生産される過程において，世銀職員がどういった事に注意を払うのかに注目し，組織的な内部統制の本質に迫りたい．環境保護をめぐる論争は，世銀内部に不気味な影を落とす．これは世銀職員が反環境保護主義だからではなく，大型の借款プログラムを組みそれを早く動かしてゆくことが昇進の近道であるという暗黙の了解が組織内にあるために生まれる現象である．途上国の環境保護が進まない理由として，環境プロジェクトの遂行は費用と時間の浪費につながり，昇進への足かせになるという説明がしばしばなされるが，それでは世銀の関わる国々で環境アセスメント，環境に配慮した政策，改革，プロジェクトが実施されている事実の説明がつかない．実際，世銀型の環境保

護プロジェクトは，多くの政府や開発機関にとっての到達点であり，世銀プログラムが失敗であるという兆しは見られない．

そこで先進国の資本拡張主義そして開発先駆者としての世銀の組織文化を明らかにするため，世銀の本部内における実務に焦点をあてて話をすすめたい．後の章で更に詳しく論じるが，本部の実務を通して強力な環境政策と政治理念を確立し，そうした政策と理念を様々な国家，機関，多国間政策ネットワークを通して制度化したという点で，世銀は世界経済と世界文化形成における主導的地位を手に入れたと言える．ワシントンD.C.にある世銀本部の組織文化そして研究者にかかる研究上の圧力について述べることで組織を支配する内部的圧力やインセンティブを分かると思うが，しかし世銀は決して孤立した存在ではないことをつけ加えておきたい．世銀の組織文化は話の分からない管理職がいるせいだけではなく，世銀が世界で果たしている大きな役割を反映するものであることを理解しておく必要がある．本章では「世銀はどのような基準や内的・外的作用を受け独自の環境保護思想を構築したのか，その目的は何か．世銀の環境保護思想は外部に対し影響力を持つのか」という問いへの答えを模索してみたい．世銀が世界経済において重要な役割を果たしていることは周知の事実であるが，知識の生産においても多大な影響力を持つ．世銀が環境事業に参入したのは，1990年代であり比較的最近のことであるにも関わらず，環境的に持続可能な開発というパラダイムにかかわる知識体系の構築には世銀の影響力が大きい．

知識生産過程をたどる出発点として，まず世銀の主要研究部門である政策研究局（Policy Research Department: PRD）いわゆる「センター」の研究プロジェクトを事例として取り上げ，専門家による政策研究調査の資金源，研究課題の設定の仕方，そして世銀が研究課題をどのように捉えるかを探る．次に政策研究からプロジェクト研究，いわゆる「業務部」へ目を移し，プロジェクト設計と評価に関わる知識生産について述べる．さらに環境アセスメント，環境分析の領域に目を転じ，プロジェクトローンマネジメントを行う環境科学監視部門について述べ，世銀の報告書の内容，その主張，

第3章 知識の生産

参考文献などの作成過程について検討する．最後に雇用，昇進などの人事関係の決定にかかわる手続きについて触れる．知的で強硬な戦略を駆使し，世界的に広がりを持つ世銀の力の影には職員が感じる根深いフラストレーションが存在するがそういった話についても触れる．

研究課題と組織的制約

PRD では，政策論争から生じる様々な問題に対処するための専門的な知識を生産することが主な仕事とされている[7]．世銀の公式刊行物には年間，約450点，学術論文150本以上，研究報告書200本以上，*World Bank Economic Review*, *World Bank Research Observer* など独自の定期刊行物数本，部門別雑誌多数，そして無数の「極秘」内部報告書（職員の評価報告書，国別援助戦略など）がある．2,500万ドル，すなわち世銀の管理費の3％は研究費に充てられると公表されているが，おそらく年間2,300万ドルかかると想定される貸付に関連する研究や環境アセスメントに関わる研究費はその中に含まれない．さらに1,000〜1,500万ドルが PRD や国別担当局，技術支援局から来るプロジェクト，セクター別のプロジェクト，開発政策などの経済分析に費やされる．

しかし，研究予算は膨大だが，何を研究課題とするかについて PRD の研究者はかなりの制約を受ける．「大学とは違う．頼める研究助手はいない．コンサルタントを頼むと，本部で一日勤務するだけで600ドルかかる．現地調査を頼むにしてもその旅費や現地スタッフ，ジープ，燃料，日当など，どこにそんな金があるのか」と PRD のアナリストは語った[8]．

正確に言えば，予算はあるのだが別なところに配分されている．このアナリストはエネルギー・プライシングを専門とする研究者だが，エネルギー価格は構造調整政策の環境面において重要な要素であり（Reed 1992），世銀にとって重要な研究課題のひとつである．このアナリストは政府が着手したエネルギー価格引き上げによる所得階層別の影響について研究しているが，世銀は市場の歪みを最低限に抑え，国庫からの無駄な支出を減ら

すとして，エネルギー価格の値上げ，補助金削減を推進している．その考え方の根底には国内のエネルギー価格をより実質エネルギーコストに近づけてゆく，つまり「適正価格にすることにより」途上国におけるエネルギーの浪費を回避できるという論理である．政府は，通常家計と産業または家計部門と産業部門を対象として燃料費の補助を行っているが，こうした国庫補助金は市場とその動きの歪み効果を持続させる．今日でも，世銀はエネルギー補助金が環境の悪化につながる無駄なエネルギー消費を促すとして反対の立場をとる．

こうした政策からは様々な疑問が生じる．価格上昇は消費者の行動にどのような影響を及ぼすのか？ 重層的補助金制度にすべきか，あるいは燃料価格上昇で痛手を受ける低所得者層への特別な保護，いわゆる福祉政策のような対策が必要なのか？ 対象とすべきエネルギー資源は何か（石油，牛糞，森林など）？ エネルギー補助金を削減した場合，地域社会の汚染がさらに進んでしまうのか，あるいは生態学的に脆弱な資源への転化が見られるのか？ こうした問題は非常に難解な問題であり，現地調査を行うことではじめて実態が明らかとなり，それが環境にとってどのような意味を持つかを考察できる．これは，世銀が推奨する普遍的な政策提言の英知と相反する．

現場の状況を掘り下げることこそ，世銀の研究者が理想とする研究者の役割であるが，そうした研究を行いたくともそこには組織的な制約がある．例えば，仮説を検証するためには，燃料消費別の世帯，地域レベルのデータが必要となるが，インド一国の規模の調査でも手に負えず，まして全世界を調査するとなれば，土台無理な話である．燃料消費に関する調査の場合，集計データでは十分とは言えない．必要とされるのは集計前の局所レベルのデータであり，そこで使われている燃料が他の燃料より好まれる理由や，消費者がエネルギー削減，転換を図る価格水準，変更する燃料の種類が判るようなデータである．最も現実に近いデータを求めるならば，経済的，文化的な領域にも踏み込む必要がある．しかし世銀のアナリストは国単位のデータ・セットを使わざるを得ず，そうした特殊性や微妙な差異

第3章 知識の生産

を明らかにすることは到底できないのである.

　PRDまたセンター内にある環境局には「最高に訓練されたスタッフがおり,フィールド調査のコンサルタントを雇えるだけの資金もある.関連省庁とのコンタクトも入手困難なデータへのアクセスもある」と答えるが,実際には研究の障壁や阻害要因が多々存在する.一つの大きな障壁は,こうした職務への依頼と資金が業務部から来ることである.業務部あるいは業務部のローン・マネージャーは,自分たちが立案した政策やプロジェクトを裏づけるための報告書を早急に求める.「各家計の燃料の用途と種類を調べる家計調査は,時間と費用がかかるが,現地調査が必要だ.業務部は,常に短期間で結果を求めるから,中期的調査など無理な話だ.そうした調査は世銀では無理となる.ローン・マネージャーが研究費の拠出に関わっている以上,それは非現実的でしかない」と,あるアナリストは説明している.

　もう一つ深刻な問題がある.研究者は世銀内で研究資金を付けてくれる部署を見つけなければならないのである.「私はエネルギー・プライシングが貧困層に与える影響について興味があるが,エネルギー価格の変動による社会影響は,実際に調査をしなければわからないが,そうした課題に対する資金を見つけるのは非常に難しい」とPRDのアナリストは語った.彼の同僚と同様,彼の給与と研究費の約半分が業務部のプロジェクト・マネージャーから支給されている.研究者たちは,研究調査の資金入札をするのである[9].ローン・マネージャーの多くが研究者の取り上げる研究課題について共感を示し,エネルギー貸付の影響評価について,ぜひ包括的な研究をすすめたいと言うものの,50万ドル以上を投入して実際に研究を支援しようとする者は一人もいない.

　研究調査の方向性を決定してしまうその他の制約もある.ある政策研究アナリストは,以下のように語った.

　　（調査対象国の）いくつかの州に関するデータが必要であるという理由から,私の研究への資金拠出に応じてくれるマネージャーが見つかった.しかし,どの州を

調査の対象とするかをめぐって意見が対立した．私は数年間の中期的な研究を計画していたため，適正な規模のサンプルを使った比較研究を希望していた．しかし，マネージャーは自分の担当していた州についての研究にしか予算を付けないという意向であったため，私はためらいつつも承諾した．ところがちょうど研究の枠組みが出来上がった頃に，マネージャーはその州に関するプロジェクトへの興味を失い，他の州に切り替えると言ってきた．こういった出来事は世銀では日常茶飯事である．一つのプロジェクトがうまくいかなければ，マネージャーはすぐ別のプロジェクトに移るが，研究者にとっては研究の半ばで拠点を替えるというのはそう簡単なことではない．それでもマネージャーは，自身のプロジェクトの基礎データとなる研究調査を期待する．

「知の革新」に関する最近のインタビューで，元世銀総裁ロバート・マクナマラは当時のアメリカ合衆国の政権から強い抗議を受けたものの，世銀が打ち出した画期的な政策について語った．すなわち貧困問題を中心に据えた1973年のナイロビ・スピーチ，1970年代後半の中国の世銀加盟，1980年の構造調整に関するスピーチなどに見られる政策である．マクナマラによれば，1970年代から80年代の大幅な国際政策転換期において，先進国の政治指導者の多くは世銀のやり方に追従した．1980年代初期，マクナマラは世銀が国際的な知的リーダーシップを発揮できるように，半官半民の研究支援制度を計画した．研究予算を年間5,000万ドルに増やし，さらに世銀の「ブレーン」として自分の選んだ500人の俊英に10万ドルの研究助成金を支給する予定であった．マクナマラの構想は最も迅速かつ技術的に問題を解決するというものであった[10]．しかしその計画が実を結ぶことはなかった．先に挙げた例が示すように世銀の研究者たちは自らの研究予算をローン・マネージャーに依存しなくてはならないからである．小規模で単純な道路建設プロジェクトであれ，大規模で複雑な構造調整パッケージであれ，プロジェクトローン・マネージャーが研究予算を付ける場合，プロジェクトの目標を複雑にしたり批判的な立場をとる研究には関心を示さない．根底に流れるこのような緊張感は世銀の知職生産に特有のものだ．

世銀の研究に資金を提供するためのメカニズムを作るというマクナマラの構想は実現しなかったが，世界を主導すべく世銀内部の声を統一させるという夢はある程度まで実現できたと言えよう．すなわち，研究者もアナリストも世銀の方針を出来る限り一本化する方向で研究を進めていかなければならないというメッセージを受けとめているのである．世銀が環境的に持続可能な開発というパラダイムをいち早く取り込み，多くの借入国に普及できた理由の一つはここにある．

環境研究とプロジェクト・サイクル

　世銀の広い総合ビル内にある PRD から，融資プロジェクトが生まれる業務部へ場所を移そう．ここではプロジェクト設計と評価に利用される科学的データについて洞察できる事柄がいくつかある．断っておくが，環境アセスメントといっても，環境に関わる研究は世銀の融資を売り込むという目標を達成するための一要素に過ぎない．世銀は組織を存続させるために融資を推進しなければならず，各職員の昇進も融資を売る能力次第である．世銀の組織文化への批判の書が示すように，職員に対するインセンティブ——実に高圧的なものだが——は，世銀の質の高い融資設計能力に深刻な影を落とす（Pincus and Winters 2002; Wade 1997）．では，質の高いプロジェクトの設計を疎外する要因とは何であろうか．

　研究とプロジェクトローンとの関係を理解するために，まず研究調査がプロジェクト・サイクルのどこにあてはまるかを論じる．典型的な世銀のプロジェクト・サイクルにおいては，第1段階はプロジェクト設計と費用便益分析，そして次に，環境アセスメントが実施される．その後，ローン・マネージャーが融資計画を取りまとめて上層部と理事会の承認を取り，借入国と交渉を行う．特に，財とサービスの調達，融資契約書の作成など入念な計画が必要である．交渉は数回にわたることもあるが，貸し手と借り手が承認すれば，第2段階としてプロジェクトが実施される．プロジェクトは通常数年間かかる．そしてプロジェクト・サイクルの終了時には融資

契約締結後の状況が順調に進んでいるかどうか，事後検証が行われる．

　世銀の出版物と，職員とのインタビューからわかったことだが，プロジェクト関連スタッフは，第1段階において調達やプロジェクト関連の財とサービス全般に関する契約業務と法律的な業務（例えば，貸し手と借り手間の融資契約書の作成など）(Wapenhans 1992, p. iii) の遂行だけで，勤務時間の半分以上をとられていた．環境への配慮と言われるようになってからもう数年が経つが，現実的には，プロジェクト設計段階で実施される環境アセスメントのプロジェクト予算は1％未満である（プロジェクト・マネージャーの勤務時間にすると平均4週間にすぎない）[11]．第2，3段階は第1段階よりも長い時間を要する（第1段階が1.5年であるのに対し第2，3段階は7.5年）にもかかわらず，プロジェクトの実施，監理，評価，フォローアップ（第2，3段階）に充てられる職員の時間と費用は，第1段階と比較すると極端に少ない[12]．環境保護基準に基づく調査を追加するとさらにコストがかかり，既に長期間に及んでいるプロジェクトが緊迫することにもなりかねないという状況である．

　プロジェクトのライフサイクルは平均9年に及ぶが (Wapenhans 1992, annex A, p.19)，ひとつのプロジェクトに同じ職員が2年以上関わる世銀プロジェクトは40％に満たない．これは，1件のプロジェクトを第1段階から最後まで見届けるプロジェクト・マネージャーとサポートスタッフはほとんどいないということを意味する．繰り返しになるが，彼らの昇進は現場での細かなフォローアップではなく，どれだけ融資を取りまとめられるかにかかっているため，ローン・マネージャーたちは案件の承認を得た後，資金が拠出されるまえにその案件の担当からはずれる．

　プロジェクト・サイクルの中で，データ収集，調査，環境アセスメント，プロジェクト評価に割かれる時間とエネルギーは少ない．サイクルの初めの方では法律業務や調達業務を中心に多くの時間が費やされる．その後，世銀の専務取締役と相手国の政府高官にプロジェクトを売り込むことが主要な業務となるが，その時点でローン・マネージャーが積極的にデータの信憑性の確認を行ったり，データの分析はしない．プロジェクトが実際に

動く第2段階に移る頃には,ほとんどのローン・マネージャーが次の融資案件の準備に取りかかっている.インタビュー対象者によれば,プロジェクトが一端動きだしてしまうと,そのプロジェクトにかかわる調査を推奨するような組織的なインセンティブは無い.プロジェクトの実施にともない環境・社会的外部効果が露見するのがわかっていても,環境データの収集,新たに起こった問題点の監視などを行うような組織的なインセンティブは存在しないのである.職員の勤務時間の全てが予算に組み込まれているような極めて慣例化されたプロジェクト・サイクルにおいては,第1段階で入念な調査を行うために数ヵ月分の予算を追加したり,第2,3段階でデータ収集要員やアナリストへの給与を追加したりというような事はありえない.こういったことを行うローン・マネージャーは世銀の規範,文化を踏み外していると見られるのだ.

職員の環境アセスメント研修

世銀の大規模プロジェクトに環境アセスメント (EA) を実施するのは決して容易なことではない.公式業務指令 (OD) のガイドラインによれば,「EAを実施し,全ての環境影響についてプロジェクト・サイクルの早い段階で把握し,アセスメントの結果をプロジェクト選択,立地,計画,設計の際に考慮すべきである.こうすることで環境への悪影響を回避し,影響が及ぶ場合は対策を施し,影響が人に及ぶ場合は補償を提示する」[13].「不安定な生態系,回復不能な環境,生物多様性のある環境,プロジェクトを実施した経験のない環境」においてプロジェクトが実施される場合には包括的なEAが必要とされる[14].そのようなプロジェクトは「A」プロジェクトに分類される.環境影響が局地的である,また近隣の住人の生活に大きな影響が及ばないと予想される場合は,問題とされる事柄のみ部分的なEAが必要となる (World Bank Environment Department 1995, p.2).この場合は「B」プロジェクトに分類される.健康,教育,福祉,構造調整などは「C」プロジェクトに分類され,EAを必要としない.ちなみにCプロジェクト

は，世銀の年間融資ポートフォリオの30％以上を占める[15]．興味深いのは，カテゴリーAプロジェクトに投資される世銀の融資総額は，1991年に非調整融資ポートフォリオの11％であったのに対し，1995年には24％に増加したという統計である[16]．カテゴリーAに分類されるプロジェクトの80％はエネルギーと電力，農業，輸送という三つのセクターに由来するが，このようにカテゴリーAプロジェクトへの投資が増加すると，さらに複雑なEAが要求される．環境アセスメントは世銀の内外で紛れもなく成長産業なのである．

世界銀行研究所（World Bank Institute：WBI）と環境局とが協力して一日がかりで環境アセスメントの基本概念，規範，手続き上の規則など，ローン・マネージャーを対象とした職員研修を行っている．私が1995年に参加した職員研修では，午前は環境局当局が世銀の環境アセスメントについて講義し，午後はワシントン本部に勤務する2人のコンサルタントが「良い」EAと「悪い」EAのケーススタディを紹介した．職員は一日で環境アセスメントの何たるかについて説明を受け，世銀のプロジェクトにとっての環境アセスメントの意味そして事例を通してEAの展望と限界を学ぶ．このようにして，環境局が重要だと考えるアプローチが，要約された形で業務部のローン・マネージャーに伝達されるのである．

EAの専門家によれば，環境アセスメントはローン・マネージャーにとって将来的に起こりうる環境問題を予測する良い機会なのだ（教官の言葉を借りれば「リスク・シナリオを描く」のである）．承認を受ける前に資金を配分し，プロジェクトの構成を再編成してリスクを減らすことができるからである．例えば，ダムを建設するならば氷河が崩壊しプロジェクトにとって（プロジェクト・マネージャーにとっても）大損害となる可能性を予測することが重要となる[17]．EAの職員用マニュアルには，水，大気，騒音，生物多様性，動植物から人の健康まで，環境にかかわるあらゆるものが列挙されている．一日研修が終わる頃には，何が重要な概念で，何がそうではないかの区別が明確につけられるようになる．

午前中は，EAに関する環境局の最近の評価結果を検討したが，教官日

く，現在の EA は過去より大幅に改善されたということである．話を聞くうちに，職員たちは次第に手続きに従うことに対し抵抗がなくなり，EA は深刻な環境問題について借り手と世銀職員の合意形成に役立っていると考え始める．EA によってプロジェクトが暗礁に乗り上げることはめったにないが，プロジェクト設計に新たな局面が加わることは確かだ．世銀と借り手は環境に関わるベースラインデータの収集を余儀なくされる (World Bank Environment Department 1996; World Bank Environment Department 1994)．研修において世銀の EA 業務には基本的な欠落があるという点も指摘された．まず，代替案の分析を行わない EA の数である．代替案の検討は必須であるにもかかわらず，実際には選択肢の問題を検討するプロジェクトは半分しかない．代替案とは発電所建設（供給主導型プロジェクト）を行わず，エネルギー消費を削減するための需要主導型プロジェクトに切り替えるといったことを指す[18]．第 2 に，一般市民との協議である．ほとんどの EA はこれを避ける．教官が例として示したカリブ海の埋立て・廃棄物処理プロジェクトの場合，プロジェクト・マネージャーは，一般市民との会合で初めて予定地を生息地とする絶滅危惧種が存在することを知った．プロジェクトは実施されず建設予定地を移したため，問題は回避されたが，「忘れるな」と教官が示したことは，一般市民が重要な情報源となりうることだ．希少なバッタのためにプロジェクトを一からやり直さなければならなかった同僚に対する同情を込め多くの研修生は一斉に嘆いた．第 3 の弱みはカテゴリーA プロジェクトの中で世銀が直接的に監督監理するプロジェクトは 40％に満たないという点である[19]．直接監理している A プロジェクトでも，どのような環境影響があるか，実際はよくわかっていないと教官は認めた．

　これらの問題点を認めながらも，入念な計画を行うことで EA の問題は克服できるし，ゆくゆくは後処理を行うマネージャーにとっても厄介事が減らせると教官は指導した．その意味を明確にするため，問題の 90％をうまく処理したが，わずかに欠陥があった EA のケーススタディを取り扱うことになった．教官はケーススタディから欠陥を見つけ処方箋を示せとい

う問題を出した．実習には本部勤務のコンサルタントが加わってサポートした．以下の考察は，職員が「良い」EAを実行することに与えられる組織的インセンティブや，適切と見なされる自然，環境マネジメントの概念を示す．

　教官は，カテゴリーAのガーナ金鉱の拡大事業を紹介した．このプロジェクトは潜在的リスクが高いとされ，包括的な環境・社会アセスメントが必要だった．この金鉱は前世紀には栄えたが今は衰退しつつある．現在ではガーナ政府 (55%) と英国企業 (45%) が所有，運営している．金生産はガーナの外国為替収入の5分の1を占めており，そのプロジェクトは国全体の関心事となった．世銀プロジェクトを実行しても金鉱の寿命は10年程度しか延びず，金の生産量は33トン程度の増加と予想される．世銀は金鉱の拡大と処理のため，電力，水の供給源の改善，地下，露天採鉱，鉱石法を行う5億5,500万ドルのプロジェクトを設計した．教官とコンサルタントの説明によれば，プロジェクトには将来に法的責任が生じた場合の対策としてベースラインデータの収集が必要であり，EAは不可欠だった．カテゴリーAの環境アセスメントは今後起こりうる環境や法律上のあらゆる問題からローン・マネージャーを守る．「世銀は関与を開始した時点を明確に文書化しておかなければならない．そうしておけばその時点より以前のことには責任を問われない」と教官は説明した．このEAは100万ドルをかけて危険物質・有害物質，強制移住，労働安全衛生，流域保全という4つの重大な懸念をカバーした．

　英国の世銀コンサルタントが行ったベースライン調査によると，以前からの金鉱採掘で有害物質が排出され，既に周辺の丘陵地帯は荒廃していた．高濃度の有毒化学物質を含む大気が充満し，川や地下水は汚染されていた．金の加工や抽出といった「焙焼」の過程で硫黄，シアン化物，ヒ素などが使われるのだ．こうした毒素対策として，EAは大気環境を保つための集塵機の設置を推奨したが，動植物，上水道，人の健康などにおよぶ将来的な影響を軽減したり，これまでの損害を修復したりしなければならない理由も法的義務も見つからなかった．「立地圏内に動植物は全く生存してい

第3章　知識の生産　　107

ないため，このプロジェクトは動植物には何の影響も与えない」．従って，余分に資金を投入して環境対策を実施する必要はないとコンサルタントは結論づけた．水質汚染の場合はどうであろうか．「このプロジェクトはヒ素を大量に排出するが，河川の水質レベルは既に WHO の飲料水基準を満たしていない」．つまり，費用をかけて他の技術に転換しても，今後排出されるヒ素は河川の水質に目立った影響を与えるものではない．さらにつけ加えると，その地域では以前から川の汚染を承知しており，「子どもたちは川で泳ごうともしない」．

地域住民との意見交換は，今回の職員研修でも一貫して重要とされていた．コンサルタントは公開情報シートを配布し，地元の学校や宮殿で一般市民との意見交換を行ったと述べた．情報シートが現地語で印刷されていないことに気づいた参加者が質問すると，コンサルタントは，読み書きできる現地住民は10％しかおらず，地元の教師や指導者が住民に知らせる役目を担ったと説明した．他の参加者が，「宮殿で意見交換を実施したりすると，地域住民がプロジェクトについて不信感を抱かないのだろうか」と尋ねた．するとコンサルタントは「その地域ではいつも重要な話し合いは宮殿で行われる」と答え，「それに住民は誰も疑問を持っていなかったように思う」と憶測で付け加えた．

実習も終わりに近づくと教官は「ではこのプロジェクトの EA に何が欠けていたか？」と質問し，満足のゆく答えが返ってこないと，「欠如しているのは環境面での外部効果に誰が責任を負うのか，地域団体か，国家機関か，あるいは炭鉱会社かを明確に線引きした計画の全体像だ」と言った．所有権，責任，法的義務を明確に示すために政府と環境局の役割分担を明確に定義することが重要だったのだが，この EA 研究にはそれが全くないと教官は指摘し，参加者全員うなずいた．質問が途切れ昼休みに入った．

さて，この職員研修から何がわかっただろうか？　一つは，「環境」といえば特定のプロジェクトが影響を与える対象を指し，数値化が実際にかなり重要であるが，そこに解釈の余地があることだ．したがって世銀の環境アセスメントにとってプロジェクトにかかる時間，空間的パラメーター

を正確に定めることは，プロジェクトの影響に伴う賠償や責任問題の定義を明確にするため，重要なこととなる．この金鉱プロジェクトの場合は植物，土壌，大気，水，人の健康への影響である．プロジェクトの資金提供元が責任を問われることになる一連の影響に関する問題を最初に定義しておくことは極めて重要であり，良い EA の職務の一部でもある．環境影響の範囲は何百ヤード，何百マイルにわたるのか，上流，下流部門の担当者の責任分担は？ プロジェクトは土壌や地下の帯水層の状態にまで責任を負うのか？ どの時点，あるいはどの領域からプロジェクトの影響や責務を免れるか？ 裁判所や世論に向かって合法的に答える方法はいくらでもある様な複雑な問題である．

EA が励みとなって，技術者やプランナーはプロジェクト予定地から離れた地域の環境に与える影響の状況や，プロジェクト予定地の過去の環境の変容の様子，また WHO の衛生安全基準を遵守できるか否かという点に至るまで綿密に検討し，人や他の生物個体群，環境への悪影響を最小限に抑えるプロジェクトを設計しようとすることもわかった．また，EA によってプロジェクトのパラメーターや測定可能な影響，資金提供元の法的責任を正確に描き出すことが可能となる．現場から100ヤードあるいは100マイル圏の下流に及ぼす影響を数値化したものは，賠償金や陸・水の浄化，住民の集団移住などにかかる費用に換算される．環境アセスメントの設計そしてその構成要因であるベースラインデータ（例えば，その地域の現在の環境の状態），自然遺産と見なされる定義（川と周辺の植物相は既に絶滅しており，プロジェクトの責任ではないと言えるか），人の健康（既に健康を害しているか否か），影響と考えられる事象（ヒ素・水銀による汚染が現状では低下している場合，プロジェクトでどの程度増加するか）の収集を通し，プロジェクトのリスクを最小限に抑えるような枠組みで環境アセスメントが行われる．

EA という手法は，善意という煙幕をかぶった，あるいは配慮に欠けた官僚的な仕事の域をはるかに超えており，将来的に起こりうる訴訟等の問題に対処するための法的，科学的，経済的ツールなのである．こうした手法を取り入れることは，環境面のコストやリスクをどう捉えるかという本

質的な解釈に影響を及ぼすことになる．世銀が，米国の非常に特殊な訴訟の歴史の産物ともいえる（Espeland 1998; Porter 1995; Scott 1998）環境アセスメントの実施に踏み込むようになったということは，環境，法律，所有権，経済に関わる言説を統合し一つのツールにまとめよ，という圧力とも言い換えることができる．環境アセスメントという評価手法は世銀の肝煎りで作られ，世界中に広まった．世銀は借入国の環境省庁の再編成，制度改革などにも資金を供与しているため，世界各国の政府機関が実施する巨額な資本集約型プロジェクトによる環境影響，天然資源の評価また人への影響評価は世銀式のEAが持ち込まれることになる．

世銀式の環境影響評価は，基本的には経済学的な費用便益分析の枠組みを使う．そこでは地域，環境汚染のような「局地的なコスト」よりも，金による収益といった「国益」を重視することになる．たとえ投資によって現地の環境汚染が進行し，増益がわずか数年しか継続しないという見込みであったとしても，貧弱で環境破壊の進んだ地域に数百万ドル単位の投資をすることはよいという理屈である．例えばガーナの金鉱プロジェクトの場合，ガーナは莫大な債務を抱えており，金以外に商品化できる資源は限られているため，プロジェクトにより金鉱の寿命は10年延びるだけであるが，こうした資本投資は外貨を生み出すため有益であるとみなされる．これら一連の理由付けをポリティカル・エコロジー[ii]の視点から眺めると，「金鉱投資しない」という代替案について真剣に検討するには及ばないという結論に至る．もっとも，研修の受講者にもそんなばかげた考えを持ち出す者はいなかった．

環境アセスメントは世銀職員にとって，現状を過小評価し開発プロジェクトがいかに価値のあるものかということを主張できる機会でもある．すなわち，今後の成り行きが相対的に有望に見えるようなベースラインのデータを提示するという選択肢が存在するのである．ガーナの金鉱プロ

---

ii 環境問題の構造を，政治，経済，社会とのかかわりとにおいて解明する環境社会学のパースペクティブのひとつ．途上国研究にポリティカル・エコロジーの枠組みを援用した本として，Richard Peet & Michael Watts（2004）*Liberation Ecologies: Environment, Development, Social Movements*. Routledgeがある．

ジェクトにみられるように，現地の環境が劣悪でもう既に生態系が損なわれていれば，世銀が長年行ってきた流儀にしたがい，その地域は有望なプロジェクト候補地となる．環境の費用便益分析の枠組みを基礎とした環境アセスメントによって，借入国政府と貧困に苦しむ住民が世銀融資を必要としていることが確認できるのである．その過程では，科学的，経済学的評価法を使いながら，何が自然であり，何が開発かを明示する．最後に残るのは，責任の所在や法的義務の割り当てである．採掘で化学物質が流出した場合，責任は誰にあるのか，作業員や周辺住民に安全な飲用水を供給する責任を持つのか．こうした問題の対処策はロ̇ー̇カ̇ル̇・コ̇ス̇ト̇として計上されるが，金鉱プロジェクトのように多額なナ̇シ̇ョ̇ナ̇ル̇・ベ̇ネ̇フ̇ィ̇ッ̇ト̇とにおいて十分に収支は合うと解釈される．

　環境保護思想が取り入れられたことで，プロジェクトに批判的な人々も自らの意見を述べることができる言説空間が生まれた．興味深いことに，アフリカの金鉱の事例について取り組んでいる間中，研修受講者は，プロジェクトの推進にあまり乗り気ではない様子だった．なぜわざわざ毒性の強い立地に投資して自分の身や世銀を危険にさらす必要があるのだろうか．議論が終わる頃には，一般住民がプロジェクトに賛同するかどうかよりも，環境・社会影響評価を文書化することの重要性が議論の焦点となっていた．さもなければ反対者に「してやられる」だけでなく，プロジェクトは将来的に重い法的責任を背負うことになる．受講者は，開発そのものの是非が問われる昨今において，徹底した EA が重要であることは明白であると感じるようになっていた．

　一日がかりの研修が終わる頃には，受講者は批判的な一般市民や，要求の多い上司，弁護士，そして巨額でリスクの高い投資案件に関し「適正評価」できるようになれと圧力をかけてくる財務顧問に立ち向かえるだけの力がついたように感じていた．苦しかったが実りのある研修だったと誰もが思っていた．参加した一個人としての感想ではあるが，研修に参加する前は，環境アセスメントは環境保護主義者をなだめる道具ではないかと考えていたが，実際には EA はそれ以上に多くの役割を担っている．

環境モニタリングは至難の業

　理論を実践に移す作業には，常に困難が伴う．世銀のローン・マネージャーの多くは新古典派経済学仕込みであり，環境アセスメントは彼らにとって苦行である．たとえ行内で研修を受けたとしても，自分はそうした仕事に適任ではないと感じるマネージャーがほとんどである．幸い，コンサルタントを雇うことができるものの，苦手感が常につきまとうようである．いずれにせよ，融資プロジェクトによる環境影響のモニターという責務を課せられている．もっとも，世銀プロジェクトの多くは巨大かつ複雑であり，無限の時間と費用が与えられたとしても，環境影響のあらゆる面をモニターすることなどはできない．たとえ事前の環境アセスメントで環境影響を的確に予測したとしても，プロジェクトの監督には，多くの問題がつきまとう．

　最初に紹介するのはローン・マネージャーのテッドの例である．シカゴ大学の経済学部で博士号を取った新人で，海外経験はない．テッドは，世界銀行と米州開発銀行（IDB）が共同出資し，中南米，メキシコ，西インド諸島および借入国に融資する9億ドルの農村近代化プロジェクトの担当である．この大型融資を任されたことで彼は昇進への大きな一歩を踏み出したわけだ．テッドは最初コンサルタントとして入行し，他の職員のプロジェクトを補佐していたが，ローン・マネージャーが立て続けに他の業務に異動したため，この仕事が転がり込んできたのである．現在，農村のインフラ開発に関する複数の投資の資金繰りを監視している．農村のインフラ開発には，道路整備，灌漑，排水，発電所および送電網の整備，土地利用計画，土地所有権付与，漁業施設，農家の教育，種子の配布，農民クレジットプログラムなどが含まれる[20]．この融資はその名前のとおり，地方の近代化を図るため農村における生産生活全般をターゲットとしていた．

　プロジェクトの一要素である農民融資について，テッドは9万人以上の

農民が影響を受けると予測した．融資を構成している主な要素である巨大な発電所や道路整備や灌漑建設プロジェクトによる影響が，いったい何人の農民に及ぶのか予測するのは難しかった．この巨額の開発プロジェクトによる環境影響はと尋ねると，テッドは融資プログラムの監視は難しいと応えた．プログラムの理想としては，農業の近代化のために農家に1万から100万ドルの融資を速やかにひき渡すことである．テッドが懸念していたのは，土壌浸食でも，洪水でも，化学物質の流出でも，伝統品種の絶滅でもなければ，環境保護主義者が懸念するような農業の集約化に伴う影響でもなかった．彼は，農民たちが低金利の融資をその本来の目的である農業生産性を上げるために使わず，所有地を拡大するために隣接する森林地帯の伐採を行うために使った，という現地のNGOの報告書を気にかけていた．

このような違法行為を阻止するために，融資申込者は2ページにわたる環境保護基準順守の確認書を記入しなければならない．確認書はまず現地当局が検討し，続いて環境省が確認し，最終的に世銀のタスク・マネージャーが審査するという手順を踏む．確認書に融資を公有地の森林伐採に使うと書いた農家は，融資を拒否される．しかし実際のところ借り手の行動を細かく監視するのは無理だとテッドは言う．テッドは，3ヵ月毎に現地を視察するが，ほとんどの場合会議や他の職務で予定が詰まっていた．「首都に集められているファイルを調べれば，却下された申込の1つや2つは見られるが，それは省庁の誰かがこの手続きを管理しているという目安程度のものである．実態がどうであるかは私には全くわからない．信頼するしかないのである．このプロジェクトには多数のプログラムが存在するが，1年に2回程度チームを組んで，個別のプログラムを検閲することになっているが，1週間で全部はとても見直せない」．

首都を視察し，担当当局と話をするだけで精一杯の状況であり，まして現場で抜き打ち検査などとてもできないと言う．大がかりな開発計画が円滑に進まなくなり，行き詰まるおそれのある惨事につながらないよう，建設予定の遅れに関わる技術的な問題を解決したり，物資の注文間違いを訂

第 3 章　知識の生産

正したり，日常的に発生する雑多な問題を片づけたりすることが視察先の仕事である．このプロジェクトは，IDB と現地政府が共同出資した 9 億ドル相当の融資案件であり，年 4 回の視察で，監督しなければならないことは山ほどある．「農民が融資を使って森林を伐採するのは違法行為であるが，だからと言って現実問題として自分に何ができるのか．融資を全て止めてしまうのは，もっと厄介な事だ[21]」．

　世銀職員によれば，プロジェクトの成否は融資が滞りなく行われたかどうかで決まる．アンケート調査や現地調査で，環境への悪影響が露呈しプロジェクトが失速するという事は許されないのである．ローン・マネージャーは常にプロジェクトを迅速に動かしてゆかなければならないという切迫した状況にある．プロジェクトにより環境影響が及ぶとしてもそうした事柄は否応なく葬り去られていく．

　ローン・マネージャーのチームの視察に随行した環境問題の専門家は，このような抜け穴があるため自分自身の仕事にかなりの重圧がかかると語った．名前をラジとしておくが，ラジはこれまで話してきたような貸付プログラムを含む巨額の融資パッケージに関わっていた．このプログラムは，農民向けではなく，企業に貸し付けるものだった．彼は世銀内で環境アセスメントを専門に行うチームの一員として雇い入れられた専門家であるが，世銀の組織的規範に縛られていると語った．「私の仕事は中小企業への融資による環境面の影響を査定することである．しかし正直な話，こうしたプロジェクトをモニタリングするのは簡単なことではない．実際のところ融資を全て追跡するなんて無理だ．サンプル調査をしようにもそんな資金はない．そこで借り手が規則を守っているかどうかを知る手がかりを探すことになるが，借り手がそれを良いことに使うのか，悪いことに使うのかなどわかる訳がない．環境アセスメントは義務化されていても，実態はほとんど意味がないものだ[22]」．

　進行中のプロジェクトを客観的に評価する目的で現地の評価専門部門に雇われたものの，ラジとその同僚は学究的な分析をする時間もリソースも，組織的サポートもない．代わりに，証拠として使える事例をいくつか集め

ておき，雇用主を満足させなければならない．プロジェクトに関する十分な情報を踏まえた上で問題点を指摘することがかなわないため，世銀内の環境関連の専門家はプロジェクトは滞りなく進んでいるという結論を出さざるを得ない．職員たちは，基本的な疑問も口にできず慌ただしい現地視察の間に事例を集めなければならないという事態に直面し，上司や同僚に却下されると分かっていながら，資金の追加と期間の延長を要求するか，黙認するかのどちらかを選択しなければならない．無理に選択を強いられれば大抵の職員は苦し紛れに後者を選ぶ．

　しかしこうした意味での選択の自由は全く見当はずれだ．いくら時間をかけても，大きな専門家チームを編成しても，資金をつぎ込んでも，結局のところは，開発援助プロジェクトはマクロな政治経済構造の影響を受けざるを得ないため，大型プロジェクトによる環境影響を回避することはできない．世銀の研究，評価，モニタリングに費やされる期間は，世銀とプロジェクトの資金提供の一端を担う民間企業あるいはダムや発電所を建設する借入国の圧力によって決まる．多国籍企業は常にプロジェクトの開始を急ぎ，利益を上げることを望む．場合によっては，世銀プロジェクトの入札者はプロジェクト期間の延長や資金の追加により投資収益率が悪ければ手を引くだろう．多国籍企業は，せっかちな世銀の専門家すらついていけないほど迅速な資本回転を求める．結果，環境アセスメントやモニタリングが全く行われないというのではなく，多国籍の開発専門家チームやNGO，政府機関などが世銀の定める条件を満たすようなプロトコルを作りだすのである．このプロトコルは世銀が企業と連携して作り上げたものであり，水文学者や土壌化学者との連携で生み出したものではない．

知識のヒエラルキー

　現地調査で矛盾した研究結果が出ても，政策指令部はそれを無視するという構図がある．世銀内において情報は序列に沿って上層部から下の一般職員へ流れ[23]，底辺で物事が決定されることはほとんどない．従って，一

般職員はどの情報を上層部に持っていくかを慎重に選ぶようになる．どんなデータが管理者層を喜ばせるか，どんな分析が差し戻され，無視され，大幅に修正されるかということを職員は瞬く間に覚える．そして重いストレスを感じながら途方もない労力を費やして，自分の書いた報告書の草稿に上司がどんな反応を示すかを予測しようとする．

あるエコノミストが自身の経験を語ってくれた．最初は若手専門家（YP）として入行し，いくつもの地域担当部で研究報告書を作成する仕事に就いた．その後アナリストとして自分のプロジェクトを担当するようになったが，「決定はほとんど上層部が行い，プロジェクトはただその枠組みに沿って進行するだけだ」と説明した[24]．プロジェクトのアナリストとして，借入国に要求している政策が正当なものであるということを示す報告書の作成を行うのが彼の仕事である．「将来，導入される補助金政策にかかわる環境コストを見積もるように言われたが，どんなデータを探せばよいのか？　上司は何でも良いと言ったが，唯一見つかったデータは土壌浸出に関するものだった．私はそれを捏ねまわして何とか形にしなければならなかった．本部にいて何がわかるだろう？　でも私が命じられたことはそういうことなのだ．何とかしなければいけない重圧が常にのしかかってくる．職員でさえそうのだから，偉くなればなる程，手ぶらで上に顔を出すわけにいかない．ここに来た当初は，理不尽な仕事に抵抗を感じたが，今ではそうした抵抗もなくそんなものかと思えるようになってきた」．

環境問題担当部門のエコノミストは次のような話を聞かせてくれた．「1992年出版の『世界開発報告（*World Development Report : WDR*）』（環境について取り上げた，極めて影響力の強い報告書）の執筆者が報告書案を書いていた時のこと，担当している仕事の中から，皆が満足をする事例をいくつか挙げてくれと頼まれた．皆が満足のいくような純粋な解決策など存在しない中，いったい何と言えばよいのか？　一方を立てれば他方は立たないのだ．事例がないならば理論的な議論に基づくものでも構わないと食い下がった．WDRは，タスク・マネージャーがそれを読んで一連の最新プロジェクトの考え方について確認する重要な資料だから，（できることなら）WDRに寄

稿をしたかった．しかしタスク・マネージャーは実際に仕事を通じて知り得たことや，現実の状況は知りたがらなかった」．

　WDR は広告会社の手で見栄えのする図や関連記事に彩られているが，本当に知ってもらいたい本格的な学問的研究はほとんどない，と言うオブザーバーもいる[25]．世銀での任務をいくつかこなしてきたある若いエコノミストによれば，職員は報告書に含まなくてはならない事柄と，含んではいけないものとを素早く学びとるのだと言う．「世銀の規範を逸脱するのは難しい．開発の緑化がからむと特にそうだ．個人的な意見を述べれば，構造調整策の一環としての通貨切り下げと環境問題とを結びつけることは，その間に様々な要因が介在するため，不合理だと思う．しかし世銀が推進している政策を担保するためのデータ収集と言われれば，それに従うしかないのである」．

　世銀は組織内に存在する強固な上下関係によって，「本格的な学術調査」がしづらくなっている．著名な『世界開発報告』シリーズについて，オックスフォード大学の経済学教授であり世銀の上級副総裁兼チーフ・エコノミスト（2000〜2003年）だったニコラス・スターン（Nicholas Stern）氏は，次のように記している．「信憑性のない筋からの情報や，正しい使われ方をしているのかどうか疑問の余地を残す方法で構成された情報を使って書かれていることが多い（Stern and Ferreira 1997）」．データの収集，分析にかけては最高の能力を持ちながら，世銀の仕事は革新的でも学術的でもないと論断するスターンは，「世銀の作成する文書は学術出版業界で受理されるようなものからは程遠い代物である（Stern and Ferreira 1997）」とする．一体なぜこのようなことになったのだろうか？　スターンによれば，「世銀では研究者は知的な閃きのまま，自由に研究活動ができるわけではなく，決められた優先順位を守らなければならない．その上，非常に強力なヒエラルキーがあり，目上の者に対して気を使わなくてはならないな雰囲気がある点では大学よりも厳しい．研究員たちは上司が望む研究調査の結果は何であるかということを気にかけ，深刻になっている（Stern and Ferreira 1997, Vol.1, p.594)」．

第3章 知識の生産

　知識とは，極めて政治的，文化的，社会的，歴史的，経済的色合いの濃いものであり，その知識が生産された文脈を反映するものである（Haraway 1989; Hess 1997; Shaping 1985）．「悪い科学」については批判をするが，良い科学とされる知識を，綿密に再検討することを忘れがちだが，実はこれが非常に重要な点である．ほんの数年前まで「教養の高い」欧州の科学者が，脳の発達が不十分な「ユダヤ民族」の存在や，遺伝的欠陥のある「アフリカ民族」やその他の民族の存在を科学的に証明しようとして一流科学専門誌に論文を発表し，欧州の一流大学で教鞭をとっていた（Beckwith 2002）．経済学，人類学，林学などの学問分野は，実は欧州の植民地帝国の血なまぐさい辺境地帯で誕生したのを思い起こしてほしい．植民地住民が劣等であり，自然を悪化，破壊する傾向にあるから，欧州が文明化を後押しする必要があるという考え方であった．専門家や専門知識はその仮説の正当性を立証するために切実に必要とされたのである（Grove 1996; Moore 2003; Stoler and Cooper 1999; Stoler 1995）．つまり，知識は常に歴史の中から生まれるものであり，歴史と切り離しては語れない．科学的発見が社会的影響に全く影響を受けない，客観的かつ公正なものだと見なすことなどできない．科学を検証する際は，ハーバード大学で生産された知識であろうと，世銀で生産された知識であろうと，ボツワナの開発研究機関で生産された知識であろうと同じように慎重に検証しなくてはならない．

　世銀あるいは途上国で知識がどのように生み出されたかを批判的に検討する場合，オックスフォードやケンブリッジやアイビーリーグ出身の世銀職員たちが抱くような，母校で誕生した厳密な学問から見放されているといった感傷を取り上げても意味のないことである．結局のところ，世銀で働く専門家の多くは世銀に入ってから自ら作り出した科学に不快感を持つ．そして信奉する一流大学で学んだ科学を基礎として，モデル，仮説を立てるのである．一方で，世銀が後押しした仕事の多くがオックスフォード，イェール，ケンブリッジのみならず，ニューデリーやワガドゥグーでも概念化や実務に極めて重要な役割を果たす．重要なのは，世銀の学術的知識生産プロセスの重大な不備にもかかわらず世銀の政策スタンスが大き

な影響力を持つことへの批判ではない.それよりも,学ぶべきは知識生産過程そのものの本来の姿であり,なぜそれが真実や専門知識として扱われているのかを疑問視し,こうした知識信仰が一役買っている大規模なプロジェクトは何かを考えてゆかなければならない (Jasanoff 2004).世銀の世界的な権威や比較優位は,普遍的知識やグローバルに汎用性がある専門知識に根ざすと主張するのであれば,その知識の基盤と,世銀の存在意義を存続させるために使われる知識が何であるかを理解する姿勢が必要だ.世銀が,高度な知識を生産する能力を持つとする学者やエコノミストは,客観的であらゆるものを包含する知識の生産が可能であり,世銀は実際に生産しているという点を強調する.より質の高い知識を生産するために世銀がただがむしゃらに努力すればよいという考え方は,知識生産やそうした組織に対する歴史的,反省的視野に欠け,誰のための知識であり,何のためのもので,誰に裏づけられ,どんなオルタナティブな知識を封じ込めてしまうか,といった問いをないがしろにしている (Fairhead and Leach 2004; Foucault 1994; Haraway 1989; Mitchell 2002).

ナルキッソスの回帰?

『世界開発報告』だけでなく,世銀のその他多数の刊行物には疑わしい科学的主張が見られる.近年では,世銀のアフリカ環境担当部門がいくつか重要と言われる出版物を発行しているが,これらの出版物の内容について世銀は内部での議論にとどめ,最新の学問研究や外部での政治的討論の場に出すことを手堅く避けることが多いようだ.世銀上級職員が執筆した *Crisis and Opportunity: Environment and Development in Africa* (Falloux 1993) は,一見するとアフリカの環境をめぐる問題の複雑性を分析したものとの期待を抱くが,実際は世銀がどのようにして各国政府の政策決定者を説得し,世銀の融資を受ける前提条件として国家環境行動計画 (NEAP) を策定する方針を採用させたかを,自己言及的に記録したものである.

NEAP は,国家の環境問題への取り組みに関する計画概要であり注目さ

れた文書だが，一般国民の参加を得て借入国政府が起草しなければならない．NEAP 専門のある職員が私に投げつけた「ほとんどの NEAP はジョークだ[26]」という言葉が良く表すように，NEAP に関わる世銀職員の多くは内容を二の次にしている．NEAP の大半は世銀職員か借入国の政府当局が起草しているが，一般の人の意見を反映しているという形跡はなく，最近の世銀政策を一字一句に至るまで真似をしたものである[27]．アフリカのほとんどの国が含まれる国際開発援助国（International Development Assistance: IDA）が融資を申し込む際に NEAP が必要となるが，世銀内部にしろ借入国にしろ関係者は NEAP を軽視しているため，NEAP は政治演説や世銀が作成した文書を再利用したものである[28]．アフリカ諸国では NEAP は環境大臣のお気に入りの部下が書いており，世銀のガイドラインに定めるように，社会のあらゆる部門との真剣な協議の結果生まれたものではない[29]．言うまでもなく，一般的な政府報告書が本格的な協議から生まれた決定事項を反映しているかというと必ずしもそうとは言えないが．

アフリカ担当の一部門から *Crisis and Opportunity* と Cleaver Schreiber 著 *Reversing the Spiral: The Population, Agriculture, and Environment Nexus in Sub-Saharan Africa* (1994) という 2 冊の文献が出版されているが，いずれの出版物も世銀の政策を鏡に写し出したようなアフリカのイメージを打ち出しており，内容の薄い公式声明にあふれ，アフリカの多様性が意識されることはほとんどない．基礎的な学説は無視され，歴史上の出来事が語られるのは時系列で世銀政策を引用する場合に限られる．それでも世銀の報告書はアフリカの環境問題を専門とする研究者にとって重要な情報源であり，その後の世銀報告書でも引用され，多くのアフリカ研究論文は世銀の文献を参考にして書かれている．興味深いことに，世銀の文書で主張された論理の裏づけに使われたデータをさかのぼって調べてみると，同じように作成された世銀のデータに基づいていることがわかる．*Crisis and Opportunity* の文献目録には引用が約90あったが，約70％は世銀の出版物であり，出所の90％は世銀に所属する個人や，世銀の系列あるいは資金提供を受けている団体である．このような自己言及型の文書がアフリカに関する主要な

報告書の多くにみられる[30]．内部文書はまた別の内部文書の事例や論証に依拠して作成される．ある意味では学問分野のサブフィールドも同様であるが，世銀の知識は内部的に通用する知識が取り込まれ強化される[31]．

　なぜ世銀の報告書，研究論文，書籍は学術的基準に則って書かれないのか，また最近の学術的議論，論争を示す学術文献のレビューもなく，参考文献に学術図書を載せていないのかと世銀職員に尋ねた．こうした学界の決まり事は時間も費用もかかり，世銀にとっては的外れであると言う職員や，学究的文化は世銀では固く禁止されていると言う職員もいた．また別の職員は，学問研究を純粋なものと考えており，とても世銀の研究報告と同じカテゴリーに置くことはできないと言う．彼は，世銀の出版物はむしろ情報操作の領域にあると指摘し，次のように語った．「世銀はなぜ自分たちの文献しか引用しないのか？　と尋ねることは，IBMになぜコンピューター関連の文献を参照しないのか，と質問することと同じだ．IBMが自社の最新技術を駆使したコンピューターで"世界制覇を狙っている"と言うのであれば，何も説明したり参照したりする必要はない．IBMは製品を売っている．我々も同じことだ[32]」．

　世銀の情報を否定するのは結構だが，その専門性と知識が世界中の政策決定者や研究者に途方もない影響を与えているという事実だけはないがしろにできない．世銀の知識はいわば戦術的技術であり，真価をどう解釈しようと，その権力を見くびってはならない．NEAPの成立過程は問題の多いところだが，世銀が国民経済のどの部分に投資すべきかを決定する手がかりとなる重要な報告書である．開発の世界における環境という概念は，世銀の存在に駆り立てられて，典型的な環境保護主義者（と明らかに時代遅れの銀行員）の言う「環境」という意味をはるかに超えた幅広い意味を持つようだ．

　世銀のグリーン・ネオリベラリズムという理念が広まることによって政府当局，環境NGO，開発コンサルタント，大学の研究者らは，森林，採鉱，農業，水産養殖プロジェクト，都市上水道，エコ・ツーリズム，自然保護公園などをどう認識し，管理していくか，見直さざるを得なくなっている．

第3章　知識の生産

　後章で見るが，こうした世銀主導の環境優先事項によって最近の構造調整政策も「環境調整」に姿を変え，借入国は新たな世銀融資の前提条件として，規制機関の再編や土地改革・天然資源利用政策の変更，租税・資本移動に関する法制度の改正などを迫られている．繰り返しになるが，大切なのは世銀の環境科学を高度な学術的研究と比較して相対的な真価を論じることではない．世銀の文書やデータ群は大学での知識生産にとって，また高給の契約コンサルタント業務にとって不可欠であることに変わりはないからだ．むしろこうした事実や知識がどのようにして世銀内部で組み立てられ，規則や政策指令や外部にまで伝えられる規範の中に盛り込まれていったのか，そして，特定の分野で短期間のうちに世界的な権威とされるようになった経緯とその理由を考察することが大切なのである．

ピラミッド型支配構造の維持

　　世銀にはこんな言い習わしがある．「一番下っ端はきつい．オフィスでは追いやられ，現場ではなめられる」[33]．

　世銀は階層型組織であり，こうした内部統制は知的作業にも影響を与えると職員は言う．世銀の内部権力構造の影響は，研究課題の選択だけではない．研究調査要員の雇用やコンサルタントの使い方，職員の誰が昇進し誰が昇進から取り残されるか，誰の分析が認められ誰の分析が無視されるか，ということまでに及ぶ．知識生産とキャリア開発との間にははっきりとそれと分かる因果関係があるようである．したがって，研究課題によっては苦労することにもなりかねない．

　世銀で専門家としてフルタイムで働く方法は限られている．一つは世銀の若手専門家（YP）プログラムで，世界有数のエリート大学からトップクラスの人材を募集する．もう一つは中途採用である．世界中から集まった大勢の極めて有能な応募者との競争を勝ち抜くのはほんの一握りのYPであり，その後試用期間に入ると世銀内の様々な部署でのならわしを教え込

まれる．1-2年後，マネージャーの推薦があれば見習いから常勤の地位を手に入れることになる．採用するマネージャーがいなければ雇用はされない．YP プログラムの修了生によると，新人は世銀組織の仕組みを早いうちに覚えるという．YP は意欲に満ち，嬉々として新しい環境に身を置くや，上司に対していかに従順であるかを真っ先に学ぶのである[34]．

最初は世銀の組織的規範と文化に当惑する YP も多いが，ほとんどの YP は正職員になるために世銀にしがみついている．このままでは純粋な学究的・専門的職業の求人市場で渡り合う力もなくなっていくのではないかという懸念から世銀を去ることを選ぶ社会科学者もいる．世銀では，入行5年以内の新人職員が行う分析作業は世銀以外の金融機関では大して役に立たないものである．報告書とは，シニア・エコノミストに言わせれば「プロジェクトを売る直接の手段」である．一方，経験豊かな中途採用者は，それまで積み上げた学問・専門分野のキャリアでどれほど高く評価されていようが，極めて構造化された世銀のヒエラルキーの中にあってはたちまち色あせてしまうことを最初の公式会議で思い知らされる．そして，忠実に従順に仕事をこなして上司の後押しを獲得しながら，不正な手段ではなく几帳面に世銀の昇進システムにしたがって少しずつ昇っていく．結果的に中途入行者は「世銀内では大して出世できず，ほとんど昇進することもない．入行した時と同じ階層のまま世銀を去ることが多い[35]」．

世銀の研究者やアナリストになるための第3の入口は，それほど制約を受けない．これはコンサルタントとして世銀の仕事に関与するという道であり，大変競争が激しい世界である．多くのコンサルタントはあちこちの開発機関を渡り歩かなくてはならないため，ワシントン D.C. 地区に自宅を構える．世銀のコンサルタントは，必要に応じてサービスを提供するような柔軟な仕事の仕方で生き残ってきた，また仕事に対して非常に熱心で，タスク・マネージャーに従順である．タスク・マネージャーはそうしたコンサルタントを予備軍と見なすようになり，自分たちの思考を原稿にする道具として彼らの研究報告を位置づけている[36]．コンサルタントを雇用し，実務研修を積ませることによって世銀は働き手に組織という刻印を残し，

第3章　知識の生産

組織「擁護派」には報奨を与え「反対派」は追放する．こうして世銀の上層部は世銀の政策を確立，翻訳，拡大，正当化し，流布する．

経済学者の中の人類学者

　世銀に勤務する社会学者，人類学者は，新古典派経済学が唯一の共通語であり，合理的とされる世銀文化に適応しなければならない．職員が見るもの，理解するものは全て米国式の経済学で説明しなければならない．社会学者や人類学者の多くが大学を辞め，世銀に転じてきたが，世銀に雇用されるや否や，プロとして重大な意識改革を迫られ，認識面においても途方もない飛躍を求められる．

　ある上級人類学者は，中国における集団再定住化の社会・環境的側面という，政治的に激論を巻き起こしそうな課題に取り組んでいた．彼は既存の中国の再定住化プロジェクトでは未評価の側面を分析し「数値化する」ことを試みたが，最近まで西側のほとんどの研究者を締めだしていたという中国のこれまでの歴史的経緯に鑑みると，「いきなり現地のニーズを判断し，それを数値化することは難しい」と語った．無形資産に経済的価値をつけることは，人類学者としての認識に逆らうことでもあった．無形の資産が存在する土地，場所，コミュニティは宗教や家族関係その他，政治文化的な慣行と深く関わり，もちろん市場との関係もあるが，市場との関係だけでその価値が決まるものではない[37]．それでも彼は職務上，こうした複雑な議論を黙過しなければならなかった．彼は世銀の中国への新しい投資プロジェクトが与え得る社会・環境面への悲惨な影響を抑える最も効率的な方法を考え出し，立ち退き住民に支払う賠償の適正水準を算出するために雇われている．中国は世銀にとって最大の借入国であり債務国でもある．また中国は，今後10年で劇的にプロジェクトを拡大したいと考えている．世銀は中国に数十億ドルを融資して交通，エネルギー，水道事業などのインフラ拡大を図っており，いずれにおいても住民の強制退去や森林，草原，村落などの水没・減少は避けられない．

人類学という学問の規範に従えば，調査対象国の文化に共感し，現地の人の視点に立ち，物事の意味を解釈することになる（人類学とはそもそも，植民地支配を目的とした「先住民」に関する研究であるから，昔の人類学者が共感という心情を抱いていたというのは正確ではないかもしれないが [Cohn 1996; Hymes 1974]）．しかし，世界中のあちこちで見られるよう，地域住民が立ち退きたがらなかったら，あるいは先祖代々の土地や墓地遺跡や肥沃な土地の破壊に対する補償条件を受け容れなかったらどうだろう．立ち退きをしないという選択肢があるとすれば，開発プロジェクトによって追放されかかっている住民は概して退去をせず，提示された賠償金も受け取らないという選択をするであろう（Cernea and Guggenheim 1994; Fox and Thorne 1997; McCully 1996; Thukral 1992）．したがってこの人類学者の場合，自分たちが他人の開発願望の渦中にあることに気づいた住民が住む地域社会の状況やニーズを理解しなければならないという，難しい仕事に直面しているのだ．実際1週間程度の視察で14区域もの住民の言い分を理解し自ら共感を育むことは，現実には不可能であり世銀という組織の規範ということから考えても得策ではない．聴き取り調査は数十年かかるとまでは言わないが，最低数年は必要である．だとすれば，たとえ住民が様々な意見を持っていたとしても，国家経済のための最善策が国民にとっての最善策であるという世銀の理屈にしたがうことになる．当然，こうした仕事は人類学者ではなく，損害賠償の調整官の仕事だ．通常，世銀の再定住プロジェクトは激しい反対に遭うため，人類学者は退去者に提供する広い土地や，退去後の生計を立てる枠組みを考えなくてはならない．さらに世銀職員は，政府官僚にも適度なアメとムチが必要だと考える．世銀のガイドラインにしたがうよう借入国に要求できるのは，敏腕な人類学者の力によるところもあるのだ．

それにしても，こうした開発科学は信頼できるのだろうか？　世銀の再定住プロジェクトは外部から多くの批判を浴び，世銀を退官した社会学者に促され，再定住プロジェクトの内部監査が実施された（1986-93年の間）．その監査によると，確かに再定住プロジェクトの余波は批評どおりに惨憺たるものであり，データの収集も分析もずさんであったことがわかった

第3章　知識の生産　　　　　　　　　　　　　　　　　　　　　125

(Cernea and Guggenheim 1994; Fox and Thorne 1997). 例えば，研究報告に載っている世銀プロジェクトの約60％は，住民に関するベースラインデータの収集が行われなかった．実際に再定住，復興に使う予算を算入していたプロジェクトは15％もなく，再定住のための専門家がいたプロジェクトは全体の4分の1にも満たなかった．さらに内部調査のタスクフォースが明らかにしたところによると，内部報告書が示した立ち退き住民の規模は実際の50％という過少報告であった（プロジェクト報告書の大半がベースラインデータの収集をしなかったため，実際に影響を受けた住民の実数はそれより大幅に多いと思われる）[38]．

　問題は知識の生産とその活用である．世銀のローン・マネージャーは融資の構想をたて，パッケージ化し，理事と借入国の財務相に売り込むという組織的手続きを極めて短期間のうちに進めなければならず，2年以内とされることもある．融資に伴う，環境，法律，経済，調達，技術に関する膨大な書類を要約し，最終的な承認を与える世銀の理事にプレゼンを行う．カラカスやデリーでの借入国との会議は迅速で要領を得ており，1回の視察で財政，法務，調達関連の政府高官と会見し，プロジェクト設計者とその他専門家が臨時の現地調査を行い，融資プロジェクト案で見込まれる費用便益を査定することも可能だ．中国を担当した上級人類学者の場合は，必要な査定を行うため30ヵ月で14ヵ所の区域を視察している．彼は，こうしたアプローチは明らかに現在の人類学では容認されず，自分が世界的な開発専門家になるため純粋な学究心をそぎ落としていることをあっさりと認めた．もっとも，それは開発の知識としてという意味であり，世銀が仕事を遂行する限りどこにでもついてまわる問題である．彼が触れなかった面として，世銀のプロジェクトは何百人もの応用人類学者あるいは開発人類学者を引きつけ，雇用しているという事実が存在することだ．こうして世銀のために作られた人類学が学問としての人類学の道筋に強い影響力をおよぼしていることだけは明確である[39]．

合意形成

　ハーマン・デイリー（Herman Daly）もかつては学界から転じて世銀に所属し，議論の渦中となった人物である．環境経済学の第一人者であり，費用便益分析の専門家として国際的な評価を得，1980年代にミッドキャリアの職員として世銀に招聘された．デイリーはインタビューで，世銀所属時代に経験した制約について以下のように語った[40]．

　私が世銀に入ったのは，世銀が環境関連の事業を拡大しようとしている時だった．私は，ラテンアメリカ担当局の環境部門に配属され任務を二つ与えられた．第一は，南米の全てのプロジェクトを正式合意に導くことだ．目標として我々はできるだけ早くプロジェクトを成立させようとしたが，これが本当に大変だった．拒否権を持つ環境監査員がいたのだ．世銀職員にとっては未知の事態だった．第二は，個別のプロジェクトに関するコンサルティングである．2つめの任務自体は奨励され資金が十分支給されていたが，最初の任務は推奨されていなかったため予算が付かないことが多かった．他のプロジェクトを「監視」することは悪行とされ，書類や報告書に書かれていることに基づく監査しかできないのが実情だった．当然の事ながら現地視察などのための予算は付かなかった．
　私が初めて関わったプロジェクトに，ブラジルの原発部門融資プロジェクトがある．経済計算を調べると，原発のもたらす利益について適切に処理されておらず，提示されているのは環境のためのコストというより，原発部門への融資で軍がどれほど利益を得られるかであることに気づいた．融資計算書を見ると，まず軍隊が利益を得ることは明らかだった（ブラジル政府はアルゼンチンが既に核兵器を持っていると主張していた）．準備報告書で利益の詳細を開示することは私にとっては至極当然のことであったが，誰もそれを取り上げたがらず，プロジェクトは好ましい発電事業として議論されるにとどまった．その後，私は上司から激しく叱責された．ブラジルには原子力発電所が既に1基あったが，めったに放電することはなく「ホタル」と揶揄されていた．それでも政府は同じ場所にあと2基の発電所を建設したいという考えだった．私から見れば，世銀の費用便益分析には重大な誤りがあった．融資は損害責任賠償保険により大幅に助成されるはずだったので，費用便益分析は

第3章 知識の生産

慎重に行われるべきであったが,実際には熟考を要する問題が考慮されていなかった.

分析の不備について私が簡単なメモを書いた直後のことだ.経済本部は原子力発電所の資金調達全般に関する報告書を整備しているところだったが,私にそのメモを提出してほしいと言ってきたため,その通りにした.やがて本部の報告書が作成されると,ラテンアメリカの地域担当経済部門は激怒した.私は担当地域と上司に忠実であったがゆえに厄介な問題が起きたのだ.最終的に本部の報告書はラテンアメリカ地域の原発融資にとって不利となり,私の仕事はたちまち脅かされることになった.私は費用便益分析の専門家とされ20年にわたって執筆や教鞭活動を行ってきたため自分の仕事を守る備えはできていたのだが,そんなことは当然問題ではなかった.本当の問題は,私が地域担当の上司の許可を得ず自分のメモを本部に出したことだった.つまりお役所的な手続きを踏襲しなかった事が問題で仕事が危うくなったのである.私は解雇されるには目立ちすぎた……こんなことが報道されても世銀にとってはマイナスである.とりあえず職を失うことはなかったが,私をはじめ,チーム全体が実務全般を行う業務部からセンターに強制的に移され,政策研究や評価といった仕事をすることになった.要するに主要なポストからはずされたということだ.

ハーマン・デイリーにとって世銀で最も不愉快な体験は検閲だった.未発表のものも含め,彼は自分の論文やスピーチ,メモ,研究のことで上司と揉めることが多かった.ある時, *Scientific American* (Bhagwati 1993; Daly 1993) から著名な開発経済学者ジャグディシュ・バグワティ (Jagdish Bhagwati) との対談の話が持ち込まれた.そしてエコロジー経済学の観点から見たNAFTAというテーマで,デイリーはNAFTAの抱える問題について執筆を依頼された.その記事が掲載されたのは米国議会でNAFTAに関する採決が行われる直前のことであり,世銀のメキシコ担当と上級管理層の人間がNAFTA議案を通過させようとロビー活動をしていた.デイリーの論説が特集記事として掲載されると,世銀のメキシコ担当者は,内政干渉を禁止する世銀の社則に背いたと告発し,デイリーを解雇しようと動き出した[41].議会へのロビー活動に浮身をやつしているメキシコ担当者こそ,政治に関与しているではないかと,デイリーはこの告発を面白がっていた.

デイリーを告発した世銀職員とは違い，デイリーは世銀のすることは全て政治的だと思っていた．「国内経済の再編は政治的ではないのか？ メキシコのペソ切り下げは政治的ではないというのか？」デイリーは講演を行う際，広報局のいわゆる内部検閲を通過しなければならないこともあった．チリで開催される会議に環境経済学のパネラーとして招かれた時は参加することも禁じられたが，招いた側から猛烈な抗議に遭い，世銀職員の同伴という条件つきで許可された[42]．

デイリーは世界で評価の高い環境経済学者として世銀に採用され，彼の知見がプロジェクトや報告書全般，内部の業務に活かされるはずだった．しかし彼の仕事は世銀の外ではどんなに評価されても，世銀内部では物議を醸しすぎると思われていた．デイリーは次のように語った．

> 世銀は自らを開発銀行の最高峰にあると思っており，安易に物事を発表しないように注意を払っている．世銀は開発によって得られる豊かさが環境にとっても良いことだというコンセプトを推し進めているため，その真憑性を少しでも曇らせるようなことがあってはならないのだ．私たちの中にも1992年版『世界開発報告』でその点を指摘しようとした者がいたが，ほんの数ページを割くことさえ許されなかった．2人のノーベル賞受賞者に寄稿してもらい，「少数意見」を別文書として発表しようとしたが，広報局が認めようとしなかった．世銀は異なる論点を議論するには厳しいところだ．
>
> プロジェクトの環境アセスメントが私の日々の仕事だったが，私が環境上の理由でプロジェクトが不備であると気づいても，次のような反応が常だった．「クライアントをむやみに不安にさせる必要はないから，審議する必要はない．このプロジェクトを我々がサポートしなければ日本の民間投資家が無条件で投資することになるだろう」．民間投資家より世銀の方が現地の環境への配慮を行っているという信念は，時として正しいかもしれない．しかし世銀では誰もがしきりに融資を推し進めようとしており，民間投資家であれば配慮するであろうことにも無頓着である時もある．構造調整融資をめぐる議論も同様だ．なぜ我々は政策改革のための融資を持ちかけ，それを納税者が返済しなければならないのか？ 政策改革は国内の資金調達と政治過程によって実現すべきではないのか？ こうした政策論議は世銀内では決して起こらない．例えば世銀のマクロ経済政策に関する費用便益分析を行うこと

など，誰にも許可されないだろう[43]．

組織の内部的制約と対外的圧力の狭間で

　世銀内部に存在する多くの規範に制約され，職員は自分の意見や展望を自由に表現できないが，世銀に勤務していることで一種の権限のようなものが与えられるという作用がある．職員は極めて重要な部外秘の情報を独占的に入手できる．また首都を視察し政府の高官や下級官僚を招集し会議し，政府発行資料を選り分け，現地や駐在員のコンサルタントに概要を説明させるなどの特権を持つ．借入国当局との対話を進めながら職員は政治日程を組み，融資プロジェクトの進行を促すべく情報提供を要求し，正統的新古典派経済学の世界観で議論を組み立てるのが通例となっている．多くの場合，世銀上級職員は融資を売り込み，融資の前提条件となる政策的要請について話し合い，未払いの負債に関する再交渉を行うといった目論見がなければ首都を視察したりなどしない，ということを忘れてはならない．このような世銀と借入国に見られるような非対称的な力関係と，それを取り巻く現実は知識生産に根深い影響を与えている．世銀職員は上司から押しつけられる制約や，世銀型の開発事業に難色を示す頑固な借入国に苛立ちを感じることも多いが，どこに行っても世銀の築き上げた対外関係において絶大な権力を持っている．

　世銀のアジア担当局に勤務する環境技術者が，仕事で直面するジレンマについて語ってくれた．彼は世銀を環境や文化についてもっと注意深く取り扱うような組織にしていきたいと望んでいるものの，組織が構造的に抱える問題と組織の存在意義からその可能性は考えにくいと言う．「我々は隔月で南アジアへ出向き，対象国に環境プログラムを叩きつける．毎回粘り強く交渉するが，それでも相手は首を縦に振らない．スリランカは折れたがバングラデシュでは「せっかくだが我々は公衆衛生と教育に力を入れたい．環境は借入目的の優先事項ではない」と言う．しかし我々の融資計画は需要ではなく供給側の事情で決まる処方箋的なアプローチである．人

の話を傾聴するという風土はここにはない．我々はただ現地へ出向いて，借入国が屈服するまで売って，売って，売りまくるのだ[44]」．

また彼は自分の感じているフラストレーションについてさらに達観したようにこう表現したこともある．「『世界開発報告』は嘘っぱちだ．でも，スリランカに行くと政府当局は最新報告書を一字一句引用しているようだが，それが私の耳には音楽のように聞こえてしまう．かつて「開発」と「環境」は互いに相反するものだった．今では開発が環境を吸収し，漫然と相互補完的な状態になっている」．その合間にも，彼は同僚とともにその地域の深刻な環境問題を取り上げ，行動計画を含む一連の書類を書いている．案件ごとの計画には，世銀の政策とプロジェクト，分析枠組み，環境的に持続可能な開発のプランが書かれている．例えば，住民が洪水の被害に遭いやすい地域をうまく管理しているような成功事例などを紹介するが，こうしたケースは実際の社会的文脈に照らし合わせて分析されることはほとんどなく，地域の取り組みを包括的に支援するようなことにはならない．世銀がベスト・プラクティスと呼ぶ事例はその文脈からもぎ取られ，世銀の野望に満ちた行動計画の中に置き直される．バングラデシュでは，世銀型の三角州氾濫対策が巨額の融資と外部からの専門技術援助を要する案件となり，世銀のプロジェクトが地域特有の氾濫と飢餓を是正してゆくとされる．世銀はバングラデシュの債務管理者であるため，三角州のプロジェクトは債務の軽減と外貨獲得による国内経済成長を図る様々な戦略の一つでもある[45]．世銀は三角州を守っている地域の成功談を巧みに利用して巨額のプロジェクトを正当化し，他ならぬこの「成功」という言葉の意味を歪めている．

世銀の優先順位や手順などにどれほど多くの不満を抱えていようと，話を聞かせてくれた上級職員は長年にわたってプロジェクトに携わることで業績をつんできた．世銀型の環境保護主義は，資本集約的な問題解決や国家の再編，市場拡張主義，公共部門の民営化といった政策と深く関わり合いを持つ．現実に，1990年代は環境保護思想とネオリベラリズムが切っても切り離せない関係となった．世銀型環境保護主義とはそのプロジェク

第3章　知識の生産

トに資本蓄積を推進するという世銀にとっての「付加価値」が見出されれば，あらゆる方法で，信用と正当性を獲得し流布するのである．世銀職員は現場で任務を遂行しながらこうしたやり方を学んでゆくのである．

結　論

　世銀は膨大な権力を持ち，その影響は世界のすみずみまでに及ぶ．しかし残念なことに，開発という専門知に関して掘り下げた議論は少ない[46]．東アジア経済研究の権威，アリス・アムスデン（Alice Amsden）教授は世銀の研究や出版物の質について建設的な批判を加えている．世銀の研究は完全に疲弊しており，「小企業が多国籍企業と格闘しているような，あるいはゲリラ軍が核兵器に手を染めているような状態」だと言う（Amsden 1994, p.632）．アムスデンは少数の信頼できるエコノミスト集団の協力を得て，いわゆる東アジアの奇跡と言われ，融資国に対する「市場機能補強型」政策の理念の柱である経済発展モデルについて世銀出版物の学術性を再検討した．「貨幣ヴェール観[iii]」のせいで，詮索好きな読者でも実存する開発の世界が理解できない．貨幣ヴェールは，世銀が厳選し雇い入れたコンサルタントが世銀の内部関係者と協力し，解釈を施し出来たもので高価な「バックグラウンド・ペーパー」に仕上がる……世銀のバックグラウンド・ペーパーの広範な参考文献目録には主に世銀の著作物を挙げている．世銀の流派の外側にいる専門家は……めったに引用されることがなく……仮に引用されても……世銀の報告書の議論には先行研究の言及もなく，著作権を守るための一次資料の引用も怠っている．つまりこれは読者への情報が選別されていることを意味する（Amsden 1994, p.630）．

　アムスデンは世銀の結論が常に学術的な立証を欠き，その政策は「徹底

---

iii　貨幣ヴェール観（veil of money）とは古典派の貨幣観であり，供給はそれ自身の需要を生み出すというセー法則を前提として成り立つ立場である．経済活動における生産・消費量・雇用量は資源の量，生産技術，消費者の好みといった要因で決定されるものであり貨幣量の増減で変わることはないとする（金森久雄・荒憲治郎・森口親司編『有斐閣経済辞典 [第4版]』有斐閣，2002）．

した政治的,イデオロギー的な理由」で正当化されていると指摘する (*ibid.*, p.627).なぜ,世銀はこれほど強力なのか？ アムスデンは,真の競争相手がいないからであると結論付ける.地域の開発銀行や国連機関ははるかに予算が少なく,世銀に協力しようと必死だ.彼らにしてみれば世銀に付随する巨額の融資に一枚噛んでおきたいところなのだろう.

政治学者として長年世銀の研究に携わってきたロバート・ウェイドは,世銀の考え方や商取引が世界市場で正当化されるのは,その研究や方針の威信によるところが大きいと考えている.「ローマ法王と同じように,誤りを犯しやすいということを認めるだけの余裕がないのだ」.金融市場が確実性という幻想を求めているその一方で,幻想が知識生産を左右するという相互関係があるため,世銀は間違いがあってもそれを認める余裕がない.さらに世銀の職員は「金融資本の所有者および管理者の価値」すなわち世銀の最終的な供給者との調和を自ずと増幅させるという意味で自らの環境保護主義を構築している (Wade 1996b, pp.34-35).

世銀がいくらその権限をもって独自の環境保護主義を擁護しても,現実にプロジェクトが大失敗に終わることまで考慮して投資家の信頼を維持することは,際限なく続く徒労とも言える仕事である.そうした失敗は外部者がいとも簡単に文書化できるため,世銀も隠しきれない.プロジェクトを成功させるため世銀は学術的基準や職員の行動を厳重に監視しなければならない.9,000人いる職員の半数が高度な専門家で,膨大な量の公文書や内部文書が作成されている.職員の勤務地は170ヵ国を上回る.そんな巨大組織が複雑な各人の状況を一括して把握する方法が他にあるだろうか？

開発という専門知の生産において世銀は,途方もない力を持つ.その生産過程は慎重に管理され,そうして出来上がった知は社会的秩序の構成に重要な役割を担う.政策研究事務局,環境局,地域環境部門,国別担当局を検討したが,データ収集・分析や報告書作成・編集,上司(とそのまた上司)の承認を得るなどのストレスの多い仕事において,発見,創造,論駁のできる環境とは程遠い,ある種の合意の捏造とも呼べる社会的過程が介

第3章　知識の生産

在しているのではないか？　雇用の方法からヒエラルキーによる圧力，研究資金のつけ方，情報の対内・対外的な流れの操作により，開発の専門知は社会的統制につながるだけではなく，ヘゲモニーを構築し，途上国を飲み込んでしまうのである．

　イデオロギー的にバイアスのかかった研究結果を利用して，世銀の職員はアメとして低金利の貸付金と借入保証を提示し，世銀独自の環境的に持続可能な開発を売りさばく．そのようにして世銀のグリーン・サイエンスは，流布し，正当化され，（米国）科学アカデミー，借入国における環境省庁の専門家ガイドライン，国際NGOの政策レポートなど，さまざまな組織によって使われるようになる．世銀の環境に関する科学的知識は世銀の制度を正当化し再生産するだけでなく，学術・専門領域にまで影響をおよぼす．

　環境改善は資本の近代化によってのみ実現するという前提がプロジェクト実践の根底に深く刻み込まれているため，そもそも論をわざわざ持ち出す者はまずいない．なぜ開発プロジェクトなのか？　なぜ，先進国の資本を多量に持ち込み，不適切に投入を要するプロジェクトなのか？　なぜ，世銀と開発機構なのか？　介入的な開発を行わない環境改善はできないのか？　世銀の資本や経済学者のアドバイスを必要としない，現地で実践可能なプロジェクトは構想できないのか？

　世銀のグリーン政策は，北の南に対する，植民地を見るような眼差しを反映している．その眼差しは環境と環境に依存する人々に注がれる．開発プロジェクトの運命は環境にかかっている．開発専門家は，どうすれば現地の環境と住民が世銀の新たな介入を受け入れてくれるかを絶えず問いかけている．この問いは，世銀の世界での役割，開発プロジェクトの意味，社会経済問題の解決策を追求する資本家の介入，そして薪や飲料水の不足といった日々の心配事に至るまで，様々な事柄が関係してくる．世銀職員が本部の締めつけに屈して，このような環境へのアプローチをめぐるコンセンサスが形成されるということも確かにあるが，それだけが理由ではない．決定的要因はむしろ"big D"と呼ばれる世界規模に展開される開発

プロジェクトの名を借りた世銀の野望と，"little d"すなわち不均衡発展につながる資本主義的開発が，複雑に相互作用を起こし，何を自然とするか，何を持続可能な開発と見なすかを定義してゆくのである．開発という介入により社会は絶えず変化し「新しいもの」を生み出すが，これは常に既存の権力／知識構造や資本蓄積の構図と重なり合う（Hart 2003）．

注
1）ここで議論されているデータは2種類ある．1つは人口変動や1人当たりの所得などに関するもので，学界や研究者などに幅広く利用されている．もう1つは政府の予算局や政府当局，省庁からの内部的な費用便益分析やプロジェクト評価などの「内部」文書であり，手を加え内容が簡略化され一般に公開され，時として世銀の刊行物には掲載されないこともある．後者のような情報は世銀の報告書では簡単に示されているだけであり，読者はそれがどのように使われているのか知る術もない．世銀の前評判の高いデータベースと *Journal of Development Economics* 特別号で公開された情報源への批判については，Srinivasan et al. 1994を参照．ほとんどの開発経済学者が信頼をよせる，収入や人口，成長率などのデータは極めて疑わしい国内の調査に由来することが議論されているが，それでも多くの政策にかかわる仮説や分析の基礎とされている．こうした信憑性の低いデータセットを加工するためのモデルも疑問視されている．計算可能一般均衡（CGE）モデルで，世銀の研究調査は経済学研究の最前線に位置づけられるほどの成果をあげたが，異論を唱える者も多い．欧州復興開発銀行（EBRD）のチーフ・エコノミストの時に世銀を批判していたニコラス・スターンもその1人であるが，彼はその後世銀のチーフ・エコノミストとして招かれる（Stern and Ferreira 1997, p.46）．しかし，世銀の研究の手続きが問題視されていても大半の政策決定機関が積極的に世銀の政策を取り入れることに変わりはない．
2）研究予算は開発援助・金融機関の中では最大であるが，欧州連合（EU）の研究予算よりは少ない．もっとも，EUの委託研究分野は世銀よりも広範囲にわたっており，専門家がEU加盟国で果たす役割はヨーロッパ全体の科学的学術研究振興を目的としたものだ．また，世銀の研究予算は研究の定義によって変動する．私はローン・マネージャーや環境技術者の仕事の本質的部分である環境アセスメントと様々なデータ収集およびデータ分析も研究に含める．なぜなら，内部報告書と覚書はまるで科学的研究調査結果を示すかのように使われているからだ．私だったら研究予算を現在の公式値である2,500万～3,000万ドルよりはるかに多額の予算を計上するだろう（Pincus 2002; Standing 2000；Stern and ferreira 1997）．

第 3 章 知識の生産

3) 1995年1月に実施したインタビュー.
4) Tower 1999および Stern and Ferreira 1997に引用されている世銀 "Report on the World Bank Research Program," Report no. 10153, December 1991. も参照.
5) 中国関連の情報を生み出し,普及させる上での世銀の果たす重要な役割についての議論は Stern and Ferreira, 1997を参照.構造調整については,債務者,メディア,学界,政策決定者は,年間1万1,000部発行されている世銀の重要刊行物,World Debt Tables に依存している.*World Development Report* は年間12万部発行され,輝かしい実績のある学術論文でもおそらく1万部限りであり,最も知名度の高い経済誌でも数千部であるということと比べると,その差は明らかである.
6) 知名度が高く入手が容易であることと品質とを区別することは重要である.世銀の元上級職員は次のように話した.「純学究的な開発経済学者が,開発に関する最も重要な文献や論文を世銀の研究部門設立以降に発表されたものからリストアップするよう頼まれたら,学生向けの推薦図書リストとは非常に異なるものになるだろう.世銀の研究者による論文を数多く挙げる者はほとんどいないと思う」.
7) 部課名は頻繁に変更されるため,世銀職員でも自分の所属する部署名が正確にわからなくなっている.私が10年以上にわたって世銀の調査をしている間も,大幅な再編成が行われ部署名が変わったことは一度だけではなかった(小規模な再編は数回あった).そのため部署名は聴き取りを行った職員がその時点で属していた名称を使っている.メキシコ担当デスク(Mexico Desk)や政策研究局(Policy Research Department)など,その部署の目的が明確にわかるような単純な総称を使うこともある.
8) 1996年4,6月に実施したインタビュー.組織図上ではPRDは開発経済部門(development economics)の副総裁,チーフエコノミスト(これまでマイケル・ブルーノ,ジョセフ・スティグリッツ,ニコラス・スターン,フランソワ・ブルギニョンが務めたポストである),開発政策のディレクターの配下にある「センター」と考えられる(「業務部」ではない).世銀のウェブサイトに掲載されている組織図によるとPRDは以下の部署で構成されている.Environment, Infrastructure, and Agriculture, Finance and Private Sector Development, Macroeconomics and Growth, Poverty and Human Resources, Public Economics, Transition Economics.
9) 世銀の貸付金の大半は業務部の職員が握っているため,研究費用は主に融資サポート資金(loan support funds)から拠出される.したがってセンターの研究者は,勤務時間の半分相当までオペレーションの職員にサポートしてもらっている.
10) ニコラス・スターンによるマクナマラへのインタビュー,Stern and Ferreira 1997.
11) 世銀職員研修,および1995年4月の環境局員(Environmental officials)インタビュー.

12) 1995年4月インタビュー．
13) World Bank Environment Department 1995, p.2 に引用された Operational Directive 4.01 paras. 1 and 2．
14) このインタビューを行った1990年代中期から末期は，職員がこれらの公式業務指令（OD）に従わなければならなかった．その後ウォルフェンソン総裁は任意としたが，指令の順守は強く助言され，落胆する環境部門職員も多い．世銀職員は，大規模な融資プロジェクトになればそれだけ公に監視されることが多くなり，包括的EA実施の巨大な原動力になると理解している．
15) 構造調整（SAP）が，途上国の格付けをおこなうものと考えられるならば，たちまち論争という名のパンドラの箱が開くだろう．SAPについて批判的な学者は，あらゆる世銀融資の中でも構造調整は貧困層と彼らが依存する自然環境にとって最も有害な影響を与えると主張している．
16) この変化は，世銀がより資本集約型のプロジェクトに投資するようになった事実を反映している．その先陣を切ったのが中国への共同出資による融資であり，1993, 1994, 1995会計年度通算で129億ドルとなっている．この数字はプロジェクトの見積予算額であり，中国政府，世銀，IDAの出資額が含まれている．World Bank Environment Department 1995 参照．
17) この日は一日中，いたるところでネパールの巨大なアルン第3ダムの悪影響がささやかれた．最悪の場合のシナリオは，ほとんどアルンのケースを脚色したものだった．EAをうまくやらないと，アルンの担当部長の側で薪小屋生活を送ることになるかも知れない．これは視察団が実現可能性に懸念を示したことから世銀総裁がアルン第3ダム建設計画を取りやめた時のことだ．論争をめぐる議論については，Fox and Brown 1998および Wade 1997．
18) この研修での私達の担当教官は，次のような見解を示した．EAでは「決行か中止か」の選択肢を検討することはめったになく，取り決め通りにするか完全にやり直すかだ．我々の相手（借入国）はすでにプロジェクトを決断しており，代替案の分析はしたがらない．ダム建設を中止するかどうかを議論するよりもダムの高さを82フィートから80フィートに変更するということなら議論する．本来ならば，「部門別EA」を実施し，最初にダムの動力部が実際に必要かどうかを問わなくてはならない．
19) 40％というのは，非常に大目に見た評価だ．ほとんどのオブザーバーは，厳格に監督されている世銀プロジェクトは実質的に皆無であると結論づけている．したがって机上の内部審査というものは常に疑問の余地がある．
20) 1995年1月および4月に実施したインタビュー．
21) 国際組織の連合は巨大なプロジェクトの一部分である農家の技術的指導と種子の配布を，外部業者に，すなわち国の業者ではなく民間の入札業者に行わせるためのロビー活動を行った．石油化学薬品会社と結びつきのある現地NGOがこの仕事の契約を取れば，総合防除管理（IPM）よりも農薬に依存した農業に適した農家教育を行うと思われた．世銀上層部から抗議のファックスや電話を受け取った現場の担当部長は折れて，結局IPMに敏感なNGOと契約した．「そ

第 3 章　知識の生産　　　　　　　　　　　　　　　　　　　　　　　　　　　　137

れで関係者が皆満足するのであれば，喜んで本プロジェクト報告書に「環境的な持続可能性」をちりばめる．しかし農家自身は自分達の土地にとって最良の選択をすると，私はまだ思っている」．国際組織の連合のリーダーはその知らせに喜んだが，彼とその活動にとってはノミの大きさほど小さい農家向けの福祉計画の背後に 9 億ドルの巨大プロジェクトがあることは全く不可解なことだった（1996年実施のインタビュー）．
22) 1995年 4 月インタビュー．
23) ある中堅クラスの世銀職員は，競争力の高い多国籍企業の週末接待に招かれていた．ミーティングと会食に出席した彼は，誰が誰の上司かを把握するのに 2 日かかった．「紹介されて初めて，CEO が誰なのかわかった」．それとは対照的に，世銀のスタッフミーティングでは数分で上下関係を把握したという．
24) 1995年 1 月，4 月，6 月に実施したラテンアメリカ地域世銀エコノミストへのインタビュー．
25) 例えば，Fanelli et al. 1992; Stern and Ferreira 1997; George and Sabelli 1994 に引用されている David Woodward; Taylor 1993．
26) 1995年 1 月に実施した世銀 NEAP 評価担当専門家へのインタビュー時のコメント．
27) World Bank Environment Department 1995参照．
28) 国によっては世銀の現場担当部長（task manager）が，国家当局自ら NEAP を作成していると主張することで国内抵抗勢力の要求を強く満たしている場合もある．また，アフリカ地域の上級エコノミストが指摘するように，現地当局がこれらの報告書について現場の担当部長がどのように扱っているかを理解し，世銀への敬意の表れと考えている国もある．1996年現在，IDA 諸国は融資を受け取る前に世銀の承認した NEAP を立てていなくてはならないため，世銀職員とクライアント国が何かを共同で取りまとめることは，双方にとって大きな刺激となる．
29) 1995年，ワシントン D.C. で 2 週間にわたる研修に参加した折に実施した，アフリカ諸国出身の世銀コンサルタントへのインタビュー．
30) ムナシンゲとクルーズによる，影響力がある報告書，"Economywide Policies and the Environment"（1995）では，142の引用箇所のうち104ヵ所が世銀の文書からの引用である．アフリカにおける環境上持続可能な開発に関する世銀報告書での文献目録の 4 分の 3 以上（90中68ヵ所）が世銀の文書から直接引用している（AFTES, Toward Environmentally Sustainable Development in Sub-Saharan Africa [World Bank, December 1994 draft] 参照）．また，フランク・コンヴェリーによる1995年の世銀報告書 "Applying Environmental Economics in Africa," の約60パーセントは彼の同僚の書いたものを引用している．Convery, "Applying Environmental Economics in Africa," World Bank Technical Paper no. 277, March 1995．
31) Robert Wade（1996）および Alice Amsden（1994）もこれらの知的な親密関係によるネットワークについて記している．

32) 1995年4月インタビュー．
33) 1995年1月の世銀元職員とのインタビュー．
34) 1994年10月，12月と1995年1月，4月にインタビューを行った世銀職員は現職および元YPである．
35) 中途採用された世銀元職員へのインタビュー．
36) 世銀の「ナルキッソス」的側面に関する洞察力のある描写は，Amsden 1994, p.628参照．
37) モース委員会報告書（Morse Report）は，世銀プロジェクトにより大きな影響をうけたインドのナルマダ・ダム・プロジェクトを独自に再検討しているが，開発途上国の定義や考え方を使ってナルマダ川流域とグジャラート砂漠での生活の複雑さを把握し，推し測り，説明することがいかに困難であるかを指摘している．「再定住化・復興」すなわち実際に全住民を動かすという具体的側面を議論するには，住民の現在と未来を説明できなければならない．バーバー・コナブル総裁の承認を受けたモースチームは，国連を退官した技術系官僚，米国議会議員，高名なカナダ最高裁判所裁判官，カナダの水文学者，カナダの人類学者などで構成されており，開発イデオロギーに共鳴する典型的な専門家集団であることは容易に考えられる．もっとも，世銀が念頭においていた前提条件と実際の間の大きな矛盾に愕然としたという点で彼らは一致していた．その矛盾とは，世銀あるいは中央集権的な政府機関にとって，ダム建設にあたって突如として出現した膨大で多種多様な村落住民を「知る」ことがいかに非現実的か，ということである．この報告書は簡潔にまとめられ，開発の危機を実証した文書として貴重である．Morse 1992参照，および1996年5月にバンクーバーで行った著者Thomas R. Berger氏へのインタビュー．
38) 「再定住プロジェクト」は世界最大の灌漑プロジェクトの1つであるが，砂漠に住む何百何千人もの住民を強制退去させたことは世銀の最終報告書に全く掲載されていない（Goldman 1998）．
39) これは世銀に採用された多くの人類学者が直面するジレンマである．例として，アリゾナ大学テッド・ダウニング（Ted Downing）教授のウェブサイト，Development Policy Kioskのウェブサイト，およびHobart (ed.) 1993を参照．
40) デイリーの著書として，*Toward a Steady-State Economy* (editor, 1973); *Economics, Ecology, and Ethics* (1980); *For the Common Good* (1989); *Valuing the Earth: Economics, Ecology, Ethics* (1993); *Beyond Growth: The Economics of Sustainable Development* (1996)．インタビューは1995年1月に実施した．
41) 1995年1月インタビューおよびその後の会話．
42) デイリーは次のように説明した．「私は会議で環境経済学について話して欲しいと（著名なエコノミスト）マンフレッド（Manfred Max-Neff）に招かれた．それをチリ担当デスクの同僚に話すと，その直後に上司の1人に呼ばれた．当時はチリと世銀の関係について極めて慎重でなければならない時期であり，公的な場で話すことは許されないと言われた．クリスマスが近かったこともあり，講演するために遠路はるばるチリまで行くことも気が進まなかったが，嘘をつ

くつもりもなかった．マンフレッドは狼狽し，「チリで17年におよぶ独裁体制を経験した者として，民主的自由の権化ともいうべき世銀が自分の職員を検閲するとは驚きだ，この書簡と，これに対する世銀の返答は会議の出席者の面前で読み上げることにする」という書簡を急きょ上層部あてに送ってきた．上の人間たちはすぐに私を呼び，「いやいや，誤解だよ．チリには行ける」と言った．ただし唯一の条件としてチリ担当デスクの職員が私に付き添わなければならなくなった」（1995年1月のインタビュー）．

43) 1995年1月インタビュー．
アフリカでのポートフォリオを数多く監督している上級エコノミストは次のように説明している．「現在，世銀がアフリカでの主要事業に掲げている公共部門の民営化が環境面にどれほど影響を及ぼすかについて，真剣に議論されることは皆無だ．民営化には新たな規制枠組みが必要であるにもかかわらず，誰もその環境影響を試算しない」（1995年4月インタビュー）．

44) 1995年4月，1995年10月，1996年6月インタビュー．

45) South Asia Environment and Social Development に関する世銀のウェブサイト参照：
http://wbln1018.worldbank.org/sar/sa.nsf/a22044doc4877a3e852567de0052eofa/484a44733683f942852567f200585042?OpenDocument#Environment

46) ブレトンウッズ・プロジェクトのウェブサイト（http://www.brettonwoodsproject.org）；および Fine 2000; Jamison 2001; Mehta 2001; Stone 2000参照．

Chapter 4
あたらしい学問の誕生
——環境知識の生産

1990年のクリスマスの日，強制移住を迫られていた5,000人の村民及びその支援者たちは，サルダル・サロバル・ダム建設プロジェクトの中止を願い，インド・ナルマダ川渓谷にあるダムサイトに向けての長い行進へと向かった（Baviskar 1995; McCully 1996; Udall 1995）．この行進の8日目に，警官が彼らの通行を封鎖し，参加者の多数が殴打され，140人が逮捕された．8人が道路脇で断食ストライキを始めた．21日後，地元の警察やインド中央政府が態度を硬化させる中で，ダムの出資者である世銀本部(ワシントン D.C.)は，初めての独立調査団(後のモース委員会)の始動に同意した．行進の参加者は，数マイルを残してダムサイトには到着できなかったが，論争のより重要なサイトである世銀の心臓部に到達し，強力な国際機関の正当性を批判する，越境する社会運動に刺激を与えた．この運動は，世銀活動に反対するとともに知識生産活動にも焦点を当てていたのである．

　この独立調査団の副委員長であったカナダ人法学者トーマス・バーガー（Thomas Berger）は，世銀の知識生産の方法を調査した際の自身の経験を，

次のように述べている．「我々がニューデリーに到着した時，現地の水文学者が，2つの渇水地域に飲料水が到達しないことを示した報告書を提示した．漁業が全て失われることを示す報告書も我々は入手した．灌漑計画は機能しないと科学者たちは証言した．我々の団の水文学者は，世銀の書類棚に埋もれていた15年前の技術報告書を見つけたが，そこでも，これらの灌漑計画が実現可能でないと示されていた．世銀側から我々に提供された情報では，下流への影響についての情報が削除されていた[1]」．

調査のためにバーガーが世銀から入手した科学的データとインド人から与えられた証拠が全く正反対であることは，衝撃的であった．「現地の人は，自分たちの報告書を私に手渡そうと，私が滞在していたデリーのホテルのドアの前に立っていた．退職した役人は自身の調査内容を説明し，また，住民もその経験談を述べるなど，驚くべきほどの情報と意見交換がなされた」．独立調査団と，世銀総裁により本件の担当に配属された世銀職員との間には，こんなに自由なやりとりはなかった．

調査団の報告書と社会的圧力に直面し，世銀理事会は，プロジェクトの撤収を可決する以外に選択肢はなかった．この出来事は，世界中の社会運動家にその潜在能力を認識させたのみならず，世銀自身にとっても重要な意味を持っていた[2]．「ナルマダ効果」と呼ばれるようになったこの出来事は，世銀内部で何度も引き合いに出され，「改革なくば死を」[3]という注意を職員に喚起している．1995年に，後任の世銀総裁ジェームズ・ウォルフェンソンがとった有意義な行動は，環境，社会への重大な負の影響について充分に分析していないという理由で，ネパールの大規模ダム・アルン3プロジェクトを中止したことである．十分な意見聴取を行う前に，また，ナルマダの厄介な問題に引き続き，社会的抗議行動に完全に火がつく前に，彼がこの行動をとったという点が重要である[4]．ウォルフェンソンのこうした行動は，厳密な科学的裏付けがないプロジェクトは社会運動の圧力もしくは総裁の命令により消滅してしまうことを職員に警告する形となり恐ろしい反響をもたらした．世銀本部（ワシントンD.C.）での環境アセスメント研修セミナーにみられるように，職員は，「ナルマダ効果にして

第4章 あたらしい学問の誕生 143

やられるのではなく，自身の環境影響評価（EIAs）を実施しなさい！」というアプローチに変わったのである[5]．

こうした一連の方向転換に関連し，また，上級環境アドバイザーの提案により，改革がなされたばかりの世銀の活動を視察すべく，私は，ラオス人民民主共和国を訪問した．ナルマダ効果とアルン効果の影響の下，世銀プロジェクトが今や環境，社会的な側面に立ち入るような新たな科学的プロトコルを実施していることを知った．こうした変化は，メコン川への最大規模の投資のひとつであるナムトゥン（Nam Theun）2ダムプロジェクトにも反映していた[6]．

ナムトゥン2は，批判者に対応する世銀の能力を判断する，効果的な試金石でもあった．このプロジェクトは，世銀が環境への問題意識が低かった1980年代に設計したものである．しかし，ナムトゥン2ダムプロジェクトは当初より，単なる水力発電ダムプロジェクトではなく，自然資源（河川，鉱物，森林，野生生物）及びそうした資源に依存し生計を維持している人々（国の人口の半数以上を占める）についての，法律，規制，管理などの新体制を含む，多岐にわたるコンポーネントへの資金供与を行うという，国家プロジェクトであった．このダムプロジェクトの前提条件として，国の法律が改正され，政府機関の再編が行われ，国家予算の使途が見直された．

ラオスは累積債務国のひとつであり，国の制度改革のための資金及び先進国のコンサルタントを雇用するための資金は世銀及びアジア開発銀行（ADB）により提供をうけている．つまりこうした銀行がラオス政府の従来の役割を引き継いでいるのである．こうした資金の流入と同時に，債権者である世銀は資本集約型の国家開発プロジェクト，法律及び規制についての新たな国家の体制，改革された政府機関，特に農業・森林省（ラオスの過半が森林に覆われている）や政府の主要環境機関である科学・技術・環境庁（Science, Technology and Environment Agency: STEA）など3つの重要な領域に科学的プロトコルの導入を図っている．新たな科学的プロトコルと社会制度が，本章の焦点である．

80年代には，環境保護主義がゆきすぎると，資本及びサービスの世界的

需要が縮小するという考え方が世銀内では主流であったが，今では，ローン・ポートフォリオの拡大と「環境的に持続可能な開発」と呼ばれる環境アジェンダの双方の考え方を取り入れるというアプローチに変化した．端的に言えば，世銀は反開発の環境保護主義者のアジェンダを，現代社会で受け入れられるような都合の良いアジェンダへと変換させたのである．世銀の科学者が働く境遇をより理解するためには，開発推進派が述べるような，世界が国際的な政治経済の構造から全く切り離されているという理解ではなく，資本，知識，技術の移転を通して「持てる者」が「持たざる者」を管理する技術プロジェクトであると理解することである．いわゆる「開発世界」の第一の投資家であり，設計者である世銀は，簡単には理解できない複雑な機関なのである (Crush 1995; Escobar 1995; McMichael 2000; Watts 1995; Young 2003). この観点からすれば，世銀は，世界の債権市場から資本を借り，資本が必要と見なされる政府に貸出し，これらの政府に，5大債権国（米，日本，独，英，仏）の企業から物品・サービスを調達するために貸付金の相当な割合を使うことを求めることにより，機能している (George and Sabelli 1994; Kapur et al. 1997; World Bank 2002). 世銀，借入国，「先進国の企業」といった，60年も続くこの不均整な三角関係のため，先進国への純資本移転により，借入国は債務を負った状態のままなのである．この拘束された関係の中で，世銀は，借入国において格別な権威を与えられている．つまり，近年の開発の理念の主流である「ネオリベラリズム」に従い，世銀は，途上国の制度及び社会を広範囲に再編成しているのである．ここでは，資本主義的発展という世銀のやりかたが，どの程度知の生産に影響を与えるのか？　また，世銀が生産した知が世銀のヘゲモニーを推進するか？　という問題意識が浮かびあがる．

　本章では，権力，権利，真理の関係についてのミシェル・フーコー (Michel Foucault) の議論 (Burchell 1991; Cooke and Kothari 2002; Foucault 1994; Rose 1999) を引き合いに出す．例えば，「権力の限界を定義するのはどのような真理なのか？」というような，権力と知識についての一般的な問いは，権力の行使は常に弾圧的であるという前提で議論されてきた．しかし，フーコー

第4章　あたらしい学問の誕生　　145

によれば、「規範を生み出し、主観を形成し、人々を権力への迎合へと駆り立てるのは、どのような真理に支えられているのか？」「「言説の生産、蓄積、普及、機能」の過程で示される規範を、人に強要するのではなく、むしろ社会集団の合意を得た上で、権力に迎合させるという現象を可能にするのは何か？」(Foucault 1994) という疑問を提起することで、権力と知識の関係をより深く洞察することができるという視点である。どのようにして、社会的規範は明文化されるのか、権利は付与されるのか、そしてどのようにしてある事柄が真理と見なされているか、いわゆる「開発」世界のアクターの行為の中にそれを見出すことが有益なのである。

　世銀はグローバルな新元首のように見える。しかし、実際には、多くのアクターのネットワークが開発という専門知の生産に参加し、持続可能性及び持続可能性に対する権利という概念を受け入れてきた。ここでは、大規模投資プロジェクトに不可欠である、知識生産過程に焦点を当てる。世銀の介入の周囲で社会運動が絶えず起きているという昨今、環境保護及び社会配慮のない投資計画は受け入れられなくなっている。ラオス及びその他170の借入国において、世銀は自力では大量の業務を行えず、データの作成、持続可能性に関する広範囲な戦略の策定を手助けしてもらうために、科学者、官僚、NGO、社会的に認められた（または社会的な責務を担った (Rose 1999)）市民の、地域間ネットワークを必要とする。ラオスのケースにおいては、真理の構築過程に、新しく生まれた領域の専門家、新しいテーマ、新たに認識された自然環境、持続可能な開発という専門知、そしてその専門家が関わり合いを持つことにより、権力の行使が見られる。

ラオスにおける環境知識の生産

　世界唯一のグローバル知識バンクと自称しているように (World Bank 1999, 2002)、世銀はグローバルな問題に関する最先端知識の源である。過去10年以上にわたり、世銀は、独自の環境アジェンダを築き、政策形成、融資を行い、応用グローバル環境科学の手法とデータを生産し、これらを

実施・現地化するために借入国（ラオスを含む）における数千人もの専門家の養成を行ってきた．

ナムトゥン2プロジェクトは，世銀にとってきわめて重要なグローバル環境課題の象徴であり，世銀の他のプロジェクトのモデルとなるものである．ナムトゥン2の中心は，タイ向けに水力発電を行う大規模ダムである．タイは，最近の経済危機まで，急速な工業化に支えられ，不均等ながらも持続的な経済成長期を経験してきた．環境的に持続可能な開発という世銀の新たな関心を反映して，ナムトゥン2では，ダム建設に加え，森林保護管理プロジェクト，野生生物・保護地域管理プロジェクト，先住民特別保護地区，灌漑・試験農業を伴う近代的農業，電化，道路建設，大型動物類移動回廊，エコツーリズム，持続可能な形での伐木・植林，居住集落といった一連のプロジェクトへの投資がなされた．ナムトゥン2の潜在的な影響を明らかにするため，一連の詳細な環境・社会評価調査が実施された．世銀の大規模プロジェクトは論議を呼ぶ性質のものであるため，世銀の新環境勧告に沿った形で本プロジェクトを展開することとなり，大規模ダムを調査する国際アドバイザリーグループと特にナムトゥン2を調査する専門家委員会という，2つの独立評価チームが設けられた．最近の世銀年次報告書では，ナムトゥン2の環境・社会影響調査は国際的な監視と現地での協議が行われた前例のないプログラムであることが紹介され，「ラオスモデル」の特殊性が強調されていた（World Bank 1999）．

借入国の年国家予算よりも大きなプロジェクト費用と国土の大部分をカバーするというプロジェクトの規模と，多国間援助融資条件の科学技術的な「基準」を満たす能力がある専門家が借入国には少ないとして，世銀は，ナムトゥン2に関連する広範な国家の活動——国のキャパシティー・ビルディング[i]，制度構築，政策の徹底的見直し，環境法令改革——を支援するために資金を割り当てている．世銀もラオス政府も，その投資プロジェクトのフィージビリティー（実行可能性）や社会，環境面での影響を調査する能力を備えておらず，これらの調査を行うために，世銀は大勢の先進国コンサルタントの協力を得てきた[7]．次項では，これらのコンサルタント

雇用の慣行及びその仕事の状況が，世銀の環境アジェンダの下での開発の転換をどのように反映しているのかについて述べる．

プロジェクト評価者の雇用

　プロジェクトの評価のためにコンサルタントを雇用するというやり方は，効率的であり，費用対効果が高く，主な関係者にとって有益なものであった．一般的に，世銀は，プロジェクト評価のためのデータ収集，データ分析のため，先進国のエンジニアリング会社を雇う．これらのエンジニアリング会社は，同プロジェクトの請負業者，つまり，インフラストラクチャーを建設する予定の会社と頻繁に仕事をともにしてきたという経緯がある．たいていの場合，エンジニアリング会社は，プロジェクトはフィージブル（実施可能）もしくは若干の変更があればフィージブルであるという判断をくだす．例えば，灌漑システムの漏水の可能性を解消するために排水システムを追加するというように，追加の投資を行うことにより負の影響が緩和されると判断する．プロジェクトがフィージブルではないことが明らかにならない限り（これは非常にまれな出来事であるが），影響評価は，融資規模の拡大，ひいては，エンジニアリング会社及び工事施工業者の作業量を増加させる．世界の一部の地域において，世銀は，その全てのプロジェクトに同じ会社を使い，融資担当マネージャーとプロジェクト評価者との揺るぎない快適な関係を作り出している[8]．

　こうした状況は，ラオスのナムトゥン2でも当初見られた．1990年，

---

i　1990年代後半から，途上国の内発的発展プロセスを表現するという趣旨で，キャパシティー・ビルディング（CB）に代えて，キャパシティー・ディベロップメント（CD）という用語が用いられるようになってきた．UNDPは，CDを，「個人，組織，制度や社会が，個別にあるいは集合的にその役割を果たすことを通じて，問題を解決し，また目標を設定してそれを達成していく"能力"（問題対処能力）の発展プロセス」と定義している．CBは組織や個人を対象とし，そのキャパシティーを構築する段階を主とするが，CDはそれらに加えて制度や政策の整備，社会システムの改善も広く対象とし，キャパシティーを構築，強化，維持する継続的プロセスであることを強調している．（JICA国際協力総合研修所『キャパシティ・ディベロップメント（CD）——CDとは何か，JICAでCDをどう捉え，JICA事業の改善にどう活かすか』2006年3月）

世銀は，ナムトゥン2のフィージビリティー調査を実施するため，オーストラリアのエンジニアリング会社，スノーウィー・マウンテン・エンジニアリング・カンパニー (Snowy Mountains Engineering Company) と契約を結んだ[9]．スノーウィー・マウンテン社は，ナムトゥン2の最大株主であるオーストラリアのトランスフィールド・ホールディングス社 (Transfield Holdings Ltd.) と，これまで一緒に仕事をしてきた会社である[10]．スノーウィー・マウンテン社の作成したフィージビリティー・レポートは全般的に非常に肯定的であり，このレポートに基づき，ラオス政府，世銀，ダム投資コンソーシアム（旧ナムトゥン2電力コンソーシアム (NTEC: Nam Theun 2 Electricity Consortium)，現ナムトゥン2電力会社 (NTPC: Nam Theun 2 Power Company)），世銀任命の専門家委員会は，プロジェクトに融資すべきと勧告した．

ナムトゥン2が公式認可を受けた後で，バンコクとバークレーに拠点を置くNGOがレポートを審査し，重大な誤りがあると強く反論した．結局，世銀は，その環境影響評価 (EIA) 及び社会影響評価 (SIA) は不適切であり，必要な「代替案についての（例：小規模ダム，エネルギー節約等の代替シナリオについての）検討」が欠落していることを認めざるをえなかった．よって，新たなEIA実施のため，世銀は，タイに拠点を置く他のエンジニアリンググループのチーム社 (TEAM: 世銀のかつてのコンサルタントであった) と契約を結んだ．チーム社によるEIAも，同様の運命に遭い，国際的な活動家からの異議申し立てにより，最終的には世銀により却下された．

長期にわたり世銀のコンサルタントとなっていた2つの会社に，ある程度の責務を請け負わせるという形で，1995年，3回目のフィージビリティー調査が委託された．ドイツの会社ラーメイヤー・インターナショナル社 (Lahmeyer International) が代替案の検討を行い，ニュー・ジャージーに拠点を置くルイス・バーガー・インターナショナル社 (Louis Berger International) が経済分析を行った．一方，世銀にとっての劇的な転換を示すものとして，環境・社会評価は2つの国際NGO——国際自然保護連合 (IUCN)，ケア・インターナショナル (CARE International)——に外注された．世銀に対する批判者を批判的オブザーバーから積極的な参加者に変換させ

第4章 あたらしい学問の誕生

たいならば，これらの批判者と協力する必要があることが世銀の内部では強く意識され，NGOをプロセスに組み込むという世銀の決定へと反映した．

契約に基づく知識

　NGO及び民間コンサルタントがプロジェクト評価プロセスに組み入れられたため，プロセスはよりオープンになり，利害衝突の影響が少なくなったように見える．しかし，これらの独立したグループや個人にとって，知識生産プロセスを決定する，重要な制度的要因がある．最も一般的なものは「業務指示書（terms of reference: TOR）[ii]」であり，これに基づき，雇用されたコンサルタントは仕事をする．高額のサラリー，独特の調査機会，かつてはアクセスが困難であった調査地へ足を運ぶこととと引き換えに，世銀は，どのような情報が必要なのか，調査完了のための概算時間（調査者がどれくらい現場にいられるかを暗示している），報告書の締め切りについて，厳密に明記する．オーナーシップと流通も，TORの重要な側面である．直接の調査請負者（世銀，借入国政府，エンジニアリング会社，またはNGO）は，成果品及び生データについての独占的所有権を与えられている．法的には，これらの調査請負者の許可なしには，研究のためのデータの使用，調査結果を流通することは誰もできない．

　調査実施において，一番のプレッシャーは，時間的制約の厳しさである．環境・社会評価は単独のプロジェクトでなく，融資プロセスの必須条件であるため，データ収集，分析に割り当てられる時間は非常に限られる．その結果，最も広く受け入れられるようになった開発関連の環境・社会調査の方法が，「迅速農村調査（rapid rural appraisal: RRA）[iii]」である．これは，

---

ii 業務指示書（TOR）とは，プロジェクト，調査の実施者が，コンサルタントを選定，雇用する際に，コンサルタントに求められる業務内容を明示するために作成される文章をさす．
iii 1970年代以降に提唱された農村調査手法の一つ．農学各分野，経済学，人類学など複数分野の外部専門家がチームを組み，農民の参加を得ながら，対象地域の自然，資源，歴史，営農体系，生活などについて，1～2週間の比較的短期間に現地調査を行う．（国際開発ジャーナル社『国際協力用語集（第3版）』2004年）

世銀の融資プロセスの制約あるスケジュールに適う応用調査の形である．RRA は，「迅速，費用効果的に，情報収集・分析を行う体系的手法である．この手法には，外部者が対象地域の状況を知るという目的があり，調査対象者及び二次データから迅速・連続的に学ぶという相互作用的プロセスを伴う」(Chamberlain 1997)．この手法では特にスピードが強調される．

ナムトゥン2の社会・環境影響評価を実施する者は，世銀プロジェクトの速いペースに大きな影響を受ける．ダム及び貯水池から最も直接的な影響を受けるグループである，ナカイ高原の住民についての社会調査をつい最近実施したあるコンサルタントは，彼のチームの労働環境を次の通り評した．

> まず，データの混乱を避けるため，高原の2つの村落に到達するのに3日，報告書をまとめるのに4日から6日，つまり2村落で7日から9日は確保できないかと，我々は要求した．徒歩でひとつの村落に到達するだけで3日かかると我々は計算した．我々の要求は最低限のものであったが，世銀は報告書をすぐに必要としたため，調査は予定どおりハードスケジュールで実施された．
>
> 全く未知の地域で調査を行うのは容易なことではなかった．私のパートナーの言語人類学者は，今までには知られていなかった言語を少なくとも2つ発見した．我々は，非常に短い期間内に，新たな言語，文化，生活スタイルという難しい問題に対応し，それを解釈するということを試みた．

密林の中での数百マイルにもわたる村落から村落への移動という困難な任務に非常に多くの時間が費やされたため，彼のチームは，一時間1,100ドルをかけて，軍用ヘリコプターでの移動を行った[11]．「ヘリコプターの利用はある程度の時間の節約にはなった．しかし，密林の中での仕事全般が時間を要した．我々は食料を持ち込み，それを自ら調理し，キャンプを張った．村落に入り，我々が誰なのかを説明し，村落住民の生活を知る時間は非常に少ししか残されておらず，ヘリコプターに引き返し，ビエンチャンで全ての報告書を書き上げるという結果となった[12]」．

調査を急いで行うというプレッシャーについては，プロジェクトのメコ

ン川漁業への影響を評価するために雇われた数人の魚類生物学者も言及した．これらの科学者によれば，メコン川の漁業についての調査業務は多岐に及び，川の本流と支流全てにわたってのデータ収集のために，学際的な大きな調査チームを必要とする．最低限でも，データは数年にわたって収集されるべきである．一人のコンサルタントは次のように説明した．「全てが，氾濫期-乾期の年周期に連動している．産卵，摂食，乾期における避難といったライフサイクルにおいて重要な行動をとるために，様々な種が，様々な場所で，一年の様々な時期に姿を見せる．言うまでもなく，移動により生息環境の変化が可能となることが，移住動物が定期的な季節移動を行う根本的な理由である」．

　魚は直線的に移動しないこと，また，メコン川は一つの川ではなく，多くの大きな複数の川で構成されるシステムであり，それぞれに特有の多様な魚種が生息しているため，調査者は複数の場所で魚の移動についてのデータを収集する必要がある．これらの川が，鱒が釣れるような澄んだ川ではなく，深く，暗く，危険な流れが特徴の川であることが，問題を更に複雑にしている[13]．世銀は，様々な必要に応じて，3-5ヵ月の業務を行うコンサルタントを雇用するというアプローチをとった．

　これまでの話を私に伝えた魚類生物学者は，ジェット機で世界を飛び回る人と，彼のような，村に行き，川についての何世代にもわたる経験を持つ地元の漁師と一緒に働くことを好む，魚好きの学者とを，注意深く区別した．その魚類生物学者は，ナムトゥン2に近接し，最近完成したトゥン・ヒンブンダムの下流への影響を調査することを依頼された（Australian Mekong Resource Centre 2000）．（国際的な活動家と地元の村民は，漁業が壊滅的打撃を受けていることを抗議したが，政府，貸付機関である世銀，建設業者はこれを強く否定した．そのような事情から，調査を実施するため，この魚類生物学者は雇用された．）彼は，「1ヵ月に4日間の投入」という条件で雇用されたが，その契約で要求されたこと，つまり，完成したダムに水を貯めるという段階でバイパス流量の調査を行うことは不可能であることに気づいた．彼は，ダムの川への影響について，十分な時間をかけて，広範な場所にわたる調査を行う

ためには,科学者のチームが必要であるという考えをその報告書に示した.
　更に,ダムサイトを通過する水が45–60㎥/秒(キューメク)であるかどうかの判断は,生物学者でなくても出来ることだと,彼は強調した.もし5キューメクしかダムサイトを通過しなければ,当然の事ながら下流の生物相に対して問題を引き起こすのである.「45–60キューメクがシステムを維持するために必要なパン一斤を表しているならば,10キューメクはパン一枚,5キューメクはパンくずを表している」.言い換えれば,発電のためにダムが水を堰き止めれば止めるほど,下流の漁業はますます崩壊する.まさにこれは,下流の村民が体験したことであった.彼はすぐに,乾期における最低限のバイパス流量を5キューメクから10キューメクに上昇させることを提言した.この措置により,売電高100万ドルが失われるが,短期的には,少なくともある程度の漁業は確保される.しかし,報告書の請負者であるADB(アジア開発銀行)は,この報告書をウェブサイトに掲示することを約束せず,報告書には明瞭な提言が含まれていないと主張し,これを差し止めるという選択をした[14].
　このような弾圧とも呼べる出来事は珍しいことではなく,いつものことである[15].メコン川の漁業についての研究で有名なタイソン・ロバーツ(Tyson Roberts)は,ナムトゥン2の漁業調査を行うために雇用された.彼の同僚と同様に,ロバーツは,魚の移動についての広範囲にわたるデータを収集せずに,拙速に評価を下すことにつき,世銀とラオス政府に対して警告した[16].しかし,彼は,業務の途中で解雇となり,ビザが取り上げられた.「ナムトゥン2の環境影響評価についての私の業務は正式に契約されていたが,ラオス政府は,おそらくナムトゥン2の出資者であるNTECと結託し,この業務を抑え込んだ.世銀と受入国に気に入られた環境影響評価コンサルタントのみを雇用するという世銀の方針は(その結果,出資企業が受入国に収益を生み出すため,同企業がコンサルタントの選定に影響を与えることが保証される),環境影響評価の公正なコンセプトに全面的に反するものである」[17].
　一方で,ロバーツと彼の同僚は,トゥン川にいる85以上の種の記録を

第4章　あたらしい学問の誕生　　　　　　　　　　　　　　　　　　　153

行った．幾つかの種はトゥン川に特有のものであり，ダム建設により絶滅のおそれがあると考えられた[18]．彼が解雇され，強制退去させられた後，ラオス政府，世銀，NTEC は，プロジェクトの進捗に必要な簡易調査を行うため，先進国の別の科学者を雇用した[19]．

　このように圧力がかけられる理由は事情により異なるが，問題を指摘した環境影響評価（EIA）や社会影響評価（SIA）はプロジェクトの承認を遅らせ，更に悪いことには，承認を阻むということが，この行動の最も一般的な動機である．融資業務を仕事とする世銀職員，及び世銀融資の大規模インフラ・プロジェクトの類においてしばしば大きな政治的・経済的利益を得る借入国政府職員は，これらの評価を行わなければならないというプロセスを強く嫌っている．世銀にいる一人のベテラン環境アドバイザーが私に説明したように，投資者（例えば，国際的な銀行，民間外国資本，政府）が，プロジェクトが実現するという確信を持ってはじめて，長期の調査のサポートを得ることができる[20]．言い換えれば，プロジェクト投資者が，科学的な采配を振るっているという事である．社会運動による圧力の影響により，環境アセスメントが必須となった．この環境アセスメント無しに，プロジェクト投資に対する世銀の保証は得られないため，環境影響評価が実施されるが，その過程は興味と政治的関心が払われる．世銀の融資担当者にとっての一番の関心事は，そのポートフォリオを促進し，調査を念入りに監視している活動家からひどい目に遭わされるのを避けることである．

　前述した社会経済調査に関連した別の事例においては，世銀やラオス政府は直接的に関与していないが，ある調査結果が差し止められた．調査にかかわった人類学者の説明によれば，調査結果は，調査を委託した世界最大の国際自然保護グループである IUCN を満足させることができなかった．IUCN は，国土の15％以上をカバーする一連の国立生物多様性保全地域の設計及び運営を行う6,000万ドルの契約を交渉中であった．IUCN には，ダムプロジェクトが進展してほしいという理由があったのである．人類学者らの調査結果は，公表すれば論議を呼ぶことは必須であった．

ダムサイトの近くの高原に住む人々が，植物の塊茎，採集，狩猟，捕獲，米・とうもろこしの栽培，動物の飼育によって生き延びてきたことに，私たちは気づいた．首都ビエンチャンの住民は，米が不作であったため高原に飢饉が起きたと警告した．しかし，栽培以外の活動により，米無しでも高原の人々が元気に生き延びていることを，我々は目撃したのである．人々が強制的に村を追い出され，米の栽培しかできない土地に再定住させられるならば，元気に生き延びることは不可能である．現在の計画が提唱するように，彼らには定住性の農業だけしか選択肢がなく，採集，狩猟，漁獲ができないならば，生存できないに違いない．

我々は，政府の試みにより丘から平原に再定住した他の少数民族に何が起こったかについても知った．再定住した人々のおよそ半数が最初の数年のうちに死亡した．知っての通り，米の栽培，新しい環境や生活スタイルに慣れるには，3年以上はかかる．多くの人々は生き延びるために順応することができず，死亡し，公式には飢饉の犠牲者としてリストに載せられる．そのような理由から，政府と世銀は再定住計画全体をゆっくり進める必要があると，我々は主張したのである．

私の調査パートナーは報告書のある項を執筆し，これらの人々は「少数民族」ではなく「先住民族」と分類されるべきと述べたが，これが，IUCNとの間に厄介な問題を引き起こした．これらの人々を立ち退かせる代わりに，彼らの生活を維持するために一番重要であることは，診療所，学校，農業生態系の支援を行うことであると，私は，IUCN が嫌う他の方針を主張した．IUCN は，これらの支援により高原が住みやすい場所となり，他からの人々が高原に移住し，高原の氾濫地域以外の場所を国立生物多様性保全地域に開発するという彼らのプロジェクトを潰すのではないかと考えたのである[21]．

人類学者たちは，調査結果を嫌い，報告書の書き直しを求める IUCN 職員との争いに巻き込まれたことに気づいた．特に，「先住民族」という分類により，プロジェクトが先住民族に関する世銀業務指令の適用を受け，更に延期されることを恐れて，IUCN 職員は，「先住民族」という言葉が使われることを嫌ったのである．この遅延により，ラオスの国立生物多様性地域のシステムを IUCN が監督することについての交渉が頓挫する恐れがあった[22]．ナムトゥン2から政府が得る収益の一定割合が，この国立生物多様性地域に提供されることになっており，世銀は，同地域の保護を目的として，これらの収益を直接受け取るため，国際理事会の設立を計画

第4章　あたらしい学問の誕生　　　　　　　　　　　　　　　　　　　155

した[23]．換言すれば，ラオスは，大規模な自然保護プロジェクトが賛否両論のある世銀投資に関係する現場のひとつであり，IUCNのようなグループは，予期せぬ多大な幸運に預かろうとしていた．

　結局，IUCNは報告書を配布しないという決定をくだした．その後，民間ダム投資者のコンソーシアムであるNTECは，口封じされた調査に言及することなく，社会的行動計画をまとめるため，ノルウェーのコンサルタントを雇用した．彼は，記録的な速さで，これらの少数民族は，実際は，ラオスの他の多くのグループと同じであり，高原の全ての人々を，問題なく，大きな潜在的利益を伴って，再定住させることができると，結論づけた(NTEC 1997)．彼は，異なる部族を，ひとつの民族集団，「概して，民族・文化のるつぼ」と表現し，よって，再定住でも生き延び，恩恵を得ることができると説明した．このコンサルタントは，現在ではナムトゥン2プロジェクトの主要な人類学者である．

　このような，公然とした弾圧や代替の調査結果の生成の実例は，世銀やその調査請負者に雇用された研究者のコミュニティの中ではよく知られている[24]．しかし，あまり気づかれないことが多いが，知識は情報を削除することによっても構築されるのだという点も同様に重要である．私がインタビューをした科学者は長時間にわたって自らの調査を話したが，それにもかかわらず，彼らが熱っぽく論じたことの多くが報告書の中には少しも書かれていない．彼らが調査した，複雑な環境・社会の実態についての，見解，解釈，微妙な理解に，何が起こったのか？

　その答えはある生物学者の話から推測できる．彼は，メコン川の支流に沿っての多様な種の相互依存や繁殖，社会集団の相違や，その集団の植物相，動物相，海洋生物種との関係につき，徹底的な説明を行った[25]．米栽培の土壌を回復させ，建材となる川の植物相を補充し，ヘビ，魚，カエルの捕獲量を増加させる川の氾濫の季節周期に頼っている人々について，彼は私に話を聞かせた．川の水が引いた後，人々は森で狩猟，採集を行う．それは，私がメコン川についてのどの公式報告の中でも目にしたことがない，複雑さ，相互依存関係，知恵の驚くべきイメージであった．彼の報告

書のどこでこの話が読めるのかと聞いたところ,彼は「どこにもない」と答えた.なぜか? メコン川で,東京の魚市場向けの水産養殖を行えるか否かの可能性を説明するために,世銀は彼を雇用したのである.業務指示書では,川に依存して生活する人々と自然環境の錯綜した関係を分析することを認めていなかった.代わりに,「水産養殖への資本集約的な投資という負担の下で,メコン川特有の生態系は持続することができるか?」という質問に彼は応えることとなった.このように,知識は,選択的に分離され,より大きな現実の体制へ適合させられる (Braun 2000; Burchell 1991; Foucault 1994).自然科学者及び社会科学者との話し合いを通じて,高度な専門知識,分析,データ,見解,実践は,それが調査発注者である開発機関の目的と予想に相反するものであるならば,正式な報告書の中には現れないということが明らかになった.

確かに,削除とともに,追加もある.報告書から除去された,懸念,データセット,解釈,提言と,同じくらいの数が,報告書のページを埋め,科学として,現地で,時には国境を越えて,流通する.人類学者とIUCNの例では,少数民族を理解するための新たな枠組み「民族・文化のるつぼ」が創造された.漁業調査の例では,輸出志向の水産養殖を正当化するための科学的枠組みが構築された.

「非専門家」の知識の従属

「(先進国,地元,ラオス国内の)専門家」の特権的な知識が,「非専門家」の知識を従属させ,何百万という人々は,調査及び開発の対象として認識される.調査は,従来の方法にのっとって進められ,単純ながら永続的な社会分類に基づき全住民を特徴づける.住民は,漁師,ハンター(狩りをする人),もしくは,一年の時期により全員が居たり居なかったりする焼畑耕作者に分類される.ある調査では,下流はダムもしくはプロジェクトから2〜3マイルだけ離れていると定義され,数百マイルにわたり,人口調査データやプロジェクトの管理地域の外にいる半遊牧民等,全ての集団を含む,大規模プロジェクトの生態学的,社会的な下流は,表に出ない.世

銀プロジェクトにより影響を受ける人々は，人口調査，分類，プロジェクトへの編入の過程を経て把握されるが，彼らは，特定の資本投資と開発の文化という文脈の中でのみ，判読，説明が可能である．しかし，商業市場とほとんど関係がないという彼らの特性は，国家の（及び国境を越えた）経済成長と持続可能な開発という疑うことのない目標にとって有害であるため，無視されるか否定される．商品化されていない社会的相互作用の領域は，開発の文脈の中でのみ，価値があると見なされ，プロジェクトの範囲に組み込まれた時に，より理解されやすくなる．その結果，開発専門家といわゆる開発受益者の間の不釣り合いな関係が正常化され，後者（開発受益者）が，無能で，不合理で，環境を悪化させるものという，科学的な固定観念を作り，いかなる代償を払っても開発が必要であるということになる[26]．

　間もなく，ラオスの遠隔地の環境と社会（科学的データ，技術，展望を含む）は，プロジェクトに投資するにあたって，重要であると判断され，覆すことはできなくなった．形式上商品化されていない領域は，科学的研究の新たなる場所，疑問や改良の新たな対象としてのみ判読可能となった．世銀が調査のスポンサーとなっていることに加え，開発についての認識に関わる言説を通じて，知識の対象が最新のグリーン・ネオリベラリズムの転換の中で解釈されるようになったため，未知のことが理解されるようになった．メコン川では，こうしたフレーミング[iv]を使い，専門家が話をするようになっている．メコン川についての，権力／知識の生産の帰結として，持続可能な開発の専門家と環境合理的な市民の認知枠組みが高まった（例えば，「環境破壊的な」森林の住民を，「生態学的に」「生産的な」米栽培者として定住させるという考え）．

　世銀のコンサルタントと開発のクライアントとの関係は，ナカイ高原についての公式協議の話から察することができる．世銀とその請負業者は，

---

iv　問題の認識の枠組み，問題の語り方をさす．社会学の領域ではE.Goffman（1974）*Frame Analysis* Northeastern University Press, がフレーミングについて詳細に述べている．

ダムと関連の環境保護プロジェクトについて，直接影響を受ける人々との間で多数の公式協議を開催した．これらの対話の背後にあったのは，地元の人々は，そのニーズや関心を計画立案者に理解させる手助けができ（手助けをすべきであり），それは，プロジェクト（ひいてはステークホルダー）の改善につながるという考えであった．事実，世銀にとって，「参加」の問題が政治的にも一触即発の状態になっていたことから，公式協議は，新たな開発の科学に磨きをかけた（Cooke and Kothari 2001）．世銀はこの状況を深刻にとらえ，ナムトゥン2については，その公式協議の効果を正式に査定するために，（新たな開発専門分野である）評価専門家を雇用した．専門家の最終報告書によれば，これらの協議の場において，高原の人々の大部分は，発表者を凝視していただけであった（Franklin 1997）．発表者はダムプロジェクトを「米国陸軍工兵隊の会議により適している」という言葉で表現したと，専門家は報告した．終日続いたパワーポイントによる発表会の後，専門家は，この協議の出席のために，町に連れてこられた森林居住民に対してインタビューを行った．この出席者の高い割合が，何についての協議かが全く分かっていなかったことを知った．協議の題目が分かっていると答えた出席者についても，その大部分は，これらの協議が，彼らをその土地から移動させ，米栽培農家として再定住させるためのものだとは理解していなかった．実際，一部の出席者は，簡単ではあるが喜ばれる贈り物，つまり，ラオス最大のダムではなく，村の井戸を与えるためにこれらの人々がやってきたのだと考えていた[27]．

　こうした費用のかかる試みを通じて，世銀は，開発の「対象」との直接的な形での情報交換には失敗するものの，参加，自己評価，情報伝達という新たな開発の儀式を，形式化し，現地化し，複製することには成功したのである．各協議を通して，より多くの科学的な介入，より多くのアクター，より多くのフィードバックが持ち込まれる．その後の協議では，その地域の言語を流暢に話し，プロジェクトをより良く説明することができる現地コンサルタントが呼ばれた．協議プロセスが改良されている最中に，ダム貯水池のための森林伐採がほぼ完了し，プロジェクトのステークホルダー

が特定され，その意見聴取がなされ，規定が改正され，融資契約が締結され，発電から住民の再定住までの全てを監督する政府関連機関が設置されている．下位階級の者はようやく話をすることができるが，大部分が過剰に規定された開発世界の専門用語を通じてのものであり，これらの強力な資本投資に影響を与える意思決定者としてではない．

ラオス政府の意図

　知識の生産を方向づける制度的な影響力は，借入国政府（この場合は，与党のパテート・ラオ）の政治的利益につながる．パテート・ラオ政権の最優先事項は，可能な限りのハードカレンシーを生み出すことであり，その目的のため，国の水力発電産業が開発されている．よって，政府は，ナムトゥン2への資金を得ることに関心を持ち，不本意ながらも，そのために課される，グリーン・ネオリベラリズムの条件の大部分に進んで賛同している．

　しかし，ナムトゥン2のためにラオス政府が世銀に協力するだけでなく，世銀も政府に協力している．ラオス政府は，過去の軍事的支援の見返りとして，中国とベトナムの軍に貴重な天然林を伐採する無制限の権利を与え，世銀は，こうした持続不可能な森林伐採へのラオス政府の関与を正当化する方法を考え出している（Tropical Rainforest Programme 2000; Walker 1996）．軍隊を配置し，90万（国の全人口は460万）の人々（大部分はラオ語を話さない少数民族）を森林に覆われた山々から平原に再定住させるという，ラオス政府の民族同化「ラオス化政策」に対し，世銀は知らないふりをした．下層農民の不合理な行動を分析するために無数の調査が契約されたが，これらの大規模国家プロジェクトの環境及び社会的影響についての公式の調査は実施されていない．クライアントであるラオス政府が国民による監視を望まないため，世銀は，科学的な注視と探求の論理を容認可能な開発の実践へと転嫁することにより，この監視を意図的に回避している．

　当然ながら，世界の木材産業における汚職や流血の国家主義的プロジェクトは今に始まったことではなく，世銀がその借入人と共謀するのははじめてのことではない．重要な点は，高度に政治化した知識生産プロセスの

制度的な影響である．投資を正当化するために実施された科学的な調査結果に基づき，融資と贈与の資金は，借入国の開発問題へと割り当てられる．世銀とそのパートナーが，社会，環境に重大な影響を与える国家主義的プロジェクトには意図的に目をつぶり，特定の国々のデータを作り出す事は，開発特有のイデオロギーを正当化するための科学的プロトコルを創り出しているのである．

ラオスでは，二国間及び多国間機関の資金により，一般に認められ広く使われている科学的プロトコル，一連の具体的な慣行が行われる．世銀及びそのパートナーの雇用慣行，業務指示書，プロジェクトの複雑さ，制度的な規範，そして，国特有の課題は，この科学的プロトコルの形成に貢献してきた．途方もない時間と空間の制約を伴う迅速農村調査（RRA）手法，そして，違法または不合理な知識の形態と見なされるものを抑圧し，削除し，徹底的に退けるメカニズムは，このプロトコルの本質を示している．ぶ厚い報告書，新たな分野，データセット，新たなアクター，責任，容認される行為形態等，印象的なものが生み出されている．

現場でのこれらの慣行から何が起こっているのか？　これらの制度的制約の中で，何が，自然，社会，環境科学の知識と見なされるのか？　この知識は，どのように，新しいラオスにおける，新たな制度や社会問題に反映されるのか？

グリーン・ネオリベラリズムの主観性

環境科学及び環境的に持続可能な開発という特有のアプローチを普及させるために，北側（先進国）の援助機関や金融機関は，借入国の「キャパシティー・ビルディング」への投資を行ってきた．これらの資金提供者は，新たな研究機関，研修センターをつくり，国家的な科学・政策アジェンダを生み出すための，支援を行ってきた．このように，環境に配慮した開発の知識は，専門化のプロセス，権威をもった力，専門分野のメカニズムと絡み合っている．借入国の政府機関や制度を再編成し，「近代化する」ため，

第4章 あたらしい学問の誕生　　　　　　　　　　　　　　　　　　161

GDP に匹敵するような膨大な資金が，これらの国々に流れている．物議を醸し，不確実で，暫定的な知識生産のプロセスは，現地において，制度化され，標準化され，拡大し，確かなものになっている．そして現地では，新たな形の知識と権力が流通するのである．

　毎年，50 もの二国間及び多国間の援助機関・金融機関が，ラオスに対する資金援助を行っている[28]．ビエンチャンでなくジュネーブで開催されたドナー会合（ラオス人民民主共和国のための円卓会議）において，1997〜2000年のラオスへの直接資金援助として，12億ドルがプレッジ[v]された（ラオス人民民主共和国 1997; UNDP 1997）．1994年において，ラオスの国内歳入の半分が海外からの贈与によるものであり，公共投資プログラムの80%が海外からの援助によるものである（ラオス人民民主共和国1997; UNDP 1997）．つまり，ほぼ全ての公共事業，これらの大規模資本投資に関係する国の全ての機関が，外資により資金手当てされている[29]．実際，この資金の多くは，国の機関の改革，ラオスの知的階層を訓練するために雇用された海外のコンサルタントや企業へ支払われる．借入国からの純資本流出は，国際金融機関及び二国間援助機関からの資本流入よりしばしば大きいが（World Bank 1999, 2002），高速道路，送電線，教養のある知的階層，権力／知識の言説及びその形といった，人工物はその国に残る．これらの人工物は，ラオスを多国間の社会的ネットワークにつなげ，ラオスの経験から出現したより効果的な開発アプローチを他国へも波及させ，潜在的な海外投資家とのつながりを持たせるのに役立っている．

　国際開発金融機関と先進国の政府機関は，経済が停滞し，重債務社会主義国であるラオスを，海外の政府機関，金融機関，規制制度，企業に対応できるような国へと再編する試みをしてきた．多国籍の債権者に広く行き渡っているイデオロギーであるグリーン・ネオリベラリズムを反映すべく，ラオスの土地及び天然資源利用についての法律制度は，ここ数年間で，見直しがなされた．世銀，二国間援助機関，NGO によって雇用されたコ

---

v　援助供与側が相手国政府に対し，具体的金額をもって援助供与の用意がある旨の表明を行うこと．日本の援助の場合，「事前通報」という言葉が使われることが多い．

ンサルタントにより，多くの法律が作成された．例えば，ラオスの新環境保護法は UNDP のコンサルタントにより作成され，IUCN の米国人法律家は重要な森林法を作成し，先進国の法律家は20の国立生物多様性・環境保全地域の設立のための規定を作成した．国の内部構造への外国からの干渉に対して不満を持つラオス政府当局者は，これらの法令作成を遅らせたが，先進国の専門家により生み出された，ラオスの自然と社会についての新たな現実の認識に，新たな支配体制は明確に反映されている．

森林局だけで，持続可能な森林伐採，植林，森林保全を促進する，50以上の外国資金援助によるプロジェクトを抱えている．森林・農業省，水力発電局，ラオスの天然資源を監督する大部分の政府機関は，先進国の機関及びそのコンサルタントにより，ほぼ完全に資金援助され，その職員がトレーニングを受けている．国立大学，森林研修所・センター，国立中央環境機関の資金は，全て海外援助によるものである．

資源利用の新たな法律，新たな生態地域，森林利用の権利についての新たな規定を作成する過程で，新たな用語がラオスに導入された．「保全」，「生物多様性[vi]」，「持続可能な森林伐採」，「環境的に持続可能な開発」，「環境経済学[vii]」といった用語は，国際機関及び専門家の間での話し合いの中から生まれた用語である．ラオスにおいて生物多様性と見なされるものは，ラオス国民でないアクターにより規定されている．先進国の専門家によれば，「生物多様性」の概念そのものが，外来のコンセプトであると考えられている．1990年代の半ばに，野生生物保護協会 (Wildlife Conservation Society: WCS) と IUCN がラオスにおける環境の現況につき説明を行った際に，

[vi] 種の絶滅に対する世界的な関心の高まりとともに，従来のように原生の自然や学術的に貴重な種を保護するだけではなく，多様な生態系を含む生物多様性を保護すべきであるとの考えが強くなってきた．この考えは，1992年5月にナイロビで採択され，6月の地球サミット（リオデジャネイロで開催）で，日本を含む157ヵ国が署名をした「生物多様性条約」に明確に示されている．この条約では，生物多様性は，「すべての生物の間の変異性をいうものとし，種内の多様性，種間の多様性及び生態系の多様性を含む」と定義されている．これに基づき，一般に生物多様性とは，遺伝子の多様性，種・個体群の多様性，生物群集・生態系の多様性を意味するものと解されている．（環境経済・政策学会編，佐和隆光監修『環境経済・政策学の基礎知識』 有斐閣ブックス，2006年）

第 4 章　あたらしい学問の誕生

環境保全が実施されていない事実を曖昧に述べた．実際，ある報告書では，環境保全という言葉がラオ語には存在しないことが，述べられていた (IUCN 1993)[30]．ラオスの専門家がメコン川の種を正確に識別できるように，先進国政府機関は，これらの専門家の研修（しばしば海外研修も実施された）に資金を提供した．再教育を受けたこれらの専門家は，大規模資本集約型開発プロジェクトからの資金に依存する国及び民間の機関において，多面的な環境保全プロジェクトの管理に従事している．皮肉にも，IUCN，WCS，WWF（世界自然保護基金），世銀，GEF（地球環境ファシリティ）[viii] の野生生物専門家の指導を行ったのは，訓練を受けていない森林の居住者であった．彼らは，ラオスの森林を通して，全地球的に絶滅の恐れのある種——希少なトラ，象，インドキョン，ホエジカ，テナガザル，ラングール，イボイノシシ——のすばらしい世界を専門家たちに見せた．好奇心の強い専門家が，特殊なカワウソ，白い羽のアヒル，アジアコイ等の何百もの多様な魚種を見ることができるように，彼らは，専門家たちを，アクセスが困難である川へと案内した．

　人間集団が環境から科学的に分離され，焼畑耕作者，密猟者，不法伐採者，破綻した稲作農業者として分類され，新たな規則が狩猟，漁獲，半遊牧，焼畑耕作，人が住んでいる広範囲の森林地帯の利用を禁じる場合，これらの変化は，認識に関わる駆け引きだけでなく，存在論的及び物質的な現実に影響を与える．メコン地域を切り分けるという，当局の新たな生態

---

vii　環境問題は様々な形で起こる環境破壊というフィジカルな現状を通じて現れる社会現象である．20世紀は人類が環境破壊を重ねてきた世紀である．経済学が解決すべき課題として従来取り組んできたのは，貧困，不平等，不況であった．環境問題が生じたことにより，これらの貧困や不況に対する方策を考える際にしても，地球環境や資源の制約や限界に関する事実や認識を踏まえた経済学的検討が不可欠となったのである．環境経済学は，こうした環境破壊を引き起こす人間社会の経済的な要因やメカニズムを解明し，その制御のための理論と政策を提示することを課題としている．（植田和弘著『環境経済学』岩波書店，1996年）

viii　開発途上国の地球環境保全を支援するために，贈与または低利融資で途上国に資金を供与する多国間援助の仕組みで，1991年3月に発足した．世銀，UNEP，UNDP の3機関により共同運営され，地球温暖化の防止，生物多様性の保全，国際水域汚染の防止，オゾン層の保護の4分野を対象としている（国際開発ジャーナル社『国際協力用語集（第3版）』2004年）．

ゾーン管理の論理は，十分な量の輸出用高価値広葉樹材，水力発電ダムのために人口が少なくなった流域，製薬会社及びエコツーリストのための生物多様性の保全を確保することを意図している．

このように，森林に住む少数民族をラオス化する（例えば，平原に強制的に再定住させる）ための国家主義的なプロジェクトは，環境的に持続可能な国際プロジェクトにより，その性質が変えられた．つまり少数民族を強制的に森林から追い出し，彼らをその社会の開発において，積極的なアクターにさせるという方法がとられた．環境に配慮した開発プロセスに組み入れられた60以上の少数民族コミュニティにとって，影響は多大であり，場合によっては破壊的となることは確かである．これらの慣行は，ラオスの知識階級の中に国際的な環境専門家が生み出した新たな知識をもたらすだけでなく，抑圧された森林居住者の主観を再形成する．このプロジェクトが完了するまでに，大部分の森林居住者は，抑圧，森林からの追放という形で，「持続可能な開発」を経験することになる．

確かに，ラオス政府官僚は，プロジェクトへの要望という猛攻撃と先進国のアクターの帝国主義的性質に驚かされ，ラオス与党内では，外国の機関にどれくらいの権限を譲渡すべきかという議論が行われている．あるケースでは，先進国の専門家が，政策において貧困の概念を使うことをラオス政府に対して要求したため，国家計画局は，ラオスにおける「貧困観念」の起源につき，批判的な論文を書いた（ラオス政府 1997）．ビエンチャンにいた世銀のリエゾンオフィサーは，ラオス政府幹部が大丈夫であると公に言わない限りラオスでは何も変わらないと私に説明をした[31]．彼女の説明によれば，最近の第6回議会において初めて，ラオスの当局者は，「貧困」という用語を使い，更に，法至上主義的な世銀スタイルにとっては重要な概念である「環境」や「地域統合」という用語もここで使った．「この議会以降，我々はこれらの課題を公式に進めることが可能となった」と彼女は指摘した．「事実，彼らは，世銀の報告書から，そのままの言い回しを持ち込んだ」と彼女はつけ加えた．

第4章 あたらしい学問の誕生　　　　　　　　　　　　　　　165

結　論

　先進国と発展途上国のいびつな関係，そして世界的に広がる資本主義制度という社会的背景の中で，世銀は，途上国の開発援助の名のもと，専門知を戦略的に使い，権力を行使してきた．しかし同時に，世銀は高まる反世銀の機運そしてオルタナティブな開発を求める社会運動の渦中にある．本章では，知識生産における世銀の最近の取り組みと，そうした取り組みがどのようにして国境を越えてひろがり，権力を得たのかを描写した．このようないわば世銀の言説戦略を洞察するためには，専門的知識がどのように構築され，再生産され，広がったかに注目することが重要である．

　反対派からの攻撃を克服し，投資家の信頼を回復し，維持する試みの中で，世銀は，千年紀の変わり目に，世界の「知識銀行」となることを自らに課した (World Bank 1998)．ある意味で，これは当然の帰結なのかもしれない．世界の辺境地，秘密主義的な政府へアクセスし，過剰な量の信頼性ある情報を生産するという能力において，世銀は類(たぐい)稀(まれ)なる能力を持つ．世銀に匹敵するような機関は他にない．知識は今や世銀の一番の財産であり，借入国及び貸出国において，戦略的な方法で，知識が生み出され活用されている．ラオスで見たように，国際的なアクター（今やラオスの少数の専門家階層も含む）は，情報を収集し，その実用性を決定し，特定の規範を現地化する（その後，グローバル化する）のに役立つような制度をつくりあげる．さらに付け加えれば，大規模資本投資と投資家の意向が情報収集プロセスに反映されることが，そうした投資家を動機付ける．知識生産の現地化プロセスが，どんなに異論が多く，不明確であろうとも，世銀というブランド，そして，それが生み出すデータは，妥当性があると認識され，広まる (Jasanoff 1997)．世銀のデータや報告書を権威あるものと見なし，行動の根拠として利用する多くの人々には，先進国及び発展途上国の，経済学専門家，企業のリーダー，政策立案者，記者，大学教授が含まれているという事実も忘れてはならない．

世銀は，環境に関する概念，データ，分析枠組み，政策の世界的な生産者であるとともに，よく知られている NGOs，科学機関，借入国，先進国の援助機関とチームを組んで，世界で最も強力な環境問題専門家となった．世銀のこの新たな役割は，一連の制度的影響を及ぼした．これは，「改革なくば死を」と世銀に求めた国境を越えた社会運動がきっかけとなり，世銀が環境保護の考えを取り入れたことを考えると，実に皮肉である．万策尽きて，世銀は，熱烈に，巧みに，資本を伴う対応をした．従って，世銀の環境知識生産の形は，急速にヘゲモニックになり，反対派からの敵意を取り除くとともに彼らを取り込み，影響力の範囲を拡大し，ネオリベラリズム・アジェンダを効果的に拡張してきたのである．

注
1) インタビューによる（ブリティッシュコロンビア州バンクーバー，1996年）．
2) 実際には，芳しくない結果を予測して，世銀理事会の可決前に，インド政府は世銀との融資契約をキャンセルにした．
3) 世銀本部（ワシントン D.C.）でのインタビュー（1995-98年）及び著者が参加した世銀職員向け研修セミナーによる．
4) 主な二国間ドナーである，ドイツ開発銀行 KfW（復興金融公社）は，アルン 3 を「ドイツ政府が実施したこれまでのプロジェクトの中で，最も熟考された開発プロジェクトである」と評した．Usher 1996を参照．
5) 環境影響評価についての世銀職員向け研修セミナー（1996年4月）への参加による．
6) ワシントン D.C.（1995-96年）及びラオスのビエンチャン（1998年）でのインタビューによる．
7) コンサルタントの雇用に責任を持つのは公式には政府や民間投資会社かもしれないが，その全ての活動を監視するのは世銀担当職員であるということを留意することが大切である．ラオス水力発電事務所が，報告書を承認し，コンサルタントへの支払いをするが，コンサルタントを見つけてきて，業務指示書（TOR）を作成するのはこの事務所ではない．言い換えれば，たとえ個別の責任が他のアクターに分散されていても，プロセスの全ては世銀により管理されている．
8) これらのエンジニアリング会社のいくつかは実際には工事施工業者の子会社であるか，これらの施工業者と長期にわたって一緒に仕事をしている会社である．
9) 「フィージビリティー調査」という言葉は通常，プロジェクトの経済・環境面でのフィージビリティー，潜在的な社会・環境面でのインパクト，そのプロジェ

第4章 あたらしい学問の誕生

クトの代替案との比較を査定する種々の調査を意味する．

10) トランスフィールド社は，2001年の始めに，ナムトゥン 2 の株式をシカゴが拠点の会社に売却したが，メコンにおける発電事業に対して，なお多くの投資を行っている．

11) 米国がホー・チ・ミン・ルートに沿って最大の爆撃作戦をかつて行った遠隔の密林地域に，これらの軍用ヘリコプターは着陸した．人類学者たちは，ヘリコプターの存在が引き起こす恐れと沈黙を打開するための時間を更に要求した．

12) インタビューによる（ビエンチャン，1998年）．

13) メコン川の研究で高い評価を得ている米国の魚類生物学者とのインタビューによる（2001年5月）．

14) 数週間後，国際河川ネットワーク（IRN）でメコンキャンペーンを行う活動家は，ADB の担当理事（director）へ辛辣なレターを書き，報告書の公開を要求し，報告書は明瞭な提言をしていないという ADB の主張に反論した．実際，国際河川ネットワークは既に報告書を入手しており，その内容についての ADB の解釈に異議申し立てをするのは容易であった．本文での引用は，雇用された科学者や国際河川ネットワークに対する ADB の回答に由来する．「環境圧力団体」から情報を隠すために，報告書は発表されなかったと，科学者はラオス側の役人に言われた．

15) この観察は，世銀の調査を行っているコンサルタントとの数々の会話，公開報告書，報道に基づく．

16) ヒル（Mark Hill and Susan Hill）によるナムトゥン 2 の漁業に係る最初の重要な調査（1994年）は，「この評価やメコン川の漁業に係る他の調査の主な問題は，データと情報の不足である．信頼のおける環境データベースがないため，提案された開発プロジェクトは，安全な設計がなされず，適切な緩和措置がなされていない」と主張した．報告書の著者は，データに基づかない推測には危険性があるため，この段階で推測を下すことに対して，明らかな警告を行った．「これらの決定をするにあたり依拠する知識は実際のところない」．このような説得力のある結論と，開発の決定前には複数年に亘る複数箇所での調査を行うべきという要求にもかかわらず，これらの言葉は聞き入れられなかった（Hill 1995）．更に，参考資料から極めて重要な調査において，これらの結論と警告は欠落している．つまり，世銀とそのパートナーは，極秘及び公開の報告書の双方の中で，結論について様々なひねった解釈を行った．

17) 私信による（2000年7月）．Roberts 1999参照．

18) ダムの環境影響評価とは別に，ロバーツと同僚は，魚及びその他の川の動物相について，新たな及び今後希少となる種を，系統的に識別した．Roberts and Baird 1995, Roberts 1995参照．

19) 彼は，自らの処遇に神経質になるのも当然であると，その任務が極めて複雑であることを説明した．「これは，死ぬ前に一度大きな移動をする，アメリカの川におけるサーモンの移動についての調査とは異なる．熱帯地域では，摂食のための移動であり，その地域が干上がると魚は移動をする．しかし，これは大

きな魚だけではなく，生態系全体が荷物をまとめ，大きな魚と共に移動をする．生態系がどのようにまとまっているかについてのデータは全くない」（インタビューによる（2000年7月））．
20) 私信による（2000年7月）．
21) インタビューによる（ビエンチャン，1998年1月）．
22) IUCNは，多くの高額の保護－開発プロジェクトにつき，各地で世銀との交渉を行ってきた．
23) 最近，先進国の自然保護科学者により発見された，雄牛，鹿，豚，カエルの希少種は，ラオスにおける，野生生物保護地域，大型動物類の移動回廊，生物多様性公園の国際的管理についての合意を強固にさせるために，必要な証拠として使われている．
24) 関心を集めた科学的な検閲のケースとして，チリのパングー（Pangue）プロジェクトに対する世銀総裁の独立調査がある．ペウェンチェ先住民族が，世銀国際金融公社（International Finance Corporation）は，開発地域における先住民族の扱いに係る自身の方針に違反していると主張したことにより，本独立評価調査の実施が後押しされた．2つの委員会が委任され，それらの委員会による報告書は即座に検閲を受けた．人類学者のテオドール・ダウニング（Theodore Downing）のウェブサイト（http://www.ted-downing.com/），国際河川ネットワークのウェブサイト（www.irn.org），世銀国際金融公社のウェブサイト（www.ifc.org/pressroom/Archive/1997/HAIR-E.htm）を参照．しかし，関心を集めたこれらの異例の状況が，検閲，弾圧，生成の日常的な形態が当たり前である科学的プロトコル全体の上に成り立っているということを，著者は本章で主張しようと試みた．
25) インタビューによる（1997年）．現在，彼は，プノンペンにある，資金提供者主導の調査・政策組織である，メコン川委員会（Mekong River Commission）の委員である．
26) 大げさに宣伝された参加の側面を含む，このプロジェクトの異なる見解については，世銀ダム委員会（2000年），報告書のウェブサイト（www.damsreport.org），国際河川ネットワークのウェブサイト（www.irn.org），世銀ウェブサイト（www.worldbank.org）を参照．
27) Franklin 1997及び著者の協議に出席していた人々へのインタビューによる．
28) これらの機関は，ADBから，スウェーデン国際開発庁（SIDA）等の二国間援助機関，CARE等のNGOに亘る．
29) 他でも著者が言及しているように，財政的，政治的圧力は，外国資本投資を促進するための海外向けの国有部門（森林，鉱業，天然資源等）と，少しの注目しか浴びていない国内向けの国有部門（保健，教育，福祉等）を作り出す等，借入国の階層化プロセスを助長している．
30) 1990年代初めまでに，大規模な国際保護グループは，大型動物類及び生物多様性を「救う」唯一の方法は，大規模ダムプロジェクトを支援し，収入のある一定部分を欧米流の保護に確かに割り当てることを世銀と合意し，そのダンプ

ロジェクトに対するスタンスを変更した．ラオスやカメルーンでは，これらの保護グループは，資本集約型プロジェクト（カメルーンの熱帯林を横断する主要石油パイプライン等）からの収入の割当に対して交渉を行ってきた．この割当は，同保護グループのスタッフ等，客観的で公正な多国籍エリートにより管理される海外口座に入り，保護への取り組みに使われることになる．

31) インタビューによる（ビエンチャン，1998年1月）．

Chapter 5
エコ統治性と環境国家の形成

> 隔絶された山岳地にあるラオスは，近隣諸国，とりわけタイに売電するダムの建設に，開発への最後の望みをかけることにした．
> ——「ラオスにおけるダム開発」，リベラシオン（フランス），2001年

ある著名な環境団体が世銀のために用意したラオス人民民主共和国の手書きの地図には，首都，町，村の境界がない．地図上に書かれているのは，WB, SIDA, WCS, IUCN のようなイニシャルを含む丸，横長，あるいは腎臓のような形をした記号である．これらの黒い模様が自然保全のためのゾーニングを意味し，ラオスの領土の約5分の1を占めること，また，それらのシンボルが世銀（World Bank），スウェーデン国際開発庁（Swedish International Development Cooperation Agency），野生生物保護協会（Wildlife Conservation Society），国際自然保護連合（International Union for Conservation of Nature and Natural Resources）の略称であることは，環境的に持続可能な開発の名の下に，領土を分類し，植民地化し，多国籍化するための新たな取り組みに関するある重要な政治的物語を伝えている．

社会運動批評家の批判をかわし，グリーン・ネオリベラリズムの体制を確立するため，世銀は，多種多様なアクターと組織との連携を図る必要が

あった．最近の開発計画において，世銀は，国際的に活躍する大きな環境団体とともに，環境，自然資源，財務に関連する省の取り込みを開始した．活動家や学者が，世銀は生態学的・社会的な破壊者であるという反世銀の主張をする一方で，世銀はその活動をこつこつと緑化し，ローン・ポートフォリオの中ではより多くの生態系と住民に関わり，より多くの民間や公共部門からのパートナーと活動を共にした．

この現象を説明するため，本章では，メコン地域における世銀の活動をより詳細に取り上げる．今後20年間にわたり，その多国籍銀行とラオス政府は，メコン川に数十もの水力発電用ダムの建設を計画しており，これはラオスを東南アジアのテネシー峡谷開発公社に変えようとするものである[1]．しかし，50年前のプロジェクトとは異なり，メコン川のダムシステムの計画は，保全，保護，持続可能性という新たな概念と手段を導入している．このプロジェクトの名の下に，世銀の法律家から国際的な自然保護学者に至る多様なアクターが，国家の財産権に関する法の改訂，国家機関の再編，新たなグローバルな規範に立脚した地域のあり方の再定義を委任されている．このような取り組みの中で，世銀は，国家権力，政府機関，統治の形を変化させた．国境の内部で，しかも世界システムの中で，新たな国家権力を生み出すことにより，世銀の活動は途上国において環境国家を生み出している．ただし，環境近代化論[i]が示唆している方法ではなく，環境的な持続可能性という西側諸国の合理性に動機づけられたやり方を通してである（Frank 2000; Mol and Sonnenfeld 2000; Schofer et al. 2000; Spaargaren and Mol 1992）．しかしそうしたやり方は，世界規模で起こっている変化あるいは途上国と先進国の関係性というマクロな視点を欠いている．今日，世界に遍くみられる環境国家は，外資に多大な影響を受け，この資本が，途上国の合法性とエコ合理性というロジックを形作っているのである．グリーン・ネオリベラリズムの圧力により，途上国国家，国家のアクター，国家権力は，断片化し，階層化し，不均一に多国籍化した．これは，単純

---

[i] 主として技術的アプローチによって，環境と経済・社会の統合（調和，両立）を目指す考え方．エコロジー的近代化とも呼ばれる．

第5章 エコ統治性と環境国家の形成

な近代化論では説明しがたい状態である．

こうした社会の変容は，ミシェル・フーコーが「統治の技法」(Dean 1994; Foucault 1991) と呼んだ概念，国家を現代社会における権力の場とみなす伝統的考えを疑問に付すための概念の修正を余儀なくさせる．フーコーは，多重かつ分散した「統治の形態とその国家における内在性」(Foucault 1991, p.91) を強調することを好み，権力の起源が国家にあるのでも，また国家においてのみあるのでもないことを認識していた．本書が特に強調したいのは，国家と国家権力，それが具象化したものとしての国家アクター，金融，政策は，外からの圧力により変化を遂げる透過性の性質を持つという点である．ネオリベラリズムというパラダイムが普及するにつれ，国家の統治のあり方を考え直すべきだという考え方が広まる．このような一種の政治的強迫観念とも呼べる圧力は，国家を大きく成長させるために，統治の技法を改善することにあるのではなく，統治の責任は市民ひとりひとりが自分で引き受けること，そして経済原理に必要以上の特権を与えることという考え方を踏襲する．開発，人権，正義，環境的な持続可能性などといった開発のアジェンダは，市場と経済の育成を通して実現されるものであるという考え方である．本書では，経済成長というより大きな公共善として掲げられた目標を達成するために，国家と市民が自然環境を守ってゆくという考え方を，エコ統治性と呼ぶ．

フーコーやその他の研究者により，これまで統治性[ii]についてのさまざまな研究がなされてきたが，本書では，自然，場所（地理的な意味での），そしてそれらに意味，秩序，価値を付与する政治，認識の枠組みという視点から統治性について考えてみる (Braun 2000; Kuehls 1996; Moore 2001; Sivaramakrishnan 1997を参照)[2)]．世銀は，ネオリベラリズムに則り，自然ならびに自然資源に依存し生活する地域社会を，可視化し，数値化し，そして海外投資家が投資しやすいような状況を作った．そして開発プロジェクトを通して，ネオコロニアリズム（新植民地主義）の考え方を踏襲した領土の囲い

[ii] 権力論の視点から自由主義を再定義するためのフーコーの造語 (gouvernementalité) である．

込みと保全，そしてネオリベラルの理念に基づく市場価値と最適資源配分の概念を融合させたのである (Scott 1998)．フーコーの言う「統治の問題」に直面したとき，不均衡に多国籍化された国家および非国家アクターは，新たな文化的，科学的論理を導入することによってその問題を解決してきた．それにより，ネオリベラルな市場のイデオロギーに根をもつ環境保護という考え方が生まれ，商品化できる自然は価値があるとし自然環境の質の値踏みを行うようになった．メコン川の利権を外部の人間に与えることは正当であると認識されるようになったのは，こうした背景による．

ナカイ高原，ラオス

　ラオス中心部のビエンチャンとナカイ高原に挟まれた山岳道路は，植民地主義および帝国主義の力を感じさせる．そこでは，通貨，商人，軍隊，銀行，政治的・経済的圧力，ラオス社会空間をがらくただとする見方など，フランス，中国，ベトナム，アメリカの遺産が容易に見て取れる．これらの帝国主義の力は，現在も過去も活発である．少し離れたところから見ることによってのみ，世銀スタイルの開発は，帝国主義的社会関係の政治・文化・歴史の外側で生じた単なるテクノクラートの介入というフィクションであると主張することができる．多様な景観と人々は，多くの異なった物語を語っている．米軍が極秘かつ不法のラオス爆撃をやめてから30年後，ラオスの漁師は穏やかなトゥン川を山岳地帯の高地から下っている．その際，漁師が乗っているのは長い金属製の漁船であり，それはホーチミン・ルートの近くに B-52 爆撃機で落とされた砲弾から作られている．この砲弾製のボートが進んでいく傍らでは，国際資本，多国籍銀行，自然保護グループが忙しそうに地図や計画を作成し，生態学的に多様なナカイ高原や広大なメコン川流域の区域に誰を入れ，誰を出すかを決めている．しかし，こうしたグループの活動の名目は，もはや偉大なる帝国の強化，未開の文明化，共産主義の防波堤という名の下ではなく，環境的に持続可能な開発の名の下にある．

　私がラオスの知人とともに，次期の大規模ダムであるナムトゥン2ダム

第5章 エコ統治性と環境国家の形成

の現場に車で向かったとき，洞窟状になった爆弾跡のクレーター，焦土のパッチ，小さな釘だらけの金属ボールが，むき出しの木の根の裂け目にねじ込まれているのをみた．これらは，子供が棒でつついたときや農夫の鎌があたったときに爆発する「不発弾」あるいは「小型爆弾」である（30年後，これらの不発弾は，平均して1年間にほぼ毎日のペースでラオスの村を吹き飛ばした）．道路沿いに，あるいは村の中で，金属スクラップが農具，住宅資材，道標，囲いに使われているのを目にするが，そのスクラップは置き去りにされたか発射された米軍装備品からきている．一見して，多くの開発関係者が思うように，こうした景観は，地域住民によって，また土地利用や文化に関する特有の習慣によって形成された景観でないことは明らかである．それは，現代から隔絶されたか，あるいは伝統に埋没した景観や人々ではない．前世紀には最も暴力的で，世界を変えてしまうような現代のできごとがあったのである．

　ナムトゥン2ダムの工事現場に向かう途中で，最近完成したトゥン・ヒンブンダムを通り過ぎる．入口のところで作業者が芝生のロールを敷いており，ゴルフコースの緑色のように不自然に輝いているが，これは近々開催される高官の祝賀会の準備作業である．この森林に覆われたナカイ高原にある山の高所で，ビエンチャンにある数少ないラオスのNGOで働いているソウリー[3]が，この地域を以前訪れたときのことを回想してくれた．1980年代初頭，ソウリーはパテート・ラオ（ラオス愛国戦線）の巡業サーカスの手品師であった．彼と他のサーカスのメンバーは，かつて悪条件のジャングルを歩き，村まで歩いてテントを設営し，数日間サーカスを上演し，情報を交換するのに数ヵ月を費やした．「この山岳地帯の人々に国家とのつながりを与えるのは我々のみでした．実際，この村の住民にとって我々は国家でした」と彼は語った．そのとき彼は笑ったが，それは彼が当時とても若く，しかも彼と曲芸師の同僚は家（テント）を背負っているので，彼らが「国家」と間違えられることはありそうもないと思ったためであろう．十年前，そこに道路はなく，国家のインフラ，税の徴収，裁判所，校舎の何一つ整備されていなかった．警察署も，税務署も，診療所もない．

その代わり，ラオス政府は首都ビエンチャンと他の少数のラオスの都市にあり，そうした低地に下る際には困難な旅が伴った．

ソウリーは，サーカス団がいかにしてジャングルを歩き，村人に話しかけたか，また党（パテート・ラオ）が彼らにしようとしていることやできるであろうことをいかに話したかを説明した．しかし，彼らが村人の関心を引き親愛の情を得たのは，手品や曲芸を通してであった．私が訪ねた日には，きれいに舗装された道路をトラックが行き来していた（多くは東部の山道を横切るベトナムからである）．トラックには丸太が溢れており，それは生物多様性に富んだ高原，ナムトゥン2ダムによって水没することになっている高原からのものである．世銀がラオス政府とダム建設の提案同意書にサインしたとき，ラオス国家はその規模を拡大させ始めた．拡大の大半は，その国に外から来て，国家を通した金銭の貸与と使用を行う国際開発機関——高速道路を建設しようとする者，森林プロジェクトに資金を提供しようとする者，この水力発電プロジェクトの環境評価を実施しようとする者と争いをしている機関——によるものである．

この急速な変化は，いかにして理解できるであろうか．ジェームズ・ファーガソン（James Ferguson）は，南部アフリカのレソト王国の開発に関する研究の中で，大規模開発プロジェクトはしばしば最も基礎的な目的の達成に失敗すると記している．にもかかわらず，これらの失敗は，現場では，制度の変容をもたらしている．レソトでは，世銀融資による農業・家畜大規模プロジェクトが，官僚主義的権力，および非政治化された貧困，国家，開発というイデオロギー装置により，レソトという国家を強化した（Ferguson 1990, p.256）．ファーガソンが示しているように，この世銀プロジェクトは，その明示された目的，すなわち農業生産高の増大と小規模生産者の所得向上という目的の達成には失敗したにもかかわらず，国家はもう一つ別の区域に足がかりを得て，その権力を更に拡大したのである．

ファーガソンの洞察に満ちた研究から約20年が経ち，今日，世銀の介入は，国家の役割を増大させるだけでなく，異なったタイプの国家の形成を促している．ラオス人民民主共和国および世界中の多くの場所で，世銀は，

第5章　エコ統治性と環境国家の形成　　　　　　　　　　　　　　　177

環境国家の形成を扇動してきている．そこでは行政単位や行政機関が単に追加されているのではなく，国家のある領域は，大規模資本プロジェクトを支持するために資本化および多国籍化に伴う権限が与えられ，対照的に，他の領域は全く軽んじられているのである．国際開発コミュニティから，海外援助の価値がある商品化可能な資源として2つだけ——水力電力と木材——があると思われている国においては，その国家はその2つの産業において国際競争力のあるプレイヤーとなるよう激しい圧力を受けている．すべての帆は北風に向けられているのである．もはや，政治権力が社会主義者であるか，共産主義者であるか，（ミャンマーのように）悪質な軍国主義者であるか，自由民主主義者であるかは問題ではない．資本にアクセスするためには，借入国はこれらの上位権威の規則に従わなければならない．

　新たな環境国家が形成される際には，主要機関は再編される．この過程は，アメリカ，日本，イギリスからの専門家によって支援され，多国籍開発銀行とヨーロッパの援助機関によって融資される．最も活気のある事務所は，大規模開発融資（メコン川に建設されているダムへの融資等）と直接関係があるか，または国際的な規約，規則，分類体系，大規模プロジェクト実施予定地の住民の新たな対応法を，早急にその国に導入しようとしている事務所である．

　世銀は，環境国家の建設において，世界的な第一人者となった．この世銀の成功は，予算が主として開発融資の支払と管理に使われる借入国機関の仕事に反映されている．国の役人やコンサルタントが漁場，森林，農地，上水，農村生産者に付ける価値は，多国籍金融機関，国庫，海外投資家，地域社会にとって大いに重要であり，これらの関係者が将来利用する権利はその価値の決定に依存している．国家機関をより環境保護主義的かつネオリベラルにするため，世銀はその国の自然資産を二重の意味で説明可能にしようとする．第1は，計算上，したがって地域的にも国際的にも可視化することであり，第2は，新たな制度的監視および資源の採取権の付与とともに，新たな環境的，経済的，文化的規範と責任に関連することであ

る．端的に言えば，ラオスで権力を得る国家にとって，それはダム建設か無かである．プロジェクトと関わることによって成功しようとしている国家のエリート層らにとっては，そのような厳しい問題ではないが．しかしながら，こうしたダム建設への介入は権力のダイナミクスを作動させ，長期的には破滅的な結果をもたらす可能性がある．

ラオスを緑化する

多国籍の開発の専門家たちは，ラオスは東南アジアの将来の戴冠用宝玉であり，バンコクのようなメコン川流域の工業化が進んだ地域に豊富なエネルギー資源とサービスを提供できると吹聴している（Traisawasdichai 1997; Usher 1996a; Usher 1996b）．ラオス政府，世銀，アジア開発銀行，海外投資家の私的なコンソーシアムは，アンナン山脈やメコン川の主要な支流に水力発電ダムを建設することに熱心であった．1950年代と60年代において，数人の米国大統領が連続してダム建設を推進したが，これはその地域の共産主義権力を強奪する手段としてであり，建設契約が儲かることと資本主義の発展を示すためであった．メコン川委員会のような多国籍機関が冷戦時代に設立され，この地域の問題に対するテクノクラートの解決策である工学的青写真が数多く生産された．ただし，これらの計画は聴衆の関心を引かなかった．

しかし，今やその青写真の埃は払われた．続く20年間に世銀等は，新たに「大メコン亜区」とされた地域において投資を刺激したいと考えている．これには，何十もの水力発電ダムの建設のため，ラオス，カンボジア，ベトナム，ミャンマー（かつてのビルマ），タイ，中国における数百万人もの山岳住民の移住が伴う（Asian Development Bank 2003; International Rivers Network 2003)[4]．こうした計画が実行されれば，この近隣6ヵ国の山岳住民は，新たに灌漑施設が整備され，電化された平地での農工業の労働力となるとともに，エコ合理的な自然資源管理を行う新たな住民となるであろう．ADB局長の森田徳忠は次のように述べている．「山岳地帯の人口を減らし

第5章　エコ統治性と環境国家の形成　　　　　　　　　　　　　　　　　　179

メコン川流域における既存および計画中のダム．ミネ
ソタ大学地図作成研究室（2004）による地図を使用．

て，彼らに普通の生活を与える必要があるだろう．一ヵ所に住まなければ
ならないだろうが，それを再植民とは言わないでいただきたい．それは移
住である」("Relocation in Sight for Hill People" 1996)．森田によれば，6,000万
人がこれらの国々の山岳地帯に住んでおり，彼らは「国民経済から切り離
されているため」，ADBのターゲットにされている．ADBはこのプロジェ

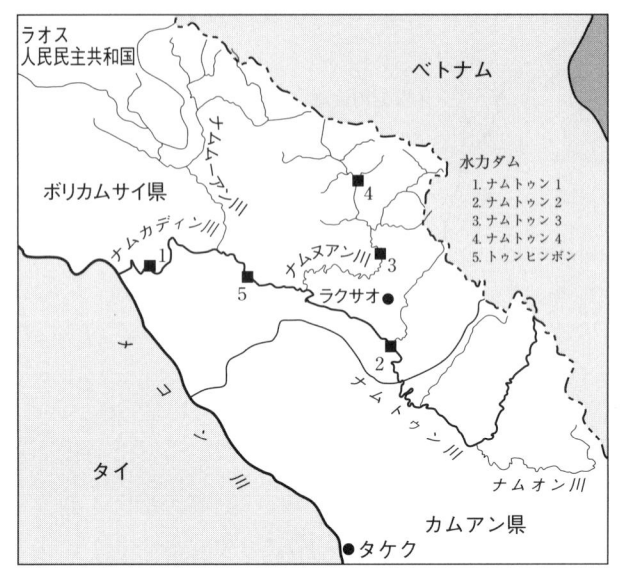

ラオス中央部メコン川幹線における既存および計画中のダム——ナムトゥン．ミネソタ大学地図作成研究室（2004）による地図を使用．

クトを環境プロジェクトに分類しているが，それはプロジェクトの目標が，焼畑農業，不法占拠，不法伐採，早急な再生産（繁殖）によって環境を破壊している山岳部族を発育させ森林破壊を食い止めることだからである．この計画では，科学者，政府当局，NGOに対して，ADBや世銀と一緒に，500億ドルの工学的プロジェクトに参加するよう呼びかけた（"Relocation in Sight for Hill People" 1996）．そのプロジェクトは，発電と地域的工業化に関する何兆ドルもの投資計画の開始として位置づけられるものである[5]．

この願望の連続体のほぼ中央に位置するのが，ナムトゥン2ダム・水力電力・森林プロジェクトであり，より大規模な多国間の計画のテストケースであると考えられている．ナムトゥン2ダムは，現在のところラオスで最も大きな投資プロジェクトであり，その費用は推計15億ドルである．この額は，ラオスのGDPより若干小さく，国家予算のほぼ4倍である（COL 1997; World Bank 1997, 1999, 2001a）．フランス，タイ，アメリカの投資家から

なる金融関係のコンソーシアム（ナムトゥン電力会社，NTPC）がプロジェクトを所有し運営する予定であるが，そのコンソーシアムは，タイへの買電によるラオス政府の年間収入は2億3,300万ドルにのぼるであろうと主張している．これはラオスの現在の輸出総額の43％に相当する（World Bank 2001b）．

　ダム建設を支持する研究は，ラオスの現在の経済状態（ラオスは世銀の定義による「重債務貧困国（HIPC）」に認定されている）を前提とすれば，貴重な生態系は大規模資本プロジェクトによって，より適切に保全されるであろうことを主張している．その理由は，国家収入を自然保護や持続可能な開発により多く使うことができるからである（International Advisory Group 1997; Scudder 1998; World Bank 1999）．早急に行動を起こさないことには，このグローバルな環境ホットスポット（生物多様性重要地域）は，過剰人口，狩猟，焼き畑農業，漁業，密漁，伐木の破壊的影響力によって劣化するであろう．ラオス開発を支援するために雇われたコンサルタントが私に説明したように，ラオスの将来にとって，他の選択肢はない[6]．

NGOの役割

　ナムトゥン2ダム，流域，貯水池のサイトは，世界で最も生物学的に多様な森林を抱いており，その中にはもの珍しい希少な動植物種が含まれている．国際環境団体に勤務しているある科学者は，もしも生態学的・社会的景観がトゥン川でのダム建設と流路変更，インフラ維持管理活動の流入によって変化するならば，地域の植物相と魚類の集団は（絶滅に向けて）深刻な危機に瀕するであろうと主張している．NGOとの契約で働いている人類学者は人間集団について同様の懸念を示しており，共同体と文化は，再定住化ならびにダム建設プロジェクトに引きつけられた他集団の流入によって，破壊されるであろうと予想している（Chamberlain 1997; Chamberlain 1995）．

　開発プロジェクトの潜在的影響に関する議論のすべての面において，国際NGOが果たす役割が増加しつつある．実際，民間資本と多国籍銀行で

は成しえなかったであろう過程を，NGO が推進したと私は主張したい．さらに，彼らの参加機会が増加したことは，国家と統治の技法に強力な影響を与えた．NGO は，将来の世銀の貸付と政策立案のロードマップの変更の手伝いをしており，今日では国家アクターと民間企業とともに中心的な役割を果たしている．本節では，私は NGO のダムへのスタンスを変化させた出来事に焦点を当て，そのことがラオスにおいて，また世銀の開発体制において，いかにして NGO を環境国家の基本的構成要素に引き上げたかを述べる．

　この開発過程を説明する主要な出来事の一つは，ナカイ高原とナムトゥン流域を，環境保護のためのグローバルな環境ホットスポットとして指定したことである．国際環境保護団体と世銀の地球環境ファシリティ（Global Environmental Facility; GEF）は，その地域を環境保護のグローバルなサイトとすることに精力的に取り組んだ．このサイトは，通常，グローバルな制度的サポートを誘発するものとして分類され，政府と民間部門が脆弱な環境を開発するのを制限している．しかし，1990年代の初めに，世銀のローン・マネージャーがナムトゥン2ダムに関心を示したとき，その彼が計画を続行することができるよう，GEF の職員はその分類を撤回するよう強制された[7]．

　数ヵ月間，世銀のあるローン・マネージャーは世界の自然保護コミュニティを人質にした．ラオスの国際 NGO コミュニティは，この問題を真剣にかつ不安に駆られながら議論した．数ヵ月後，ラオス政府がやってきて，ベトナムに拠点がある国際 NGO フォーラムがダムに関する議論を行うことを禁止し，口うるさい NGO スタッフを国から追放し，ラオス人の参加者には嫌がらせをすると脅した．その地域のダム以外の自然保護プロジェクトが危機に瀕していることを認識し，大規模な環境 NGO のディレクターは，フィールド科学者と協議の後，どのような形であれこの国に留まり主要アクターとともに自然保護のために働くことがよいと決断した．

　CARE，セイブ・ザ・チルドレン，オックスファム，ワールド・エデュケーション等の多くの開発 NGO も，この国に留まり，開発の仕事を継続

第5章 エコ統治性と環境国家の形成

し，たとえそれがダム建設の支持と受け取られようとも，論争には関わらないと決断した．その結果，メコン地域の開発がますますダム建設の色彩を強めるにつれ，そこでの多くの国際NGOの仕事は，ダム関連の介入という形を取り始めた．

彼らがその論争に加わらなかったのは，まったくプラグマティックな理由からである．すなわち，開発の強力な力がダムに代わる他の選択肢はないと主張し，NGOが支配的な開発の流れに身をゆだねる方が良いと感じたためである．それぞれのNGOは，ダムの最悪の影響を軽減するのに利用できる，個々の比較優位（たとえば，持続可能な森林管理，大型動物類の保護，村レベルでの再定住と訓練への支援）をもっていると信じていた．こうした開発NGOは，これまでも市民戦争，アメリカの破壊的外交政策，独裁主義政権の間は，常に自分で選択できない状況で仕事をしてきた．彼らにとって，これはもう一つの厳しい状況にすぎない．NGOの適応・妥協能力は，軍事政権や国際金融機関と一緒に，長年にわたって彼らを生き延びさせてきた．さらに，彼らの多くが世銀プロジェクトの下請けとして世銀と親密になり，傍観者として批判するよりは世銀の仕事を改善する方がよいと判断した．実際，自然保護，生物多様性，農家の訓練，慎重に仲介された再定住がプロジェクトの中心的要素となり，ラオスの国家アジェンダとなったのは，国際自然保護連合（IUCN），世界自然保護基金（WWF），野生生物保護協会（WCS），CARE，オックスファム等のNGOによるものである．

主要な環境団体の幹部が，ダム開発に肩入れすべきかどうか，グローバルホットスポットの指定を拒否すべきかどうかで悩んでいたとき，彼らはその決定を公開書簡の交換という形で公表した[8]．国際河川ネットワーク（International Rivers Network）の宣伝局長であるパトリック・マッカリー（Patrick McCully）への書簡の中で，IUCNの長官のデーヴィッド・マクダウェル（David McDowell）は，彼の立場を次のように説明した．

> 私は，世銀の悲しむべき過去の記録，失敗，欺瞞，人々や手続きの巧みな操作がずっと気になっていた．2年前にワシントンで開催された世銀の例年のジャンボ

リーでは，ダム建設に直接反対する演説を行った．また，ナムトゥン式典への参加についても留保を示してきた．しかし，ラオス提案と関わりを持つ中で，世銀がこの1年，ないし18ヵ月に示した前進に印象づけられた．……

POEレポート（たまたまIUCNの前幹部が共著者となっている専門家パネルのレポート）に，次のような表現があることに驚きはしないだろう．すなわち，世銀グループの見方では，ナムトゥン川流域における地球規模で重要な生物多様性ホットスポットは，民間部門のコンソーシアムが規制や監視のない状態で行うよりは，世銀のダム建設によってより確実に保全されるというものである．私は結論の主要部分に賛同する．私には，これから世銀はよりよくなるであろうと思われる．もちろんこれは，今後の歴史によって示されるであろう．したがって，ナムトゥンについて別の見方をすることを，同意いただけるのであれば，国際社会に開かれた別の行動をとることを勧めるものである（1997年8月25日）．

ニューヨークの野生生物保護協会（WCS）の立場についてのより複雑なプレゼンテーションにおいて，副総裁であり国際自然保護の指導者であるジョン・ロビンソン（John Robinson）博士は，以下の書簡をIRNに送っている．

WCSはナムトゥン2（NT2）ダムの建設に対して賛成も反対もしない．WCSは特定の考えを支持する自然保護団体ではない．我々は自然保護に関する研究機関であり，十分な専門的知識が得られた後にはじめて問題に対する見解を示す．……WCSは計画が生物多様性に与える影響に関する見解を示す立場にあり，この役割を果たす上で十分に慎重である．貴兄宛の1998年の7月2日付書簡からわかるように，アラン・ラビノヴィッツ（Alan Rabinowitz；メコン滞在のWCSの自然保護学者）は，NT2プロジェクトを支持しており，その理由はそれが生物多様性の保全に役立つというものである．彼はダム建設それ自身を支持してはいない．NT2プロジェクトの支持は，環境の保護と緩和が継続されるという条件つきである．国際河川ネットワークがとった擁護の立場からの支持とは，はっきりと区別されたい．ダム建設が生物多様性保全に与える結果の重要性ゆえ，我々はダムの支持者ではない．我々の見解は，プロジェクト全体は現時点では，生物多様性への影響がポジティブであるということのみである（1996年4月4日）．

当時，世銀はラオス政府と民間投資家がダムを建設するであろうと主張していた．残された疑問は，いわゆる国際開発コミュニティがその過程に参加して，影響を与えたいと思うかどうかである．「迅速な行動」への賛同者は，ラオスにおける環境破壊と貧困の問題を解決するにはかなりの介入が必要であること，大規模プロジェクトが環境——および貧困と開発——を管理する方法を変えるための最良の，おそらく唯一の手段であることを信じていた．こうした環境団体の幹部は，ダム建設は避けられないと考えるようになった．ラオス政府はあまりにも貧困であり，ホットスポットには関心がないため，ダムからの収益が「環境を守る」ための資金を調達する唯一の財源であり，NGOがプロジェクトと借入国に影響を与える最良の候補であった．これらのアクター間の交渉が始まったとき，ナムトゥン2ダムを緑化するという概念が，国家，国家と社会の関係，隣接諸国との関係を緑化するという概念へと拡張された．多くのダム建設が計画されていたため，NGOはメコン地域全体に大転換をもたらすための機は熟したと感じていた．

ダムに関する激しいディベートが収まったとき，IUCN，WWF，WCSのような大型動物類および生物多様性の保護論者は，ナムトゥン2ダムプロジェクトを立案し実行するため，ラオス政府，世銀，企業投資家と手を組んだ[9]．この連携の中には個人の反対者が含まれたが，正味の影響は，世銀のグリーン・ネオリベラリズムのアジェンダを前進させたことであった．

住民と生態系の状況の改善に関心のある人々をなだめると同時に，世銀は民間資本を新たな事業に巻き込むことにより関心があった．大規模固定資本投資は，投機的な資本の場合とは異なっている．それは，長期にわたって持続的な利益率を保証するため，安全で明白な財産権と最小の政治的リスクを必要とする．さらに，それを達成するには，ラオスおよび他の借入国に，国家およびその規制的，法的，政治的制度に関わる多くの根本的な変化が必要である．NGOコミュニティを連れてくるのは，世銀にとって数多くある仕事の一つである．重要なのは，世銀が「北」の投資家に「ハー

ドウェア」への投資を説得する前に、借入国に国家再構築という「ソフトウェア」への投資を説得しなければならなかったことである。

環境的・社会的により革新的なこの努力の成果は、世銀の介入がより包括的、権威主義的、専門的になったことである。一般的に、世銀は新たに誕生した専門家階層を、起業家や個人の責任に関するネオリベラルの理念を踏襲した言説に見事に従事させた。世銀はまた、森林、丘陵、河川に関する以前は重要でなかった地域社会を、可視化された、情報伝達ができる、責任のある住民に変化させるプロセスを開始した。要するに、世銀は増殖的な領域である人間活動——政府と主体の創造という活動——を扇動した。その活動は土地と住民が大規模な資本投資と整合的になるよう作用し、またこれらの投資は生物多様性、山岳住民、専門家階層を「改善する」新たな方法を含むよう変更されるのである。

新たな法、機関、プロジェクト

国家再編というお題目の下に、世銀介入の3つの類型——法律の書き換え（特に、自然資源、環境、所有権に関連する法律）、環境を規制する国家機関の再編（多くの省を含むよう広く定義される）、資金を拠出した大規模「グリーン」インフラ・プロジェクト——がある。3つの介入は錯綜した関係にある。固定資本インフラ（この場合には合弁の水力発電施設）の開発には、確実な所有権が確立される必要があり、所有権の確立は国家制度の再編を通してのみ可能である。環境プロジェクトはダム建設に向けた合法的手段である。すなわち、環境的に持続可能な開発への強い公約がなければ、世銀とその国の政府は、「旧態依然」とした世銀スタイルの開発を阻止するキャンペーンからの強力な抵抗に直面するであろう。実際、国境を越えた環境団体、ネットワーク、運動に対する世銀の事前の対応は、グローバル環境保護主義という新たな戦略であり、その有効性には程度の差はあるものの、それは世界中で制度化されている。

1975年以前に、フランスはラオスの立法、司法、行政のシステムを構

築した．それは，フランス帝国のために社会的規制，資源課税，強制労働力を最大限に活用するためである．権力を手中に収めると，社会主義者であるパテート・ラオはフランスのシステムを無効にし，すべての土地と資源は人民に属し，公益信託によって保持されるという一般宣言に置き換えた（Evans 1995）．1980年代後半までには，ソ連からの海外援助が枯渇し，対外債務が膨張したため，パテート・ラオは市場志向の経済改革を導入した．それは，債権者である世銀とアジア開発銀行からの圧力への反応であるとともに，またベトナムと中国で既に生じている劇的な転換への反応でもある．海外の財務アドバイザー，自然資源プランナー，法律家が，政治・経済面でのこうした変化を促進するため，まもなくビエンチャンに到着した．その後，首相府が，所有権および森林，水，土地をはじめとする自然資源利用に関するいくつもの法令を可決した．これらの法令の大半は，国際金融機関（IFI），ドナー委託金，国際NGOのために海外のコンサルタントによって書かれたものである．続いて，「北」による貸付，援助，海外直接投資が行われ，結果として，「北」の援助開発機関のために，ビエンチャンにおける事務所とスタッフが大規模化，恒常化した．これらの法的変化に伴い，ラオスでは制度的な再編も行われた．

1989年にはラオスで最初の全国森林会議が開催され，熱帯林アクションプラン（TFAP）が形成された．同プランは国連機関が起草し，また同機関によって資金が提供された．それは常套的な計画であり，他の借入国においてTFAPに反対する盛大なキャンペーンを先導した国際環境団体によって，あまりにも林業寄りであると批判された（Hirsch and Warren 1998; Lohmann 1990; Parnwell and Bryant 1996）．それにもかかわらず，ラオス政府と世銀は，ラオス人が居住する森林地帯での社会的・生態学的プロセスを記録するという大規模なキャンペーンを推し進めた．首相は，全国の監査が国際的支援の下で適切に実行されるまで，すべての伐採作業を禁止するよう公式に命じた（Decree No.67）．政府は，森林開拓を監視する国際開発機関とそれを中傷する人々の双方の要求を満たす十分な，信頼できるデータが不足していることを認めた．実際，政府は禁止する資格を欠いていた．

なぜならば，ラオス将官は，森林伐採を通して部隊に資金を供給しており，それによってナカイ高原の森林伐採は拡大したからである（Southavilay 2000; Tropical Rain forest Programme 2000; Walker 1996; Watershed 2000）．一方で，世銀は，生態学的資源の供給，生態系の力学，森林の利用パターンを記録する研究を委託した．1990年代初期以降，政府の専門家と多国籍のコンサルタントの人数は増加し，彼らはメコン川の評価と診断を迅速に行う技法とツールの考案や利用に明け暮れていた[10]．

これらの科学的研究が完了したとき，政府はその研究結果に基づくより多くの法令を通過させ，世銀の環境コンサルタントが作成した分類システムを導入した．1993年に制定された首相令第169号は，森林の分類システム——流域のための，また木材と非林産物の供給のための保護林(protection forests)，生物多様性および科学的・文化的価値の増進のための保全林 (conservation forests)，自給生産のみのための村落林 (village forests)，定住農業のための荒廃林 (degraded forests)——を作成した．3年後に国民議会はこの法令を森林法として承認し，それによって森林の国家コントロールを法制化した．この法は，地域における多くの慣習的利用を無効化するものである．法令第164号は，同年に通過し，約300万 ha（ラオスの全国土面積の7分の1，森林面積の4分の1）を保全林および保護林に追加した．この法令は，18（現在は拡張され20）の全国生物多様性保全地域（NBCA）の制定も行った．NBCA とは，世銀グローバル環境ファシリティと最大規模の国際自然保護 NGO によって推進された概念である．「北」によって資金が提供されたイニシアティブから発生したのは，土地関係に対する新たな分類システムと知識体制である．社会的に多様な，準遊牧民的な，可動的な，そして血族関係に基づいた生産の相互依存的な関係は，新たなフレームワークの中では「外側」であり，一方，生物多様性保全，持続可能な木材生産，流域管理は「内側」である[11]．

森林に関するこれらの法令と法律は，行政的，文化的境界を，合理化されたエコゾーンへと体系的に再構成する．それは，森林の，また森林を利用する異なった集団の新たな価値属性によって説明される．すべての利用

者集団——林業，準遊牧民的な森林利用者，田園詩人，自然保護者，医薬品生産者，グローバルなエネルギーおよびエコツーリズム産業——は，国有林の一部の権利を享受する．こうしたやり方は，熱帯林管理に関する国境を越えた環境科学によって，所有権と資源の利用ルールを明らかにしようとするものであり，生態学的資源とその受容力（つまり，劣化・回復率）に関して新たに集められたデータを，自然の財とサービスに関する多様な新市場——硬材，生物多様性の美学，電気——の需要と一致させる．

　新たな森林法は，森林に関する財政と税務を，州政府から中央政府に移行させ，新設の業務を農林省の下に集中させた．農林省は大量のドルの流入によって急成長し，新たな部局が毎年作られた．たいていの部局は，多国籍機関の融資を受けたプロジェクトとプログラムの実施機関となっている．地域資源と土地に関する権限を分権化するための森林プロジェクトに先駆的に取り組んでいる国連や二国間機関ですら，レント（超過利潤）を通して国家の中央権力の強化に寄与している．そのレントは，中央官僚が，州や地方の政府機関，村へと流れていくドルベースの援助資金に対し求めるものである．分権化というネオリベラリズムのアジェンダを支援するための資金が，中央国家権力の強化とともに，援助に関わる腐敗やレント・シーキングを制度化しているのである．

　1992年の土地法令と1997年の土地法は，土地市場と土地利用の新たな標準を確立するという複合効果をもたらした．パイロット村落における新たな土地所有権プロジェクトでは，土地台帳から情報をとり，慣習的所有権という分権的システムに代えて，国の認可による土地所有権を作成している．この土地所有権は，所有者に利用権，譲渡権，相続権を保障し，土地の売買が許容される．この新たな法によれば，3年以上の休閑地は国家によって所有権が主張され，どの土地も，利用者に補償を与えるという条件付きで，開発プロジェクトのために収用され得る．1997年の法が施行されたとき，土地の長期的生産力を維持するために8年から20年周期の輪作を行っていた畑作生産者が打撃を受けた．新たな基準と優先順位（例えば，3年間の休閑地）に従った場合，「荒廃」または「放置」となる土地利

用は，たとえその土地が長期の休閑の後に豊穣さを取り戻すにしても，没収され得る．

この新たな緑化法の特徴的な点は，世銀が促進した多国籍アクターのネットワーク形成における役割である．世銀の権威と影響力の証拠は，森林管理保全プログラム (FOMACOP) のための職員審査報告書という内部資料に明確に見て取れる．その資料の中では，プロジェクトの前提条件として，ラオス国会がある政策変化を法律としなければならない最終期限が実際に指定されている (World Bank 1994; World Bank 1993)[12]．制度改革と国家の再構築は，常に世銀融資と民間投資の前提条件であったが (George and Sabelli 1994; Kapur et al. 1997)，こうした環境と関わる前提条件に特徴的であるのは，包括的，専門的，ネオリベラルだということである．

大規模融資を拒否するという脅しは，国家が「ノー」と言うことを困難にする．そのような融資の撤回は，国家機能を徹底的に破壊するものである．他の重債務国と同様に，ラオス政府は，その予算を実行するため，外部の開発贈与（グラント），融資，資源に依存している．実際，1993–94年には，ラオス国内歳入の優に半分は外国からの贈与であり，公的投資プログラムの80パーセントは外国援助であり (Government of Lao PDR [GOL] 1998; UNDP 1997)，一人当たりの負債額 (500ドル) は，一人当たりの GDP (360ドル) を140ドル上回っていた．これらは，多くの「南」の国々に典型的な特徴である．

1999年までには，国会は多くの法律を通過させ，新たな国家権力と自然資源の規制メカニズムを実際に作り出した．最も重要なものが環境保護法である．国連開発計画 (UNDP) はこの法案の起草と議会の通過に協力し，スウェーデンの援助機関である SIDA とともに，発足間もない環境省の STEA に対する実質的な支援を提供した．「北」の援助と金融機関は，保護地域と野生生物の活動を監督する政府機関 (CPAWM) の設立を手助けし，農林省を強化した．農林省の予算の大部分が，これらの援助機関からの贈与と融資によるものである．産業省の水力発電部門の予算は，大規模ダム投資に直接関わる外国からの出資により，急激に増加した．

ラオスにおける環境計画の量と広がりは印象的である.森林局のみで50以上のプロジェクトを常に抱えており,それらはFOMACOPやNAWACOPのような英語の頭文字語,ならびにその出所と国籍を表す公式のタイトルで呼ばれている.1999年には,ラオス森林局は気づいてみると,ラオス・スウェーデン森林プログラム,ラオス・アジア開発銀行商用植林プロジェクト,ラオス・世銀・フィンランド森林管理保全プロジェクト,国連・FAOベンゾイン改善プロジェクト,低地ナム・グム流域JICA-FOR-CAPプロジェクトに関わっていた.世銀のFOMACOPや森林管理保全プログラムのような大規模プロジェクトのいくつかは,森林局の組織構造の主翼を担っている.さらに,外国のドナーや貸し手が,局の年間予算のほとんどすべてに資金を提供し,これらの予算は,多国籍プロジェクトの実施(および外国人スタッフへの高給の支払い),広大なラオス領に広がる森林の管理,森林訓練学校と訓練センターの支援,これらの新しいプロジェクトに必要とされるデータの収集と分析,前述した法律と法令の実施に回される(Department of Forestry 1997).

農林省や産業・手工業省のような機関は,外国からの流入資本の受取と管理にますます巻き込まれ,そのスタッフは国内レベルでの権力と影響力を相対的に増加させている,国際専門家階層に位置づけられるようにもなった.同時に外国資金のこの流入により,これらの機関が融資を受け,実施・管理する大規模投資プロジェクトに焦点が当てられ,国内での優先順位が変化している.ラオス政府が直ちに認めるように,1990年代後半のこの地域での通貨危機とそれに伴い世銀が要求した緊縮財務プログラムのため,保健,教育,公的サービスへの公的支出と,ますます多国籍化するエネルギー,森林,建設(これらの新たな開発アクターを収容するための),輸送の部門への支出との格差が開きつつある(Government of Lao PDR 1997).実際,国家総投資額の84%は後者の部門であった(UNDP 1997; World Bank 1997).要するに,ラオスは,今日の他の多くの国家と同様に,新たに資本化された部門を繁栄させるために社会的部門を犠牲にしなければならない.

ハイブリッドな国家主体の生成

　これらの改良された国家機関において，国家アクターの伝統的な業務は，いまや数々のハイブリッドな国家アクターへ分散されている．最も一般的なのは，ラオス公務員——新たな能力と規範を得るために再教育され，運がよければ特別の訓練プログラムを受けに外国へ派遣される特権階級である．第2のタイプは，「北」の（半遊牧民的）移住者が典型である．彼らは，ラオス国内でコンサルタントとして働いており，ラオス人カウンターパートに比べ強力な権力を行使している．第3のタイプは，既存の国家機関で業務を担当するが，明白な代表性や官僚的な制約がない，陰の組織の設立や職員の配置に携わる「北」の専門家である．古い体制における業務とアクターの両方が，逆説的にも資金不足の状態にあり，新たな体制における高価値で国際的な国家業務を行う上で設備も不十分であると判断される．

　ビエンチャンにある庁舎の際だった特徴は，鮮明な対比である．あるところは埃っぽく，暑く，のんびりとしており，他のところは空調があり，コンピュータが導入され，国際時計——典型的にはヨーロッパ時間——で運営されている．森林局のあるオフィスでは，例えば，フィンランド人のコンサルタントが，荒廃した庁舎におけるデザインが変更された最上階で，空調付きのオフィスのスライド式ガラスドアの背後で，ラオス人のアシスタントと働いている．彼らは，「自給的」森林部門を再組織化するのに忙しい[13]．そのフィンランド人と共に仕事をするラオス人コンサルタントは，ゴールドラッシュ以前のスタイルの1階で穏やかに働いている．

　高度に専門化された技術的訓練を彼らに受けさせるため，世銀とラオス政府は公務員を外国でのワークショップと会議に，また世銀研究所が企画した環境の評価と管理に関する短期コースに派遣している．こうした国際旅行は，いまだ国連，ASEAN，他の集団から定期的に招待される国際会議へ高官を送る参加費や旅費の支払いができない国への出発である．実際，ラオスの人的資本を形成するこのプロセスは，次のように単に時間がかか

るという以上の意味がある．多くの公務員には，「北」のカウンターパートが稼ぐ額（月3,000〜5,000ドル）の少量の一部（月20ドル）が支払われる．ラオスの重要な環境機関STEAの科学者は，次のように私に話した．彼らはしばしば，外国のコンサルタントやスタッフから二流の市民として扱われ，科学者としてよりは翻訳者としてみなされ，コンサルタントが田園地方をすばやく通り過ぎる際や英文レポートの証拠となるコンピュータ・データベースを作成する際のアシスタントをしている．

STEAの事務官は，予算は大幅に増加したものの，「北」の機関からの資金は直接「北」の科学者，コンサルタント，ラオスと自国を行き来する土建会社のエンジニアに集められていると説明した．ある高官が次のように状況を説明した．「問題は我々のすべてのアジェンダと予算がプロジェクト主導であることだ．われわれはナムトゥン2ダムに予算が付いた場合にのみ，環境機関としての仕事に取り組むことができる．一方で，資金提供者は我々から相当のものを要求する．たとえ多くの外貨が我々の機関に入ってきたとしても，そのたいていの部分は外国人のコンサルタントへの支払いに使われる[14]」．

環境に関する新たな法律と規則の起草に加え，こうした巡業ハイブリッド・アクターは，概念を多国籍化（つまり，グリーン・ネオリベラルプログラム）へと導く上で決定的に重要な役割を果たす．彼らはまた，環境に関するデータを構築するために支払いを受けており，そのデータなしにはSTEA（および世銀の融資と担保のパッケージ）は前に進むことができない．要約すれば，こうした外国の「国家」アクターが，ラオスの新たな法律と規則の委任統治をデザインし，実行しているのである．

世銀の資金拠出と主導権のもとで，ラオスを大規模資本投資に準備させるため，フィンランド，スウェーデン，ドイツ政府の援助機関は，例えば，森林局の事実上の主な部門を掌握し，徹底的にそれらを再編成した．「北」の各援助機関の予算には，ラオス公務員向けの，環境のテクノクラシーとマネジメント，および英語に関するトレーニングが含まれている．ラオスの公的投資資金の大部分が，スイスのジュネーブの会合での投票で決定さ

れ，配分されているという事実は，こうした国境を越えたアクターの権力を示唆している (Government of Lao PDR 1997; UNDP 1997). 技能，世界観，「北」の者たちのラオスでの行為が経験豊富なラオス人スタッフによって土着化されているということが，日に日に明確になってきている．

「北」のコンサルタントが，ラオスの人々と彼らに「欠けているもの」を表現するのを聞くと，開発，進歩，持続可能性の言説の中では，新植民地主義の態度と実践が「開発を行う」から「開発中」の部分にあることが明白となる．例えば，たいていの「北の」環境保護主義者は，ラオスの人々は自然保護について何も知らないという前提で仕事をしている．彼らの資金計画案とプロジェクトは，ラオス国民を再形成することから開始するのが最もよいという見方を反映している．まず，こうした将来の専門家に英語を教える．次いで，内生の植物相，動物相，魚種をいかに同定するかを学ばせるため，彼らを国外へ派遣する．さらに，新たにデザインされた湿地，流域，自然保護に関する機関に勤めるため，彼らをラオスに戻すことである (Chape 1996; IUCN 1997; IUCN 1993; McNeely 1987). にもかかわらず，そのような視点が見落としているのは，とりわけ，生産されているアクターは，そもそもこの知識の生成を可能にした者であるという事実である．タイ人の林業専門家が次のように話した．「[「北」の専門家がもっているような]知識のある人々のみが，森林保護を行う能力を有しているのではない．もしも地形や動物に関する知識のある村人がいなければ，「北」の野生生物学者はこのような驚くべき希少または新種の動物を「発見」することはできなかったであろう」(Watershed 1996, p.40). あるラオスの政府系科学者は，次のように不満を述べた．すなわち，彼らは既に科学的・言語的訓練を1980年代に，異なった世界システムの要請の下で，ブルガリア，ハンガリー，チェコスロバキアで受けてきた．なぜ，再訓練をする必要があるのか．

この強大な新帝国主義の態度を反映して，ナムトゥン電力会社 (NTPC, 以前のNTEC) に賛同の意を示しているオーストラリアのパブリックリレーションズの専門家は，ダムのネガティブな効果を尋ねられた際，反ダム建

設の立場の批評家によって提起された問題点を列挙し,次のように述べた.「ナカイ高原の住民は原始的であり,何であれ現状より良いものとなる」.この表現は,開発過程で「専門化される」人々にも共有されているようである.例えば,ラオス人の環境専門家は,彼とSTEAが雇用した「北」の科学者との間の不釣り合いな関係を説明した.「我々はコンサルタント業務を学びたいが,彼らのカバンを持ち続けたままだ[15]」.世銀投資に伴う「近代化」の過程が不確実性とリスクを減少させる一方,ラオス創生期の国家アクターは,その過程を制御する上で不確実性とリスクが増加しているという感覚を表明している.ラオスにおけるこうしたアクターは,環境的に持続可能な開発と呼ばれるこの高速自動車に乗るか,それから降りるかしなければならないという時間・空間の圧縮について述べている.

こうした開発アクターが活動する言説領域は非常に強力であるため,今日のラオスの状況を説明する専門的視点は,エコ合理性のみと言ってよい.実際,近年増加しているメコン川の科学的研究は,その大部分が国際銀行の融資条件として,あるいはそれらに対する反作用として生産されている.魚類生物学者,文化人類学者,環境経済学者,開発専門家,世銀の公式協議に参加しているラオス市民は,この言説領域の中で話をしている.その結果,国際自然保護団体は,大型動物類の発見と生物多様性を保全するメカニズムを,ダムと自然保護との計量可能なトレードオフとして限定的に定式化している.植民地の統治についてデヴィッド・スコット(David Scott)が議論しているように,「古きものが[今や],新たな,常に変換済の座標軸,概念,仮定に属するパスに沿って想像可能である」(Scott 1995).このように科学的生産の地域化された形態は,開発という高度に予示された政治的場に沿って展開するのである.

不均衡発展

グリーン・ネオリベラリズムに基づくラオスの新たな森林法は,国有林を異なった行政概念で区分している.保護林は,流域や土壌等の生態学的

サービスを浸食から保護し，穴だらけの国境によって脅かされている国家の安全を保障するように設計されている．保全林は，高い価値を有する生物多様性の保全を目的とするものであるが，木材以外の森林生産，ツーリズム，水力発電ダムの多少の競合的利用は許容されている (Department of Forestry 1997)．こうした新たな環境ゾーンの分類は，森林利用の科学的差別化 (例えば，持続可能な木材生産，国境を越えた自然保護公園，自給的生産) によって領土と主権を切り分ける．そのゾーニングは，再定住化計画の触媒としての役割も持っており，エコゾーンの居住に必要とされる社会的特徴とは適合しない住民を移住させる理由を示すための，多くの公式協議や科学的研究を必要としている (Franklin 1997; Government of Lao PDR 1999; Sparkes 1998)．

この森林分類システムに加え，ラオスの新たな政策は回廊ゾーン，管理された利用ゾーン，完全な保護ゾーン，国家生物多様性自然保護区域 (NBCA) を識別する．こうした様々なエコゾーンの中での居住が許される住民については，明確な規制がある．例えばNBCAにおいては，消火器の使用は許されず，動力車での進入は制限され，商業的伐採は禁止されている．完全な保護ゾーンにおいては，狩猟，釣り，非木材森林生産物の収集は許容されておらず，許可なしの進入，農業，夜間の滞在も許されていない．管理された利用ゾーンにおいては，移住はなく，放牧，釣り，薪拾いの制限された権利が村に認められているだけである．「特別の許可」を受けた要求は，エコツーリズムと水力発電ダムの貯水池と関係がある (Department of Forestry 1997)．言い換えれば，ダムとツーリズムは森林に居住している住民が彼らの森林で狩り，採集，睡眠することよりも重要なのである．実際，こうした新たに規定されたエコゾーンの導入は，森林の広大な自然資源に対する権益と利用権利を，森林居住者コミュニティからエネルギー，自然保護，ツーリズム産業へとシフトさせている．国土の約15%を占めるNBCAは，多国籍の理事会により管理され，ダムによって発電された電力の販売収益の一定割合の資金を受け取っている．資金は国家政府をバイパスし，国外の基金に直接入る．これは，ラオス政府が「自然保護

を真剣に考え」，多国籍の理事会の思い通りにラオスにおける自然保護を展開させるためである．現場では，ダム収入は，ガイド，警備官，公園警察（つまり，生産的市民）として訓練された「責任能力のある」原住民をサポートする．こうした権益と利用権利のシフトと共に，森林居住者，狩猟者，収集者，漁師，Vietic, Brou, Tai, Hmong 民族グループの焼畑耕作者等の存在論的転換が来る．その過程でラオスの公務員は，国外の自然保護主義者から，ラオスにおける権利と真実に関する独自の感覚とともに恩義を受けている．

ビエンチャンにおいて，不動産価格は急上昇し，都市資源は高価に，相対的に希少になった[16]．エコ開発事業のブームは，原住民から基本的資源を奪う一方，新たな居留地の多国籍階層にサービスを供給する必要から，石油，水のような商品の都市での消費や公的資金を増加させるという直接の，意図せざる結果をもたらした．しかしながら，本章で私は，高度に不均質なプロセスの，不明確な政治的効果を強調した．例えば，探求のレンズを農村住民と環境に向けた．そこでは，開発エリートが不可避的に荒廃，不正管理，貧困，後進性を見いだす．皮肉にも，こうした人間集団の行為が統治に関する新たなグローバルなテクノロジーという精査された主題になり，それが環境的に持続可能な開発として日常知られるようになるとともに，彼らは中央ステージに押し上げられているのである．

新たな法，制度，投資の様式は，対応する知識形態によって，すべて支えられている．国家という構築物は，領土空間を新たに制御する形を獲得しただけでなく，認識論的空間の制御とも関わる．さらに，新たに生成した統治の技芸は，グローバルな環境科学の言説によって形作られており，それにはグローバル共同体への説明責任が要求される倫理の政治学が含まれる（Goldman 1998; Rose 1999）．ラオスにおける調査の様式から湧き上がってくるのは，分類体系と一連の専門化された技術である．EIA と SIA，NBCA とナムトゥン 2 ダムの「最良の実践」，FOMACOP, STEA にはすべてラオスを巡る重要な権力の効果があり，一方での国家建設とグローバルな制度構築，他方での統治の科学と技芸という二重の動きを構成してい

る．

　世銀は環境国家を構築しようとしているばかりでなく，包括的なグローバル環境保護主義の繁栄を扇動している．その主義主張は単に言葉だけのものではなく，科学，規制，資本投資の強力な体制に基づいている．こうした権力／知識の介入が，世銀がそのサービスの需要危機と格闘した時期と同時に起こったのは偶然ではない．それは，主として強力な積極的行動主義と，繁栄した借り手側への少しの専門的方策を伴っての民間資本へのアクセスの増加との結合によるものである．世銀の反応は，そのサービスへの新たな需要を創造すること，およびサービスの範囲を広げることであった．この過程で，世銀は，主要な顧客——「北」に本拠地がある資本財・金融部門——にとって便益となる住民と環境へのアクセスを得たのである．

結　論

　ラオス NGO の職員として，元手品師であるソウリーは，環境的に持続可能な開発に関する様々なプロジェクトに参加するよう招かれている．あらゆる組織が彼を雇用したがっているのである．ラオス政府機関は，ソウリーが人々を再定住させ，新たな環境で生活する手助けをする仕事を担って欲しいと望んでいる．世銀は，自然環境と自然資源に依存するコミュニティを統合する開発プロジェクトの設計に，彼を関わらせたいと思っている．水力発電用のダムに関連する数百万ドル規模の環境保全・再定住化プロジェクトの下請け契約者の一つである国際的環境保全グループは，ソウリーに村々で環境保全トレーニングをさせたがっている．タイ，カンボジア，米国の活動家グループは，ソウリーにオルタナティブ開発キャンペーンのための組織化を手伝って欲しいと考えている．そしてその他の団体もソウリーと彼の仲間に，市民社会の空間を活気づけるような新たな開発キャンペーンに参加するよう望んでいる．

　どの仕事を選択するか，あるいはどれか一つでも選択すべきかを決める

第5章　エコ統治性と環境国家の形成

上で，ソウリーと彼の同僚は，ナムトゥン2ダムプロジェクトの前提条件である，環境的・構造的調整政策の面で好ましいとされる活動を実施していかなければならない．統治の改革，生物多様性の保全，市民社会の参加など，開発の新たな活動は，ダム建設という大規模資本投資プロジェクトを実施するという枠組みの中での話である．たとえ，新たなアクターの登場によって，その枠組みが変化したとしてもである．このような状況下では，グリーン・ネオリベラリズムが第一とされ，その他の目標は二の次となる．どのような形で世銀スタイルの開発に参加すべきかというソウリーのジレンマが本章のテーマであった．すなわち，それは市民社会，国家，国際資本，国境を越えた開発政策が相互に関係を持ちながら織り成すネットワークの歪みとも言える．今日のラオスにおいては，日常の文化的行為としての雇用とそして市民社会の関与（engagement）という新たな開発のアジェンダは，グリーン・ネオリベラリズムの圧倒的な力によって形作られているとも言えるのである．

　ソウリーは，国家の役割と特徴が急速に変化している環境で働かなければならない．ラオスの事例が示唆するように，金融および投機的資本，多国籍開発銀行，国際的規制制度の拡張する力をもってしても，国家権力は消滅しない．むしろ，国家は急速に変化する．ある国家機能は新たに作られるか強化され，他は予算を取り消されるか減らされる．国家は，新たな規制制度とハイブリッドな多国籍国家アクターによって常に形を変えている．世銀は国家再構築の指導的地位に位置し，途上国が資本主義体制へ移行できるよう手助けをしてきたのである．

　また，ソウリーは，非常に変わりやすいNGOとも渡り合わなくてはならない．小規模なローカルNGOの多くは，より大きな団体に依存してきたが，最大規模のNGOは急速に変化している．1990年代の半ばに，最大の環境団体はダム建設のために開発業界と連携すべきかどうかを決めかねていたが，わずか数年後に，大きな変化が生じた．2000年6月，世界自然保護基金は，自然保護金融センター（Center for Conservation Finance; CCF）を設立した．これは，自然保護の世界と国際金融の世界の大胆な合体であ

る．センターの任務は，「次世代の自然保護・金融モデル——世界のあらゆるところに複製できるモデル」の開発である (WWF 2002)．WWF は，金融商品を開発するためにウォールストリートの企業から金融コンサルタントを雇った．その金融商品は，独自の「自然保護資本を生成する」，あるいは環境税，保全地役権，取引システム，環境投資基金等による「環境資金のてこ入れをする」ことを目的とする．その仕事は「事業計画」の形で，金融投資の言説を通じて提示される．その際には，生物多様性は投資ポートフォリオとして地図に表され，生態系は自然資本と生態学的サービスのために計測，評価，価格設定される．また2002年には，国際自然保護連合 (IUCN)，コンサベーション・インターナショナル，ザ・ネイチャー・コンサーバンシー，WCS，世銀により，自然保護金融連合 (Conservation Finance Alliance; CFA) と呼ばれる多国間の連携が作り出された (Conservation Finance Alliance 2002)．CFA の任務は，「生物多様性保全を目的とした公的・私的資金調達を増加させ，持続可能にするための触媒の役割を果たすこと」，ならびに鍵となる人々に「持続可能な環境保護資金調達」の重要性を説明するための「コミュニケーション戦略」を開発することである．

10年前には，これらの環境団体は進退窮まり，世銀とともに働くか，開発事業から撤退するかの選択を迫られていた．しかしながら，今日では，自然保護資本を調達する独自の事業計画を発展させてきたと明らかに言える．これは，環境団体，多国籍銀行，重複した後援企業のそれぞれに便益をもたらす共時性を示している．

この章では，私は，持続可能な開発の世界がいかに構成されてきたかを，世銀の借入国の現場で示したばかりでなく，新たな制度的実践が基づく権力，権利，真理の体制を明らかにした．これらの権力／知識関係は，世銀の新たな業務の科学的および法的実践を貫いており，融資条件，分類体系，新たな法律および規制，大規模外国資本投資を通して具体化された．新たに多国籍化された国家機関は，ハイブリッドなアクターを職員とし，借入国の景観の再領土化 (Brenner 1999) と再評価を監督する権限を強化しつつ出現し，人々が相互に，また人々と自然とが相互に作用する方法に根本的

第5章 エコ統治性と環境国家の形成

な変化をもたらす．この過程の分析において，我々は，統治の効果に変換される合理性のヘゲモニックな形態の生成を見出す．それは，自然とかかわりあいを持つ住民，経済的活動，また自然への態度や行為に関する環境科学技術の構築であり，それらは，生態学的荒廃に関して有罪か無罪として判断される．このように現在のエコ合理的主体と環境国家は相互に依存しながら形成されている．

興味深いことに，主導的立場にあったアクターはこの戦略を予期してはいなかった．極端に国家主義的なラオス政府と厳格に経済主義的な世銀は，もともとは新たな資本投資が生物多様性と自然保護に関する国際的なエコゾーンにより左右されることを意図していなかった．当初，国際環境保護NGOは，川を堰き止め，森林を水に沈め，自然の種や人間の健康を危険にさらすような大規模プロジェクトに署名することを望んでいなかった．こうした環境保護NGOは，より大きなNGOコミュニティに所属しており，そのコミュニティは世銀の行動目的と影響を疑問視していた．それにもかかわらず，この10年のうちに，領土と自然に関する認識的・倫理的差異が確立する過程（たとえば，ある種が他の種よりも重要性を増したり，ある知識が特別の地位を獲得する過程）で，この奇妙な取り合わせに関する認知地図は，明らかに収束した．これらの認識上・法律上の介入は，メコン川を巡っての争奪戦における新たな文化的・政治的合理性をもたらした．

新たな環境体制は，進歩の列車に乗って，静かに町に入っては行かない．むしろ，不均衡発展という野生の雄牛に乗ってなだれ込む．環境の保護と保全のために利用されるであろう資源は，大規模資本投資を支持する（社会的かつ生態学的）自然に集中する．他の自然は，開発上の合理性の程度に応じて定義される．あるものは民営化による米生産に向けて価格設定され，他のものは木材輸出が最適であると判断される．

ラオスのケースは特別であるように見えるが，同様の傾向は多くの借入国に——それがより強固な国家制度とより活動的かつ自律的市民社会を備えているにせよ——見て取れる．世銀のグリーン・ネオリベラリズムの枠組みは，メキシコからナイジェリアに至るまで，異なった制度的背景の下

で共感を与える．ラオスの事例は，グリーン・ネオリベラリズムの名の下に，国境を越えた活動がいかにその国を変容させるかを示している．世銀は国境を越えて，また，今日の移ろいやすい開発政策が捏造されているいわゆるグローバル市民社会の領域において，政策，政治，文化に影響をあたえているのである．

注
1) 1998年のラオスの地図には，約90のダム計画が示されており（オーストラリア，シドニーのAMRCのウェブサイトを参照），イギリスのコンサルタント会社は，メコン川流域においてラオスを通る2つの川に37の異なったダムを計画した．Halcrow and Partners Ltd. 1998を参照．
2) 私がここで強調している内容は，経済地理学者のパースペクティブとも異なっている．彼らは事実上，自然は社会的に生産されたものであり，資本主義体制の下で商品化を特別の目的として生産されたものであることを主張している（Harvey 1996; Smith 1990）．この過程を既成事実とみるのではなく，またそのような変換が生じる議論の領域を見過ごすことに躊躇するのでもなく，私は強烈な生産関係を強調する．その生産関係から，新たな政治的，経済的，文化的合理性が発生するのであり，その合理性は制度化されるか，拒絶されるか，あるいはその中間の形態をとるかのいずれかである．すなわち，私は，新たなヘゲモニー（および反ヘゲモニー）形態が発生する生産過程を尋問すること，また形容詞の「グリーン」と名詞の「ネオリベラリズム」がニュートラルな人工物として固定化し，地球上の専門家集団に蔓延している「仕方がない」(There is no alternative.; TINA) という心理状態の一部となるに至る実際のルートをより正確に理解することが有用であると判断する．
3) 仮名である．この高原を旅行したのは，1998年1月である．
4) 以下のことはその特徴的な現象である．その地域名が「北」の銀行と機関によって「大メコン亜区」に変更されたこと．6ヵ国（この中にはミャンマーにおいて，危険な軍事政権によって統治され無法だと想定されている国家を含む）が国境を越えた地域として投資され，あたかも国家主権がないかのように主要なプロジェクト，商品，資本が国境を横切っていること．この転換の背後にある力の前では，社会主義か，共産主義か，軍事政権かという政治体制の差異はもはや問題ではない．
5) この野心的な計画の重大さに関する感覚を得るために，以下の各組織の最新のウェブサイトを参照されたい．ADB，世銀，大メコン亜区，メコン川委員会，オックスファム・メコン・イニシアティブ，オーストラリア・メコン地域センター，国際河川ネットワーク，IUCN，WWF等．
6) 少なくとも一つの魚種がダム建設によって消滅してしまうという魚類学者のパ

第 5 章　エコ統治性と環境国家の形成　　　　　　　　　　　　　　　　　203

ブリックステートメントに反応して，世銀の専門家パネルの一メンバーは次のように言った．「それは一方での小さな魚と，他方でのこのプロジェクトの恩恵を被るであろう，その地域で貧困にあえぐ人々のどちらを選ぶかである．あなたならどちらを選ぶか」（著者のインタビュー，ビエンチャン，1998 年 1 月）．ビエンチャンで私がインタビューした多くの専門家は，この過度に還元主義的な TINA のパースペクティブをとっていた．

7) これらの論争は，世銀情報センター（ワシントン D.C.），TERRA（バンコク），国際河川ネットワークに記録されており，その中には，関連するアクターの手紙，レポート，議事録，電子メールがある．
8) 1996〜97 年において，NGO がまだナムトゥン 2 ダムの建設に対して態度未定であった際に IUCN, WCS, IRN の間での手紙のやりとりの全貌は，IRN のウェブサイト（www.irn.org）においてナムトゥン 2 ダムのキャンペーンの箇所にまとめられている．
9) 第 4 章に書いたように，ナムトゥン 2 ダムの計画は，自然保護地域，大型動物類用の回廊，流域保護サイト，エコ・ツーリズム・プロジェクト，生物多様性研究開発サイト，原住民の採用と保護地という野心的な方策を含んでいる．道路，診療所，さらには農学，資源管理，家庭での衛生と産児制限に関するワークショップもまたプロジェクトの一部である．
10) この作業の成果は，公表されている 2 つのデータアトラスにみることができる．アジア開発銀行の GMS Atlas of the Environment, 2004 および Nordic Institute of Asian Studies and the National Statistical Centre（Vientiane）の The Atlas of Laos, 2000 である．
11) 「内側」と「外側」の区別は，明らかにその人の解釈のフレーミングに基づいている．例えば，お雇い人類学者が，ナカイ高原の住民がまもなく水没する村から，新たに計画されているダム湖の外側の土地に移動するかもしれないが，依然として人々の精神的領域に居住し続けることに気づいたとき，開発の専門家は，この再定住化過程を些細な崩壊であり，移動への見返りとして与えられる開発への投入物（ラオス語の学校，診療所，農業投入資材）によって容易に補償され得ると判断していた．世銀コンサルタントは，そのような発見を賞賛しており，精神的領域を保存しようとしていた．なぜならば，その成功は，ダムのような他のものの実施をもたらすからである．しかし，この費用便益分析は，かつてはすべての精神と領土が基づいていた精神領域が根本的に変わってしまったこと（例えば，水没した森林，ダムとなった河川，開発アジェンダに位置づけられた社会）の効果を考慮していない．これは，土着の活動が脱文脈化され，対象化され，計量可能な純粋に開発主義者の用語で判断されるという現在進行中の具体化の過程を例示している．
12) FOMACOP プロジェクトは廃止になったが，「持続可能な森林」における世銀の主導的地位はそのままである．
13) 旧式のコンピュータが，新型と置き換えられたため，事務所のドアの背後に山積みになっている．また，一連のボルボ・ステーション・ワゴンが，新しいス

ポーツ用多目的車と取り替えられたため，建物の背後の駐車場に溢れている．スタッフは2つの相補的な説明を行った．それは，ビエンチャンはコンピューターと自動車に関する熟練した職人が不足しているという説明と，それぞれの新たなプロジェクトとともに，新たな備品用の予算がくるというものである．

14) 1998年のビエンチャンにおけるインタビュー．
15) 1998年のビエンチャンにおける，STEAのスタッフである科学者へのインタビュー．
16) ラオスが，東南アジアの急速な成長と繁栄の影に隠れた「小さな眠れる国」として国際的な新聞に書かれるまでに，1ヵ月は経たなかった．

Chapter 6
水の民営化，市民社会のネオリベラル化
——越境する政策ネットワークの権力

> 世銀の融資や技術援助プログラムの大部分を占めているのが，公共セクターの改革と民営化である．こうした改革は，社会の基盤をなす社会規範の領域へと踏み込む．こうした改革は，社会制度と市民の関係に影響を及ぼし，公共財および公と私のバランスに対する人々の信念や認識に根本的な改革を迫る．関係者全ての権利や責任が転換を強いられ，官僚，省庁，企業，学者，マスコミ，マネージャー，組合，消費者，連合団体，NGO，そして一般市民などすべてが総動員され，改革への協力を求められる．
> —— World Bank 2003, p.8

> 国際機関がつくる市民社会……だから市民権は必要とされない．
> —— Guyer 1994, pp.21-22

2003年1月25日発行の *Economist* 誌に，"Africa — do you want to make a difference? (あなたはアフリカを変えたいですか)" という広告が掲載された．オックスファムUKが，ガバナンスと市民社会専門の専門家を募集しているのだ．その次の頁には，アフリカ開発銀行が，

持続可能な開発及び貧困削減ユニットのリーダーの求人広告を出している．昔から開発分野の専門家といえば，大半が農業経済学や開発経済学の教育を受け，灌漑や林業等の経験を持っているものだったが，今日では，公共部門民営化，グッドガバナンス，市民との対話といったネオリベラル型の専門知識を備えた人が求められている．そうした専門性はいったいどこで身につけられるのだろうか？　実は，そうした分野の多くは，世銀の本部で学ぶことができるのである．世銀本部では，毎年数千人が訓練を受けてきた．また世界に37ある通信教育センターや400の提携機関でも訓練を受けることができる．オックスファム，アジア開発銀行，あるいはウガンダ政府がグローバルな場で主要なプレイヤーとなるためには，最新の開発レジームを視野に入れ，開発という仕事に戦略的に臨まなくてはならないのである．興味深いのは，前述の広告は開発の専門家を求人する広告であると同時にアフリカ諸国に投げかけられた，新たに押し寄せる開発の潮流に気をつけろという警告のメッセージにも読み取れる．開発の潮流の変化とは，言説の変化だけではなく，数百万ドル規模の市場を巻き込む現実的かつ本質的な変化をももたらす．そこで本章では，権力そして知識のレジームはどのように確立され，正当なものとして受容されるようになるのだろうか？　そして知識はどのような社会的過程を経て常識と認識され，社会に変化をもたらすのだろうか？　というテーマで進める．

　ここでは，世銀や開発業界全体で最近注目されている分野として，キャパシティー・ビルディング，市民社会，国際政策ネットワーク（TPN）を取り上げる．世銀のグローバル研修，雇用プログラムを修了した者は，自国に戻り，研修で学んだ事柄を自国の事情に合うように作り変える．政策ネットワークはこのように越境するのである．世銀曰く，政策ネットワークがグローバルに広がることにより，無力で，時に腐敗した国においても市民社会が機能するようになる．このようにして，開発の専門家，途上国の官僚は世界規模のネオリベラル政策に手を染めることになる．

　本章では水の民営化という政策を事例とし，世銀の研修，アウトリーチ活動，越境する政策ネットワーク，世銀による市場への介入と途上国の関

係を洞察する．水の民営化は，第三世界の公共セクター事業の応札をねらう多国籍企業にとっては，収益性の高い事業である．1990年代半ば頃から，水に関する世界戦略を作り出そうと，新たな国際政策ネットワークが立ち上がった．さまざまな組織が連携し政策綱領を作成し，計画について交渉しながら，専門家から意見を聴取し，徐々に立ち上がったネットワークである．ネットワークの参加者の議論を通して，新たな発想や構想，提携，ネットワークを生み，水の「適正価格」，貧困層に安全な水を供給する方法などが決められてゆく．そうした議論は，ロンドンのフィナンシャル・タイムズからハーグそして京都の世界水フォーラムさらにはガーナの現地NGO（Berry 2003）からボリビアの市長（Laurie and Marvin 1999）に至るまで，膨大な範囲で広がった．1992年のリオデジャネイロの地球サミットから，2002年のヨハネスブルクの持続可能な開発に関する世界首脳会議が開催されるまでのわずか10年の間に，水民営化政策は脚光を浴びるようになった．本章では，水政策が脚光を浴びるようになるまでの経緯を取り上げたい．世銀は「住民の権利，エンタイトルメント[i]，生活様式，そして適正な効率，持続可能性とはという生活の本質に関わるような微妙な事柄を」別の問題へ転換させることに成功した（Li 2002, p.1）．このような問題のすり替えとも思えるような政策の展開は極めて脆弱な議論の基盤しかつくりあげることができず，結局は政治問題へと発展し，反対運動の標的になりつつあるのである．

---

[i] エンタイトルメント（entitlement）とは，ロバート・ノージックによれば，正規の手続きに基づいて財貨を得た人がそれに対して持つ正当な資格を指す．一方アマルティア・センは，ある社会において，他者から譲り受けたり，正当だと認められることで財貨の所有権が正当化されると定義した．すなわち，食糧へのアクセスは財産，人間関係，そして背後にある所有権の構造により決まり，食糧の公正な分配には社会構造の変革が求められるとした（渡辺利夫・佐々木郷里編『開発経済学事典』弘文堂，2004，アマルティア・セン（黒崎卓・山崎幸治訳）『貧困と飢饉』岩波書店，2000）．

越境する政策ネットワークの台頭

　国際政策ネットワーク（TPN）は世銀にとって重要であるだけではなくTPNの活動にとっても世銀が重要である．ロバート・マクナマラが在職中に，専門家ネットワーク育成構想に予算が付くようになったが，過去60年というその歴史を振り返ると世銀はこのネットワークから多くのものを得た．ネットワーク参加者のほとんどが政府の高官や国連関係者，先進国のエコノミスト，農学者など，ごく限られたエリート集団だが，特に最近の世銀発TPNは存在感があり，より強い権限を持つ様になり，トランスナショナルな問題に力を入れるようになってきた．また，参加者も地域も広がりを見せ，政策が議論されると，いち早くその情報が世界に分散するというような現象が見られるようになってきた．政策ネットワークの参加者は，重要な国際会議や会合へ継続的に参加し，多国間政策協議の場での議論を優位に運ぶ．またそうした議論を行動に移すための豊富な資金源もある．TPNは，公的機関やその他の関係者を幅広く巻き込むことにより，各方面からの信頼と支援を獲得し，影響力を維持する．ネットワークには，大手企業，各国の省庁関係者，NGO，エンジニアリング会社，マスコミ関連会社，国連，世銀関連機関，国立・国際科学委員会など，多様な組織が参加すると同時に，ミシェル・カムドゥシュIMF前専務理事，億万長者のジョージ・ソロス[1]などの著名人までが名を連ねている．

　世銀が意欲的に取り組んでいる研修プログラムは，TPNの拡張という点で重要な役割を果たしており，これまで多くの有能な人材（国家の最高責任者を含む）を輩出した．また，効率的な知識ネットワークを開拓するための物質的，知識的，文化的基盤にもなっている．マクナマラの時代から，世銀は自らの職員のみならず，借入国政府機関職員，NGO職員，学術団体，エンジニアリング会社社員などを対象に研修を行い，後に世銀プロジェクトに雇い入れてきた．1980年代後半までには，開発経済分野だけで年間3,000人を上回る専門家が世銀の研修を受けたという記録が残っている（Kapur et al. 1997). 開発経済学は，世銀が第一に必要とする有用な学問とみなされていたため，研修プログラムの必修科目であり，研修所は経済開発研究所（Economic Development Institute: EDI）と呼ばれていた．1990年代の終わり頃には，その研修所は世界銀行研究所（World Bank Institute：WBI）という名称に変わり，研修の数が劇的に増えるとともに研修が行われる地域やそのプログラムも増加した[2]．2002年を例にとると，世銀は400もの提携機関と協力し，「150ヵ国で参加者48,000人以上を対象に」560回にもおよぶ研修を行った．報告によれば「研修は世銀の職員だけでなく，国会議員，政策決定者，技術専門家，ジャーナリスト，教師，学生，市民団体の指導者にまで広がった」（WBI 2002）[3]．広範な専門的なテーマを掲げ，世銀の融資事業を運営管理してゆくためのノウハウを教え，グリーン・ネオリベラリズムを徐々に広めていった．

例えばWBIは，世銀の最大借入国である中国で，国家環境保護総局の局長に依頼され環境マネジメントコースを作った．この研修プログラムは，中央および地方政府の次官や高官を対象とし，持続可能な都市開発がそのテーマである．今後は，中華人民共和国国家行政学院を通じて600名以上の市長にこのコースを提供する予定である（WBI 2002）．また，パキスタン政府が中央政府の財政，規制に係わる権限を地方政府に委譲するという改革[4]に同意するや否や，WBIは同国で地方分権化プログラムを実施した．現在パキスタンには6,455の新しい地方「自治政府」があり，WBIは新たに統治や規制，監督などの権限を持った地方政府当局者を教育しパキスタンの世界経済への統合を図ろうと計画している（WBI 2002）．

WBIの研修は近年，開発経済学を中心としたカリキュラムから，環境，公共部門改革，官民パートナーシップ（Public-Private Partnership: PPP——訳者注）など，幅広いコースを持つカリキュラムに変わり，最近では，費用便益分析ツールと総費用回収の原則を使い，公共セクター（例えば保健，教育，福祉）の効率性評価，生態系（例えば河川流域，流域森林地帯）の経済的評価についての研修を行っている．政府上級の技官は，農村の小学校制度から公共の帯水層に至るまで，多様な国営分野の費用回収能力を評価すること

が求められる．公共財，公共サービスを，民間部門，特に世界的に競争力のある入札者に外部委託するという構想は，国のイデオロギーにかかわる本質的な問題としてではなく，開発の「ベスト・プラクティス」の事例として教室で紹介され，専門家がその有用性や実行可能性について講義を行い，実際の開発プロジェクトへの道付けが行われる．

世銀は，政府関係者とその他の専門家を対象に，「教育改革」，「コミュニティ・エンパワメント[ii]とソーシャル・インクルージョン」，「社会的リスクマネジメント」，「貧困削減と経営」といったテーマの研修を行う．また世銀は，専門家とそのクライアント国が二重の障害（ネオリベラルな理念を実行に移すための現地の人材不足，民営化，構造調整に対する反対運動）を克服し，望ましい方向に政策転換できるよう支援も行う（WBI 2002）．

「市場競争力の向上」，「開発途上国における WTO の活用」，「天然資源管理のための紛争解決」，「コーポレートガバナンスと社会的責任」，「マクロ経済政策」，「銀行業務と金融活動」，「インフラストラクチャー金融研修および金融セクター学習」といったコースは，今や開発業界において必須とされるマクロ政策マネジメントのノウハウを提供する．こうした研修プログラムは，世銀の最新の構造調整プログラムを実施する際にも役立ち，例えば貧困削減支援借款（PRSC）が導入される場合には，事前に実施される．世銀は2001年，ダカールの貧困フォーラムを主催し，アフリカ諸国32ヵ国から270名を上回る参加者を招き入れたが，ここでも世銀のネオリベラル政策の推進のための活動が展開された（WBI 2002）．PRSC は，アフ

[ii]　エンパワメント（empowerment）とは社会的差別や抑圧をうけた女性が，権力を持つ他者に頼るのではなく，所得拡大や技術取得を通し力をつけ，ほかの女性と連携して支配から解放されようというフェミニズム運動から広まった概念である．アマルティア・センの「潜在能力（capability）」の考えに依拠し，教育を通し女性が持つ能力を伸ばすという方法が重視される．社会的に不利な立場にある女性が，経済的に安定し自立することを目的としたバングラデシュのグラミン銀行の取り組みがその例としてあげられる．日本では2003年に国立国語研究所がエンパワメントの訳語を「能力強化・権限付与」と定め，以降，女性に限らず，高齢者，人種・民族，病気・障害等で社会的に差別・抑圧されている人々のエンパワメントも論じられている（猪口孝・田中明彦・恒川恵市・薬師寺泰蔵・山内昌之編『国際政治事典』弘文堂，2005，渡辺利夫・佐々木郷里編『開発経済学事典』弘文堂，2004）．

リカの大半の国にとって主要な資金源であるだけでなく，こうした専門教育プログラムは世銀にとっても重要である．このような研修は世銀の政治的重要性を促す．さらに世銀の政策を喜んで受け入れるアフリカの知識層に雇用を提供するという経済的役割をも担っている．

　WBIは，国家の行政官，あるいは民間投資家，ジャーナリスト，NGO職員向けにさまざまな種類の研修プログラムを提供している．コースの受講者には，すぐに世銀でのコンサルタント職が用意され，東南アフリカ環境経済学ネットワーク（Environmental Economics Network for Eastern and Southern Africa）や，環境法の順守と施行に関する国際ネットワーク（International Network for Environmental Compliance and Enforcement），中国医療経済ネットワーク（China Health Economic Network）など，設立したばかりの地域の専門家ネットワークに参加できるようになる．そして「持続可能な開発に関する世界首脳会議」や「世界水フォーラム」など，一流の国際政策会議への出席というチャンスを与えられる．世銀やIMFが公共部門を削減し，多くの人が大幅な賃金カットや失業への恐怖に日常的にさらされている状況では，絶え間なく拡大する世銀のネットワークに進んで（というより切望して）加わろうという人々が不足するということはない．

　更には，借入国のジャーナリスト向けのコースもあり，世銀が推進する案件を途上国の大手出版物に掲載させたり，主要なテレビ・ラジオ局，通信会社に報道させたりする手段となっている．WBIは「水と医療衛生の改革に関するジャーナリストのための講座」，「アフリカにおけるジャーナリズム」，「人権と経済開発」といったコースを開講し，ジャーナリストは，とり扱いが難しい課題に取り組む．これらのコースの修了はキャリアアップにつながり，また主要な国際会議への旅費も世銀が負担するという特典も付く．時に世銀を批判する人々はメディアの注目を受け，世銀の顔をつぶすこともあるが，このような研修を受講したジャーナリストは，国際フォーラムで世銀に対する手厳しい批判勢力の意見を，やんわりと受け止めるようになる．世銀はジャーナリストに国際会議の取材のノウハウを教えるが，世銀に雇われ，世銀の宣伝やPR活動に携わる研修修了生もいる．

世銀は現在，職員とコンサルタント向けに広報の研修も行っており，公共部門改革，民営化など世銀が望ましいと思う政策転換に関し，反対派の市民との対話ができるような人材の育成も行っている[5]．近年，世銀の広報活動費が研究予算を大幅に超えているということからも，世銀は一般向けのイメージアップに力を注いでいることがわかる (Kapur 2002; Standing 2000)．

　世銀はコースを提供するだけに留まらず，必要に応じてコースを借入国の制度の中に組み込み，コース履修者の就職が有利になるよう取り計らう[6]．WBI は 6 大陸に37の遠隔学習センターを開校し，グローバル開発学習ネットワークを持つ．短期コースを設置したセンターは世界中に約100校あり，そのうちの13校は中国にある．地方分権化と民営化の研究助成（過去数年間で数億ドルを拠出している部門）とトレーナー育成のために打ち出された中央・東ヨーロッパ財政分権化イニシアティブ (Fiscal Decentralization Initiative for Central and Eastern Europe : FDI) は，創立して 5 年後には財政的に安定し，ブダペストを本拠地とする NGO となった．FDI は現在，WBI の財政地方分権化に関するコースを提供し，9 ヵ国語によるウェブサイトも持つようになった[7]．ブラジルにおいても財務省が WBI の研修教材を使ったプログラムを実施している．

　1990年代のはじめ頃，世銀，国連開発計画 (UNDP)，アフリカ開発銀行は，アフリカ・キャパシティー・ビルディング基金 (African Capacity Building Foundation : ACBF) を設立し，国際金融・開発機関が始めたプログラムや政策を現地でも実施できるようにした．それから10年も経たないうちに，ACBF はアフリカ全土に50もの政策研究機関・研修機関を設立し，そこから世銀の最新のアフリカ政策を忠実に反映するアフリカ政策研究所フォーラム (African Policy Institutes Forum) が生まれた[8]．アフリカにあるこうした政策研究機関の多くは，世銀が出資する専門職向け研修プログラムを実施する現地事務局として機能している．それらはまた世銀が求める貧困削減戦略報告書 (Poverty Reduction Strategy Papers : PRSP)，貧困削減行動計画，IMF との協力による経済改革プログラムや，国際的に活動する援助団体から資

第6章 水の民営化，市民社会のネオリベラル化　　　213

金を得ている開発プロジェクト，そして次期 WTO 会議参加のための研修プログラムを準備する場にもなっている．世銀のイデオロギーを支援するアフリカ・キャパシティー・ビルディング基金 (ACBF) は，開発反対勢力が批判する「アフリカ開発のための新パートナーシップ (NEPAD)」に対する支持を表明している．しかし，こうしたパートナーシップも所詮は世銀がアフリカ全土にネオリベラリズムを早急に浸透させるための仕組みにすぎないと批判し (Bond 2002)，NEPAD を「knee-pad（膝あて）」と呼び揶揄する者もいる．ACBF はその宣伝資料の中で，組織的ネットワークの構築と研修プログラムを通して NEPAD の目標を達成し，NEPAD を重視する (mainstreaming) とうたっている[9]．

　このように，世銀の研修プログラムは開始後10年足らずで本拠地のワシントン D.C. から海外へ，また，借入国の省庁，私立大学，民間の資本が入っている公立大学の学部，国際研究機関や，世銀のグローバル研修センターなどへ広がりを見せた．世銀の知識は，世銀のお墨付きが与えられ，現地化される．ネオリベラリズムという理念は世銀の研修を受講したアフリカの指導者を通して，アフリカ大陸全体に「肥大」する[10]．メディア業界専門家，政府当局者，専門家は研修の参加を通して世銀の知識を習得し，一方で世銀はこうした研修生から新しいアイディアを得る．現地の研修プログラム講師は世銀の研修教材を使い，講師と受講者が関与する専門家ネットワークは世銀が支援するなど，世銀と研修生は切っても切れない関係となる．私が1995年に2週間参加したアフリカのエコノミストを対象としたセミナーで受け取った教材は，今では，もともと世銀が発足させたアフリカ・エコノミストネットワークが運営する研修プログラムで入手できるようになった．実にうまく運営されているのである．1995年の研修では，本部勤務の世銀職員とコンサルタントが指導にあたっていたが，今では，講師の大半は世銀の研修プログラムを修了したアフリカ人である．研修プログラムと政策ネットワークの関係，そして世銀の影響力の維持の戦略を理解することができたと思うが，これはほんの一例にすぎない．

水をめぐる新たな世界的課題とネットワーキング

　1990年頃までは，民間の水道会社から水の供給を受けていたのはわずか5,100万人未満で，そのほとんどが欧州や米国の人々であった．そのわずか10年後には，4億6,000万人が国際的に事業を展開する企業に水の供給を頼るようになった．特筆すべきは，アフリカ，アジア，ラテンアメリカ地域で市場が急速に拡大したという点である．産業アナリストによれば，2015年までには，11億6,000万人が欧州を本拠地とする企業から水を買うようになると予測している（Shrybman 2002)[11]．今日，債務国は国内の水資源を民営化するという前提条件で世銀やIMFから資金を借りる．フランスにある世界最大のスエズ・ヴィヴェンディ社（Suez and Vivendi，現 Veolia Water）は民間水資源市場の約70％を押さえており，2003年半ばの景気低迷期には，競合他社を買い取ってさらに事業の拡大を図った．民営化された水資源は石油と同様貴重な資源となり，ともすれば戦争を招きかねないという分析もある（Barlow and Clarke 2002; Global Water Report 1996; Grusky 2002; International Consortium of Investigative Journalists 2002; Shrybman 2002)．水の取引は，多国籍資本投資家にとって収益率が高い市場であり，「都市・産業用水および下水設備・サービスの世界市場は年間2,000～4,000億米ドルぐらい」という試算もある．

　水業界のこうした動きは，開発業界の大きな潮流を映し出している．1950年代から70年代まで，植民地収用にあたった各国の首脳は，資源採取部門と工業部門の引き揚げと国有化に力を入れた．しかし，公益事業は順調に利益をあげ，雇用を生み出し，公共財を産出し，社会的安定に寄与していたにもかかわらず，まもなく累積債務危機に陥り，構造調整が行われるようになり，民営化を余儀なくされた．1990年代末には，教育や厚生施設，水および公衆衛生など生活にとって最も不可欠な公共部門が競売にかけられた．そして公共事業の民営化問題は，政府，NGO，援助組織，実業界，国連機関のほか，主要な国際会議でも取り上げられるようになっ

た．例えば，2002年にヨハネスブルクで開催された史上最大規模の国際会議「持続可能な開発に関する世界首脳会議」において，水の民営化が議論の中心となったのは記憶に新しい．

　ある特定課題がごく短い間に議論の中心になるということは，政策ネットワークの力や組織力が高まっていることの証なのではないか．世銀はいかにうまく支持者を動員し，現状を一新したか，また支持者はいかに世銀の意図を遂行できるような社会的ネットワークを作り出すことに成功したか．また，世銀はその本部にとどまらずいかに世界中に力を拡張してきたかを示すものである．世銀の活動は開発推進派が「グローバル市民社会」と呼ぶ空間を生み出す．そこは，研修プログラム，ネットワーク構築のための会議，政策立案者および実施者に対する雇用機会の提供など，国際的な専門家が活躍する場ともなっている．水政策改革の場も，世銀のヘゲモニーを垣間見る良い事例である．

水の民営化という言説空間とその拡張

　水に関する国際会議の専門家パネル[12]による水危機に関する報告がきっかけとなり「貧しい国は水の値段を上げなければならない（World Commission Warning on Shortages of Vital Resources）」という記事が掲載された．次のように報告されている．

　　水不足と環境問題に対処するために，開発途上国において水の価格が実質的に上昇することは必至であるという報告書が昨日発表された．
　　世銀と国連の協力を得て，世界水委員会（World Commission on Water）が作成した報告書は，世界で最も貧しく，恵まれない地域への給水に対する補助金制度を抜本的に変えることが必要であると示唆する．
　　また，水の需要増加に応えるため，給水施設への年間投資を現在の700〜800億ドルから2倍に増額し，2025年までには上水設備のない10億世帯，公衆衛生設備のない30億世帯を3億3,000万世帯にまで削減する．
　　しかし，途上国政府は莫大な公共投資予算の確保が難しい状況から，現在開発途

上国都市部の5％の住民に水を供給するにとどまっている民間を活用し，需要増加に対応してゆかなくてはならない．民間資金活用をするためには刺激策として，「フルコスト原理による水の利用とサービスの価格設定」という新しいしくみを導入する必要がある……フルコスト原理による価格設定をしなければ水の浪費，非効率なサービス，貧困層への水の供給の欠如という悪循環は今後も続くであろう．企業側も「投資に見合った利益が保証されなければ投資はしない」と述べている (Financial Times March 12, 2000)．

この記事でも引用され，他でもよく引用される報告書『水が安定的に供給される世界——水，生命，環境のためのヴィジョン (*Water Secure World: Vision for Water, Life and the Environment*)[13]』の執筆者は，国際的に活躍する政策エリートであり，「21世紀にむけた世界水委員会」の委員でもある．委員の業績やコメントを見れば，世界的な水危機を世界規模の対策で解決しようという野心的な目標を掲げていることが一目でわかる[14]．

1998年に結成された「21世紀にむけた世界水委員会」には，旧ソ連のミハイル・ゴルバチョフ元大統領，フィリピンのフィデル・ラモス元大統領，ボツワナ共和国のマシーレ元大統領，スウェーデンのイングヴァール・カールソン元首相などの国家首脳クラスや，ロバート・マクナマラ元世銀総裁（アフリカのためのグローバル連合の議長も兼任）や，グローバル環境ファシリティ (GEF) のCEOであるモハメド・エル＝アシュリー，エンリケ・V・イグレシアス米州開発銀行総裁，ウィルフリード・タルウィッツ世銀元副総裁，世銀上級職員で本委員会の委員長を務めるイズマイル・セラゲルディン (Ismail Serageldin) など，新旧の世銀職員が名をつらねる．スエズ社のジェローム・モノド理事長や，ペトロ・カナダ社，オンタリオ・ハイドロ社元CEOおよびアースカウンシル会長でたびたび国連の理事や特使を務めているモーリス・ストロングなど，企業のリーダーも重要な役割を果たす．財団，NGO，国からは国際自然保護連合 (IUCN) のヨランダ・カカバッジ会長，米国ロックフェラー財団のゴードン・コンウェイ理事長，世界ダム委員会委員長で南アフリカ共和国の水問題及び森林担当大臣を務めたカダ・アズマル，元カナダ国際開発庁 (Canadian International Development Agency：CIDA）長官で現人口協議会委員のマーガレット・カトリー＝カールソンなどの要人も参加している．こうして，世銀や先進国の二国間援助機関から財政的支援を得ている主要な国際研究・政策機関の有力者が委員会に名を連ねている[15]．

このように世界水委員会は，ビジネス界，開発業界で高名な人々から成っているが，資金源は「世界水会議」(World Water Council：WWC) である[16]．1996年に設立された WWC は，自らを国際的な水政策シンクタンクと称し，各国政府に世界的な水問題に関する最新の研究を紹介し助言をおこなう．国連や世銀の諸機関が出資し，世銀や CIDA，国連開発プログラム，IUCN，スエズ社ほか欧州の水道会社，水関連の専門機関出身の役員がその運営にあたる．会員数300名を擁する WWC はハーグで開催された第2回世界水フォーラムや，京都で開催された第3回世界水フォーラムにおいて極めて重要な役割を果たしてきた．また，前述の「世界の水に関するヴィジョン」という報告書では，将来の水民営化計画を明確に打ち出している．この報告書は，世銀の政策的立場と経済分析法を真似，それを水の領域に応用したものである[17]．

水に関する政策ネットワークで，もう一つ重要な役割を果たしているのは「持続可能な開発のための世界経済人会議 (World Business Council for Sustainable Development：WBCSD)」と呼ばれているネットワークだ[18]．WBCSD は，160社を上回る多国籍企業連合体の代表格であり，水，エネルギー，廃棄物管理事業にかかわる大手の企業により構成されている[19]．2002年8月，WBCSD は報告書 *Water for the Poor* を発表し，「水なくして持続可能な開発なし！」というときの声をあげた．"Water for the Poor" は，2001年12月にボンで開催された国際淡水会議 (International Conference on Freshwater) で作成されたボン・アクションプランを踏襲している．"Water for the Poor" の中で，世界経済人会議 (WBC) は，貧困層のニーズと企業や公的機関のニーズとをマッチさせるという政策を提言している．「貧困層への水供給は企業にとってのビジネスチャンスだ．給水のためのインフラストラクチャーを近代化し拡大するためには，新しい水道管，ポンプ，計

測・モニタリング機器，使用料請求のための記録管理システムが必要になるが，それらの機器の生産は雇用を生み，給水事業と直接関連のない業界であっても市場参入のチャンスがある．このようなプログラムは事業規模の大小にかかわらず，膨大な雇用と販売の機会を生み出す可能性がある」(World Business Council for Sustainable Development 2002, p.9)．換言すれば，グローバルにネットワークを持つ開発業界そして途上国政府と企業が連携をとることで，企業のみならず，貧困層も利益を得るというシナリオである．こうしたシナリオは，世銀の専門家向けの研修の考え方と政策的な取り組みの理念と同じ展望に基づいている．

　同じく1996年に設立されたグローバル・ウォーター・パートナーシップ（Global Water Partnership：GWP）も「持続可能性を担保するための水資源の管理」という考え方を支持している．GWPは，水を経済財ととらえ，世界中の公共用水設備の改良を目指す．ベテラン世銀上級職員であるイズマイル・セラゲルディンが運営委員会の委員長を務め，資金源は先進国の二国間援助機関（特に大規模な水関連企業が国内にある国），世銀，UNDP，そしてフォード財団である．2003年1月現在，GWPの事務長はエミリオ・ガブリエリ（Emilio Gabbrielli）であるが，同氏はドイツの複合企業であるRWE－テムズの系列ブラジル・テムズ・ウォーター社の代表取締役でもある．GWPの水インフラへの融資に関するパネルの議長は，構造調整の権威と言われた元IMF専務理事のミシェル・カムドゥシュで，複数の企業の取締役会のメンバーも務める．

　国家首脳，国際金融機関，開発機関，シンクタンク，企業だけが多国間水政策ネットワークの主役ではない．古株で最も有力な水関係のNGOである英国のウォーターエイド（WaterAid）もその一員だ．ウォーターエイドは，「ニューミレニアム開発目標」が提唱されて以来，世銀や国連機関と連携するようになり，上下水道設備を利用できない人々の割合を，2015年までに半分にするという活動に加わった[20]．23万人の住民に安全な飲み水を供給すること，向こう13年間にわたって1日あたり50万人が上下水道を利用できるようになることを目標に，年間250億ドルの資金を調達・

第6章　水の民営化，市民社会のネオリベラル化　　　219

拠出している[21]．ウォーターエイドはその他のNGOや市民団体，多国籍企業が給水設備改良事業に参加することを呼びかけている．「水危機を乗り切るためには民間セクターに頼ることも1つの解決策であり，（政府関係だけでなく）もっと多くの関係者がかかわって問題を解決することが重要である．市場の環境が比較的自由な場合，民間セクターは水関連設備への投資にとどまらず，水や上下水道サービスの提供において急務とされている効率的なシステム作りのノウハウも提供できる[22]．」

ウォーターエイドが，世銀との連携を強め，また世銀とIMFの水の民営化という呼びかけに応え，それを賢明な対策として受け入れたという事業の意味を考えてみる必要がある[23]．さらに，ウォーターエイドは，債務免除の条件として水の民営化を求めている，世銀とIMFの方針にも賛同している．世銀とIMFは，重債務国に対する最近の構造調整型プログラムローンのひとつである貧困削減支援借款（PRSC：貧困削減戦略書を含む）において，融資と債務免除の条件として水の民営化対策を求めているが，ウォーターエイドもそのやり方を支持している．「ウォーターエイドは，他の市民団体と共に貧困削減戦略書（PRSP）プログラムにかかわりながら，上下水道へのアクセスというアジェンダがPRSPの優先事項となるように働きかけている．……PRSPは，こうした政策に優先順位を付け，資金を見つけ，政策を実行に移し，プログラムのモニタリングまで行うということから考えると大変重要なプログラムである[24]」．

ウォーターエイドは，毎月英国の一般家庭に送られてくる水道料金の請求書に「貧しい人のための水プロジェクト」への寄付を呼びかける広告を載せており，途上国の水問題は英国の一般市民には馴染み深い．また英国の有力紙に資金調達のための広告を掲載し注目も集めた．1981年に設立されたウォーターエイドは「Water for All（すべての人に水を）」と初めて呼びかけた大規模な団体の1つであり，企業や個人から寄付金を集めアフリカ，アジア15ヵ国で貧困層に水を供給している．2001-02年は1,100英ポンドの収益を上げた．その他の同じように知名度の高い開発NGOとは異なり，ウォーターエイドはもともと複数の大手企業が設立した組織であり，

個人の寄付や政府補助（英国および EU）のみならず，現在においても企業からの資金的な支援を受けている[25]．ウォーターエイドの理事のほとんどが大手企業勤務の経験がある．バイ・コッカーはセヴァーン・トレント社の元 CEO，ヒュー・スピードはスエズ社副社長，デーヴィッド・ラフラムとジョン・セクストンはテムズ・ウォーター社取締役，スチュアート・ダーウェントはサザン・ウォーター社，コリン・スケレットはウェセックス・ウォーター社の会長である．

　水関係の NGO の中でもとりわけて順調にネットワークを展開しているウォーターエイドからも多くの人が委員として京都水フォーラムに出席したが，「貧困層はどうしたら顧客になるのか？」と意味ありげに質問したのもウォーターエイドから出席した委員だった．それこそ世銀と世界最大の水道会社が過去数年にわたって追求してきた問題であり，貧困層を恰好の顧客にするという隠れたアジェンダが埋め込まれているのである．ウォーターエイドは民間セクターとの連携そして「貧困層問題に対処するための市民社会の役割」において自らを「成功」事例として紹介する[26]．

　水に関する各種の国際政策ネットワーク，そして水に関わる言説の系譜をたどると，世銀が果たしてきた大きな役割が明らかになる[27]．世銀が支援した，国際水政策ネットワークとして「世界水パートナーシップ (Global Water Partnership)」，「世界水会議」，そして「21世紀のための世界水委員会 (World Commission on Water for the 21st Century)」の 3 つが挙げられる．このネットワークが多国間の水会議や研修，政策文書作成の拠点となると同時に，グローバルに活躍しかつ機動力を持つ水に関する専門家集団の核を成す．世銀は，3 年に 1 度の「世界水フォーラム」[28]の開催も支援しており，水資源に関する国際シンポジウム (International Symposium on Water)[29]，水インフラへの資金調達に関する世界パネル (Global Panel on Financing Water Infrastructure)[30]，水メディアネットワーク (Water Media Network)[31]，水利用パートナーシップ - アフリカ (Water Utility Partnership-Africa)[32]その他，国家，民間セクター，NGO，各企業の担当者などを地域，テーマ，議題別に結集させるレベルの高い様々なネットワークに資金を提供している．

世銀と国際水政策ネットワークは，ジャーナリストや開発コンサルタント，政府当局者，そして世界全体に向けて水政策改革の必要性について啓蒙活動をしていると言えよう．1998-99年にウォーターエイドやヴィヴァンディ，世銀，および国際商工会議所内にある開発のためのビジネス・パートナー部門 (Business Partners for Development) は，途上国の上下水道設備に関し大きな影響力を持つ一連の会議を開催し，そうした組織の意見でしかない途上国の水問題の対処策をあたかも世界的にほぼ合意されている対策であるかのような報告をおこなった[33]．欧州，アジア，ラテンアメリカ，アフリカ全土で開催された高レベルな会議，フォーラム，政策策定会議においても，水政策改革という議案が議論され，この問題は徐々に合意形成の方向に向かった．一種独特の地位にあり，豊富な資金源を有する国際水政策ネットワークは，グローバル市民社会に水政策に関する考え方を持ち込み，浸透させた．国際フォーラムに出席でき，科学的な知見に基づき発言し，水問題に関し議論できるのはネットワークのメンバー以外に誰がいるだろうか？　ネットワークのメンバーでありトップ業界紙である *Platts Global Water Report* の著名なジャーナリスト，ジョン・ロバーツは，ネットワークのメンバーが自分たちを「世界の水共同体」のリーダーだと思っていることを，公然と批判している (Roberts 2002)．ロバーツは，第4回水資源に関する国際シンポジウムで，出席者があまりにも偏狭な空論を並べたて，世界の治水政策改革について民主的に議論するための中立的な立場をとらず，水の民営化というイデオロギー的思考の提唱者になっていると批判した．内部関係者の中にも，関係者の資料だけを引用するような自己言及的な取り組み方は適切ではないと思っている人もいるようである．

水改革に関する国際合意

一見したところ，途上国の水問題に関する議論にはさまざまな人の声が反映しているように見受けられるが，実は水に関する「国際合意」は一部の組織の発言力の強さと，政策ネットワークの戦略的な活動でできあがっ

ているのである．TPN における議論では，まず水資源というグローバル・コモンズ[iii]が危機に瀕しているということ，そしてコモンズへのアクセスが不十分でまた経済活動への参加も十分にできない貧困層の生活が，水資源の枯渇により打撃をうけるというフレーミングが使われ，それがもう既に議論の余地の無い「事実」であるかのように語られる（Goldman 1998）．また，TPN は，限られた期間に起こった事柄にのみ触れ，非常に単純化した形で，各国政府の水問題に関する立場を説明する．そして，途上国で水供給がうまく行かず，グローバル・コモンズの枯渇を招いた主因は，水をあたかも限りない天然資源であるかのように扱う非効率で腐敗した政府にあると結論付ける．途上国政府が水に実質価格を反映させないことが原因で，世界中に水の浪費文化が生まれ，水の欠乏を招いている（テムズ・ウォーター社の上級管理職，ピーター・スピレットが真顔で言うように，「一般の人は，明らかに水の価値を理解せず，天から降ってくるタダのものだと思っている」[Carty 2002]）．資源が枯渇しつつあるからこそ経済利益を追求する企業が興味を示し始めているのである．スピレットは，「水分野の成長の可能性は膨大だ……近い将来，水をめぐって戦争が起きるだろう．それほど限りある貴重な資源なのだ．資金をつぎ込めばうまくいく可能性は極めて高い（Carty 2002），と語った」．

　要するに，世界中のすべての人が水にアクセスできないのは，途上国政府が水に対して無関心で適切に課金を行わないからだという主張である[34]．政府の無責任な対応が，貧困問題と関係するのは事実であろうが，政策ネットワークは独自の理由付けを，病んでいる途上国地域全体に当てはめようとしているのである．

　水問題を解決するとして，途上国政府は，国際的な会計方式を採用し水供給サービスに関する評価を行い，国際的な信用調査機関による格付を受

---

iii　コモンズとは，明確な所有者がない資源・環境を指す．不特定の誰もが利用できるオープンアクセスの資源ではなく，諸個人あるいは諸世帯が共有する資産と解釈できる．諸個人が自分の利益を最大限にしようという行為に至ることで，資源の枯渇を招くことがある．また，そこに競争の原理が生まれ，社会的弱者が不利な立場に立たされると想定される．

け，ここが最も重要なことだが，水に市場価格をつける．このように一連の指標を導入するということは，効率よく水の供給を行い，環境保護にも力を入れるという定評である，先進国の民間企業に仕事を依頼することである．水問題に関する議論は，1996年頃から見られるようになったが，国際政策ネットワークの関係者は，中立的な立場で水問題に取り組んでいると認識されるよう，実に巧みに言説を構築したのである．

　国際政策ネットワークの活動の中で，特筆すべきは，ネットワークに参加するアクターが引き合いに出す話，宣言，原則の出所が全て1992年のリオ・サミットとダブリン会議に端を発することである．誰もがマラケシュでの会合を，様々な団体が一堂に会してグローバルな行動計画を策定した決定的瞬間だと言及する．しかし，マラケシュの会合は実は，世銀と国連機関，大手多国籍企業，国際援助機関，二国間援助機関など，水に関するプロジェクトに関係する人，また利害関係がある人の会合であった[35]．2000年にハーグにおいて，第2回世界水フォーラムが開催された時には，一握りのNGOが招かれた．2003年3月中旬，京都で3回目のフォーラムが開催された時には，今後さらに幅広く参加者を募ると約束し，インターネット討論も公開した（但し京都世界水フォーラムのウェブサイトは英語，フランス語，スペイン語の3ヵ国語しか訳出されなかった）．世界水フォーラムは多様な人々や世界観を組み込もうとあらゆる革新的な方法をとっている．事実，議題の中には，ジェンダー，障害者，先住民，HIV／AIDS孤児，そして水の非経済的利用に関する懸念など，新しい話題が加わっている．しかし，その根本には依然として経済評価に関する「ダブリン宣言」が揺るぎない柱として据えられており，それを取り巻くようにさまざまな論点が議論されるのである．すなわち，水には経済的な価値があり，持続可能な開発という名を借りて，そのあらゆる用途を経済財ととらえなければならないのである．

　2002年，ヨハネスブルクで開催された「持続可能な開発に関する世界首脳会議（WSSD）」は，6年間に渡る多国間協議の結果生まれた国際合意が反映されていた．WSSDでは，南部アフリカの飢饉やHIV／AIDS危機，

表6.1　世界銀行上下水道設備融資2001年度

国名	融資総額(単位: 100万米ドル)	融資総額に占める割合(%)	費用回収条件	民営化条件	両方
ブルキナファソ	70	12.6	要求する	要求する	要求する
コモロ	11.4	2.1	要求する	要求する	要求する
エクアドル	32	5.8		要求する	
インド	65.6	11.8	要求する	要求する	要求する
マケドニア共和国	29.3	5.3	要求する	要求する	要求する
ニジェール	48	8.7		要求する	
ロシア連邦	122.5	22.1	要求する		
セネガル	125	22.6	要求する		
ウクライナ	24.3	4.4	要求する		
ウルグアイ	6	1.1		要求する	
イエメン共和国	20	3.6		要求する	
合計	554	100			
融資総額に占める割合			80.9	51	31.8

出典：Grusky編纂による世界銀行報告書，2002年

持続可能な森林，採鉱に関わる問題など，数多くの持続可能な開発に関する問題が議事に予定されていたが，主要なテーマは水の民営化だった．事実，サミットの目玉とされたメディアイベントでは，大企業と国連が出資したウォータードーム（WaterDome）の命名式が開催された．このお祭騒ぎは，ネルソン・マンデラとオランダ国皇太子オレンジ公が司会をし，パパラッチと大企業の代表者に取り囲まれ，これ見よがしに華々しく官民パートナーシップ（PPP）の水政策ロビー活動が讃えられた[36]．水をめぐる問題がウォータードームで公表されたが，WSSDの議事は「世界の水危機と貧困層」に関する分析に始まり，効率的な上水サービスの提供，費用回収の手法，官民の連携まで，国際水政策ネットワークが作った論点と全く一致していた．こうした論点は，一見して関連のないアフリカ連合結成の際のスピーチに，また「アフリカ開発のための新パートナーシップ（NEPAD）」の報告書にも垣間見える．どちらもTPNによる分析や行動計画を取り入れている．このような国際合意は，世銀，IMF，世界貿易機関（WTO）の理念にかつて反感を覚え，抵抗した人を押さえ，アフリカ全域

第6章 水の民営化，市民社会のネオリベラル化

に広まったことを示す．

1990年代中期以降に，山ほど作成された政策文書，技術的協議事項，投資ポートフォリオ，上下水道設備改良に関する法案を見ると，安全な水や適切な下水道設備が完備されていない国が行うべき対策について，明確な世界的合意が形成されてきたことが分かる．その後10年もしないうちに，疑問をはさむ余地のないほどに明確に，論点，経済モデル，倫理的問題，そしてそこに参加するアクターの役割が明示され，真実，規則，そして権利を明確に示すレジームが出来上がった．こうした現象は，グリーン・ネオリベラリズムの時代を構築してきた世銀の言説戦略と大して違わない．「我々には些細なことで言い争い，先延ばしにする余裕はない．全ての人に水を，今すぐに供給しなければならない (Mestrallet 2001)」という緊迫した危機宣言に駆り立てられ，世界的な水危機をめぐる議論も起こっているが，現在議論はされていないがもっと緊急を要する問題が存在するのではないだろうか？ 水問題を巡る議論は，国際的な金融，貿易，開発機関が全力でその正当性を裏づけているからこそ，説得力があるのである．途上国の国家首脳や，ネットワークの外にいる専門家たちの影響力が相対的に少ないため，結局は，グローバルな水政策を推進する側が提示した選択肢が最良のものとして採用される．それは古典的なフリードマン流の「選択の自由」パラドクスであり，実際は選択の幅が極めて狭く，過剰に支配されている状態である (Rayack 1987)．そのパラドクスは，最近に見られるような世銀とIMFが重債務国に課している一連の条件や，ライオンが羊を襲うようにアフリカに対する水の民営化が推進されていく様子に明らかに見てとれる．

水の民営化の強要

ネットワークの考え方そして行動計画は，世銀とIMFが融資の際に課す，コンディショナリティ[iv]を通して実行される．最近の公共事業民営化 (欧州，アメリカ以外の) の大半が，世銀，IMFの積極的な関与によるもので

あることからもその実態が浮かび上がる[37]．融資の際に提示されるコンディショナリティに応じなければ世銀，IMFの資金供給が停止されることを政府当局者の誰もが知っているため，コンディショナリティは途上国にとっての脅威となりうる[38]．計り知れない債務負担は，債務国政府に過酷な重圧を与え，悲惨な社会問題を起こしている（最近の例では2002–03年の南部アフリカでの飢饉など）．こんな醜悪で不当な債務負担をやめるべきだという人民主義運動が起こると，世銀とIMFは債務免除というアメを使って債務国政府に水の制度改革を押しつけた[39]．例えば，2001年の世銀による上下水道設備への融資においては，債務国に水の民営化あるいは費用回収のいずれかを要求するコンディショナリティがつけられた（表6.1参照）．世銀とIMFは非常に短期間で「実行可能な」水政策の行動計画を策定するよう求めることが多いため，両者の水制度改革の要求を満たすために国際水政策ネットワークが持つ専門的知識と行動計画が利用される傾向にある．

　上下水道の設備に加えて，世銀は巨額の構造調整融資にも前述したPRSC（貧困削減戦略書）という厳しい条件を課している．国営の企業，公共事業，公益サービスの売却は世銀とIMFの融資を継続的に利用するための前提条件となっているのである（Grusky 2002）[40]．2000年だけでも，ベニン，ホンジュラス，ニカラグア，ニジェール，パナマ，ルワンダ，サントメ・プリンシペ，セネガル，タンザニア，イエメンが，多額の融資および債務整理を受ける前に，IMFの貧困削減・成長ファシリティ（Poverty Reduction and Growth Facility）融資につけられたコンディショナリティに合意した．これらの融資および債務の再交渉においては，水の民営化や費用回収が重要な条件となった．IMFのギニアビサウ共和国への緊急危機・紛争後政策融資（Emergency Post-Conflict Policy loan）やタンザニアの貧困削減融資

---

iv　コンディショナリティ（conditionality）とは，融資の代わりに途上国の経済改革を催告する政策条件．例として，世界銀行の構造調整融資や，国際通貨基金（IMF）の拡大構造調整ファシリティなどがある．政策条件と融資が合意した場合，IMFはその合意国の経済改革が推進されているかを数カ月ごとにチェックする（金森久雄・荒憲治郎・森口親司編『有斐閣経済辞典［第4版］』有斐閣，2002）．

第6章 水の民営化，市民社会のネオリベラル化

には公共水道事業の民営化が伴っていた．事実，債務免除を受ける「重債務貧困国（HIPC）」の大半は公共水道事業を民間企業に貸さなければならなかった．その企業は，常に先進国の企業であった[41]．

2001年末には，世銀は水関連部門で約200億ドルにのぼる膨大な融資約定を手にした（World Bank 2001）．世銀の水事業融資はおおむね，費用回収命令から始まるが，借入国政府は世銀の費用回収要求に応じられない．またそれにともなう価格上昇を受け入れる地域が少なければ，部分民営化，完全民営化へと徐々に要求が膨らむことになる（Grusky 2002; World Bank 2002）．条件に従わなければ，公共部門に頼る現在のやり方が不適当とみなされ，代わりの民間部門が導入される．2002年までに世銀と債務国間の費用回収に関する合意は何らかの形で民営化に結びつき，負債を抱えてもがき苦しむ政府公機関が世銀とIMFの要求を満たせるよう，外国企業が「助けてあげる」というスタンスの救済措置として顕在化している．結局，企業は助けが最も必要とされている地域への援助，技術移転，専門知識の提供などを行う，公益信託のような役割を与えられることになる．こうした政策的合理性から，新しいビジネスチャンスに惹かれる国際商工会議所の会員ではなく，どちらかといえば貧困救済や環境の持続可能性，社会的公正といった倫理的使命を担っている民間の開発関係者が関わることになる．

こうした世界観は，スエズ社のジェラール・メストラレ会長兼CEOがフランスの『ル・モンド（Le Monde）』紙に寄せた以下のようなコメントにも表れている．

> 2年前，私は17ヵ国から集めた専門家20名による委員会を発足させた．委員は全員，水と持続可能な開発に関する世界的に著名な専門家だ．民間企業の関与は，必要とされてきたがこれまでにはなかったものである．誰かが今後のことを考え，水資源の持続可能な管理と世界の百万都市における水の供給に関する政策を見直さなければならなかった．……過去10年間にわたり，国際機関と世銀は水の政策改革の中核を担い，官民の連携を奨励し，新たな資金源を見つけ効率のよい管理法を導入してきた．

スエズ社は1世紀以上も地方の水道事業に関わってきた経験を持つ企業グループとして，驚くほどの社会の変化を見てきた．顧客は5倍に増え，我が社の系列オンデオ社はブエノスアイレス，サンティアゴ，ラパス，カサブランカ，アトランタ，ブダペスト，メキシコシティ，ジャカルタ，マニラ，アンマン，バルセロナ，インディアナポリス，ニューデリー，ガザ……など，世界で1億1,500万人にサービスを提供している．多くの政府が，地方政府や国際機関と密接に協力し，改革を実施していることからもパートナーシップ・モデルは目に見える結果を出していると言えよう．

　水へのアクセスは普遍的な権利であると認めなくてならない．我々の仕事は，その権利を毎日，現実のものに換えることにある．世界に900万人いる我々の顧客は貧困ライン以下での生活をしているが，そのような人々にサービスを提供することも我々の使命なのである．

　我々は，地域社会の意思決定にも関わり，優れた現地NGOの援助で建設作業の実施にまで立ち会うこともある．こうした解決策が採用されたところでは，代理店を利用した場合に比べて水の価格は10分の1になり，品質もずば抜けて良い．他の地域では，貧困になればなるほど水の価格は上がり，品質は劣化する．恵まれない地域に上下水道の設備を提供することは，社会福祉という視点からも重要である．こうした活動は，企業の社会的貢献という問題ではなく，単に自分の仕事をこなし，職務を遂行しているだけであり，それを誇りに思っている……

　貧しい人々は今，問題の早急な解決を期待している．世界中の一人一人の努力を必要としているのだ．政治的な理由で，あるいは経済的な理由で，水政策に関して反対を唱えるのは，世界中の恵まれない人々にとって致命傷となる．水のための戦いには，我々のあらゆる資源が必要なのである．

　今何かをしなければ，2025年までに40億人の人々が満足に水も飲めなくなる．我々の「Water for all, quickly」というアピールの陰にはそういった厳しい現実がある．各国政府当局が直ちに水に関する積極的かつ有効な政策の土台を作ることによってのみ解決できる問題なのである（Mestrallet 2001）．

　ここで視点を変えて，構造調整が行われてきた20年を振りかえってみると，途上国政府は自国の公衆衛生，教育，福祉に費やすよりも多くの資金を世銀への利息の返済にあててきたという現実が浮かび上がる．こうした現実を知ると，途上国の公益事業部門の効率がなぜよくならないのかとい

う原因に対する見方が変わる．国際社会において民営化を推進しているアクターが，同時に各国に水道部門を含む公的インフラへの出費を大幅に削減するよう圧力をかけているとすれば，ネットワークの客観性がいかほどのものであるかという疑問が生じる．

国際水政策ネットワークが構築した「世界的水不足」や「危機」という言説を，批判的に眺め，疑問を呈し，その陰に隠されているであろう極めて現実的かつ政治経済的利害を考察することには，それ相応の理由がある．まず，これまで述べてきた水に関する一連の取り組みは国際金融機関と多国籍水関連企業の利害関係の中から生まれたものであり，水の欠乏した貧困地域の要求によって生じたものではないという点である．もちろん，都市の不法入居者やスラム街の居住者，農村部の貧困家庭，小規模農家の人々は，清潔な水や衛生が十分であると言っているわけではない．この特殊な政治的主導は上からのものであり，国際金融機関（IFI）とその開発パートナーがネオリベラルの理念を拡大させる契機となったのである．1990年以来，世銀はこれらの国際政策ネットワークの構築に資金を提供するだけでなく，公益サービスや公共事業，公共財の民営化を幅広く推進することに同意してきた．水道部門だけを見ても，世銀は1990年から2002年11月の間に，276件の水道事業への融資を行っており，その3分の1は借入国へのコンディショナリティとして水道事業の民営化を求めている[42]．民営化を条件とした融資は1996年以降3倍になっている（International Consortium of Investigative Journalists 2002, p.16）．1996年から99年の間に承認された構造調整融資193件のうち，58％にあたる112件が条件として民営化を要求したのである（表6.2参照）．

民営化の傾向は，特にアフリカにおいて顕著である．1997年までは，給水事業の民営化は西アフリカのごく少数の国に限られていたが，1999年に契約の数が著しく増加した．2002年5月現在，欧州の企業とアフリカ政府との間で締結された契約は18件を上回る．南アフリカだけで5件，さらに8ヵ国が交渉段階にある．こうした契約にかかわり合いをもつ有力企業は，ヴィヴァンディ（現ヴェオリア・ウォーター），フランスのソール，

表6.2 IMFの水道事業民営化および費用回収条件（2000年）

国名	IMFプログラム	融資条件
アンゴラ共和国	スタッフモニタープログラム（SMP）	・電気および給水料金調整
ベナン共和国	貧困削減・成長ファシリティ	・規制枠組み修正 ・2001年第3四半期までに民営化
ギニアビサウ共和国	紛争後緊急支援	・電気および水管理事業の民営化マネジメント
ホンジュラス共和国	貧困削減・成長ファシリティ	・2000年12月までに上下水道部門の法枠組みを承認
ニカラグア共和国	貧困削減・成長ファシリティ	・月単位1.5％の上下水道料金調整を継続 ・重要地域の上下水道サブシステム民間管理についてコンセッションを提案
ニジェール共和国	貧困削減・成長ファシリティ	・水道会社SNEを含む重要国営企業からの売却
パナマ共和国	スタンドバイ	・公営水道会社の民営化マネジメント ・民間企業経営者との契約を許可 ・料金調整
ルワンダ共和国	貧困削減・成長ファシリティ	・水道・電気会社民営化マネジメント（Electrogaz）
サントメ・プリンシペ民主共和国	貧困削減・成長ファシリティ	・完全費用回収のための水道・電気事業料金調整
セネガル共和国	貧困削減・成長ファシリティ	・都市上水道部門向けの規制機関設置による改良規制 ・地域への給水タンクおよび機器の配布にかかる継続的必要経費の移動による料金調整 ・民間企業経営者の関与を増加する
タンザニア連合共和国	貧困削減・成長ファシリティ	・ダルエスサラーム上下水道局資産を民間管理用会社に譲渡
イエメン共和国	貧困削減・成長ファシリティ	・完全費用回収のための水道、廃水処理、電気事業の料金調整

出典：政府当局がIMF、世界銀行職員と共にまとめた同意書（Letter of Intent）および経済・金融政策覚書（Memoranda of Economic and Financial Policies）。資料はIMFウェブサイト（www.imf.org）で入手可能。

第6章　水の民営化，市民社会のネオリベラル化

表6.3　サハラ以南アフリカにおける水の民営化状況（2002年11月）

国名	主導企業	現地企業	契約期間および種類	年
コンゴ共和国（ブラザヴィル）	Biwater	Biwater（コンゴ）	契約を受諾したが詳細は不明	2002
ウガンダ共和国	Suez-Ondeo	Ondeo（ウガンダ）	2年間　マネジメント契約	2002
ブルキナファソ	Vivendi	Vivendi（ブルキナファソ）	5年間　マネジメント契約	2001
ニジェール共和国	Vivendi	Vivendi Water（ニジェール）	水道・電気供給のための10年間の更新可能な契約	2001
南アフリカ共和国	Suez-Ondeo	Johannesburg Water	5年間　マネジメント契約	2001
チャド共和国	Vivendi	STEE	30年間コンセッション契約（当初マネジメント契約）	2000
マリ共和国	Saur	EDM	20年間　リース	2000
カーボヴェルデ共和国	Aguas de Portugal/EdP	Electra	50年間　リース	1999
モザンビーク共和国	Aguas de Portugal	Aguas de Mocambique	マプト、モノラ15年間　他3都市まら5年間	1999
南アフリカ共和国（Nelspruit）	Biwater/NUON	Metsi a Sechaba	30年間　リース	1999
南アフリカ共和国（Dolphin Coast）	Saur	Siza Water	30年間　リース	1999
ガボン共和国	Vivendi	SEEG（Gabon）	20年間　コンセッション	1997
セネガル共和国	Saur	Senegalaise des (Eaux)	10年間　リース	1996
南アフリカ（Stutterheim）	Suez	なし	10年間　リース	1993
南アフリカ（Queenstown）	Suez	なし	25年間　リース	1992
中央アフリカ共和国	Saur	Sodeca	15年間　リース契約	1991
ギニア共和国	Saur	SEEG	10年間　リース	1989
コートジボワール共和国	Saur	Sodeci	1960年に開始，1987年に20年間の再契約	1960

出典：Public Services International Research Unit (PSIRU) データベースから収集した情報による．http://www.psiru.org/reports/2002-12-W-DS-Africawater.doc および http://www.psiru.org/reports/2002-06-W-Africa.doc を参照のこと．

英国のバイウォーター，アグアス・デ・ポルトガル，英国のノーサンブリアン・ウォーターである．契約期間は5年から50年と幅広く，電気と水の両方にまたがっていることもある (表6.3参照)．2002年までに世界で4億6,000万人が，欧州に本社をおく企業から飲料水を購入していた．56ヵ国以上から大企業6社が関与し，過去6年間でその収益は劇的に増加している (Barlow and Clarke 2002; Global Water Report 1996; Grusky 2002; International Consortium of Investigative Journalists 2002; Shrybman 2002)．要するに，こうした公共部門から民間部門への転換は特段の経済的関心を生み出し，国際市場でビジネスをする大手企業と世界中に分散している仲介業者は，第三世界への投資という新たな波に乗ろうと躍起になっているのである．

パイプの亀裂

民営化への取り組みがどのように進んでいるかを測る尺度として，契約の持続性が挙げられるが，道のりは滑らかではなかった．多国籍企業が新たに結んだ契約の多くはこれまで広範囲な紛争を招いている．水道料金の値上げに脅かされている多くの地域社会は，国内にとどまらず越境する政策ネットワークを通して，情報を共有し，水民営化に対する反対運動の戦略を企てている．もうすでにボリビアのコチャバンバでは，民衆の抗議運動が起きている．都市を数週間にわたり閉鎖し，政府にベクテル社と締結した上下水道事業に関する契約を破棄させた．都市部，農村部の人々，女性団体，専門家集団，労働組合，水利組織，貧困層など，全く異なる立場の人々が初めて団結し，地域全体に広がりを持つ運動となった (Finnegan 2002; Laurie and Marvin 1999)[43]．その他の国々においても都市部の水道事業民営化が阻止され (例えばポーランド，ホンジュラス共和国，ハンガリー，スウェーデン)，解除あるいは無効となった契約も多かった (アルゼンチン，トリニダード，ボリビア，米国など)．そして反民営化運動は現在も進行中である (ブラジル，ガーナ，インドネシア，南アフリカ) (表6.4参照)．

民営化の波が押しよせるなかで，中にはしり込みをしている企業と消費

第6章 水の民営化，市民社会のネオリベラル化

表6.4 水の民営化反対運動

国名	都市	年	種類
ポーランド共和国	ウーチ	1994	民営化を阻止
ホンジュラス共和国	ホンジュラス	1995	民営化を阻止
ハンガリー共和国	デブレツェン	1995	民営化を阻止
スウェーデン王国	Malmo	1995	民営化を阻止
アルゼンチン共和国	トゥクマン	1996	契約解除および公共事業への復帰
ドイツ連邦共和国	ミュンヘン	1998	民営化を阻止
ブラジル連邦共和国	リオデジャネイロ	1999	民営化を阻止
カナダ	モントリオール	1999	民営化を阻止
パナマ共和国		1999	民営化を阻止
トリニダード・トバゴ共和国		1999	契約解除および公共事業への復帰
ボリビア共和国	コチャバンバ	2000	契約解除および公共事業への復帰
ブラジル連邦共和国	リメイラ	2000	契約解除未完了
ドイツ連邦共和国	ポツダム	2000	契約解除および公共事業への復帰
ハンガリー共和国	セゲド	2000	契約解除未完了
モーリシャス共和国		2000	民営化を阻止
タイ王国		2000	契約解除および公共事業への復帰
アメリカ合衆国	バーミンガム	2000	契約解除および公共事業への復帰
アルゼンチン共和国	BA州	2001	契約解除および公共事業への復帰
フランス共和国	グルノーブル	2001	契約解除および公共事業への復帰
ブラジル連邦共和国		現在	継続中
ガーナ共和国		現在	継続中
インドネシア共和国	ジャカルタ	現在	継続中
南アフリカ共和国		現在	継続中
ウルグアイ東方共和国		現在	継続中

出典：http://www.psiru.org/reports/2002-06-W-Africa.doc.

者がいる．2002年2月，世界第4位の水道会社，ソール・インターナショナル社の最高経営責任者，ジョン・タルボットは，世銀の会合に出席した際，全ての住民に水の供給を拡大するという目標は持続可能な開発という考え方に沿ってはいるが，途上国でのニーズがあまりに大きいため，「企業にとって絶好のビジネスチャンス」であるかどうかは疑問だと述べた[44]．貧困層からの費用回収は事実上不可能であり，民間セクターではこうした部門への新たな投資を行うのは厳しいとタルボットは指摘する．彼の考えからすると，「あらゆるビジネスがうまくいくもので，民間セクターには無限の財源があると考えるのは極めて非現実的である．……途上国の水問題の場合，ニーズの規模が民間セクターの財力やリスク許容量をはるかに超えている」．結局，こうした試みを価値のあるものにするため，「欧州と米国が水関連事業を補助したとしても」補助金とソフトローンが必要になってくるだろう．「補助がないとすれば，途上国でのビジネスは見合せることになる[45]」と，タルボットの提案はこれまでの論理を覆しことさら皮肉なものであった．すなわち消費者に補助金を支給するよりも（政策ネットワーク関係者の多くは浪費だと考えている），世銀その他の開発出資者は政府補助金，ソフトローン，保証を最大限に有効利用する術を知っている民間企業に直接支給するという解決策である．

既に締結している契約上そして倫理上，全ての住民に水を供給するという約束から抜け出すために，企業は法的な契約上の用語の見直しを行っている．例えば，ボリビアのラパス市の貧民街エル・アルトに水道を引く事業においては，スエズ社は契約書に書かれている"connection"という用語を「水道管接続」という意味ではなく，「給水塔あるいは水槽へのアクセス」という意味だと主張した．まさに，CEOとエリートの国際政策ネットワークがかつての官営の水道管理を遺憾だと批判した状態のままで続けようというのである[46]．また，企業側は貧困層に対し，設備建設に労働力を提供するように要求している．つまり，このような要求により貨幣によらないバーター取引が生じており（選択肢の限られた貧困層の搾取が起こりうる），契約の要件を実行し自らの利益率を上げるという算段である．これ

は帝国主義のデジャヴであろうか？　それとも21世紀の先進技術（プリペイドの水道メーターのような）は，19世紀を彷彿とさせるような契約労働と結びつかなければ利用できないような技術なのであろうか？

ガーナにおける民営化プログラムは，一般市民が親会社であるエンロン社系列会社の腐敗に対して抗議運動を起こし，世銀が融資を取り下げたため，あっけなく終了した．ガンビア，ギニア，ケニア，モザンビーク，南アフリカ（フォートボーフォート），ジンバブエでは，憤った地域の人々が反対運動を起こし，政府あるいは水道会社が手を引いている．規定や契約内容の解釈を実質上変えなければ期待利益が上げられないため，企業が撤退したところもある．貧しい「顧客」は，価格が急騰し，なお水供給の状態の改善もなされないことを声高に拒否し，外国企業に公正なサービスと値下げを要求するよう政府当局者に迫っている．アフリカにおける契約の3分の1は市民による政治的運動によって破棄されており，ラテンアメリカ，東欧，アジア全土でも同様の事が起きている．スエズ社の本拠地であるフランスのグルノーブルでは，アフリカに「欧州並みのサービス」を提供すると約束しているスエズ社の子会社，リヨネーゼ・デス・オークス社が上下水処理業務における過剰請求，盗用，不正により追放された（Barlow and Clarke 2002; Lobina 2000）．こうした事件の皮肉さは，当然フランスでもガーナでも水を利用する消費者にもわかっている．腐敗や盗用，談合は第三世界の公共部門特有の性質であり，フランスやフランス企業の性質ではないとみなすことはまさに新植民地主義のなごりと言えよう．世銀とその国際政策ネットワークが非西欧の借入国に吹聴するやり方は，昔の欧州のやり方を想起させる．

2002年，カリフォルニアを本拠地とするベクテル社が世銀の運営する投資紛争解決国際センターに提訴し，議論をまき起こした．2000年4月に何万人ものボリビアの市民がコチャバンバ市内に結集し，政府が世銀との交渉によってベクテル社に売り払った水道事業の民営化政策を却下させた．抗議運動が続いた8日後，地方政府が折れて契約を破棄し，ベクテルオランダ支社を追放した．2002年2月，ベクテル社はICSIDに申し立て，

ボリビア政府に潜在利益として2,500万ドルの補償金を請求した．ボリビアで地域の運動を主導したオスカー・オリベラはヨハネスブルクで開かれたオルタナティブ首脳会議（an alternative World Summit forum）で次のように報告した．「我々にその金が使えれば，コチャバンバで2万5,000人の教師を雇い，12万の集水設備を建設できたはずだ．それが，弁護士を雇い，ボリビアの国民総生産の2倍に相当する140億ドルの年間収益をあげる企業との仲裁に使われてしまった．紛争解決の手続が抱える問題は，ボリビアの民営化契約を支援した世銀が今回の申し立てを審理していることだ．世銀が説明責任を負っているのは誰に対してなのか？[47]」世銀は直接的に公式な審判を行っているわけではないが，ICSIDは世銀の指揮下にあり，世銀の援助および融資契約に関する紛争仲裁を裁定している．政府裁判と一般市民による陪審を避けたがる世銀の借入国に対して，巨大な多国籍企業はICSIDに仲裁を申し立てれば優位に立てる[48]．

　こうした水道事業民営化の反対運動と契約破棄の原動力となったのは，貧困層に対する水の価格急騰である．貧困家庭では水にかかる出費は家計にとって相当の割合を占めており，3分の1に及ぶこともある．コチャバンバでの水の価格は，ベクテル社の子会社が水の「適正価格」を反映して値上げして以来，典型的な家庭の収入の4分の1に相当している[49]．水の価格上昇が200％を超えた地域もある（Laurie et al. 2003）．また，ベクテル社は手製の雨水設備からの集水にも課金を要求した．雨水設備は当てにならない政府の民営化事業の前からあった貯水の方法である．ベクテル社の行動は，昔ながらの取り組みひいては地域社会の基本的権利への侵害であり，「ベクテル社は雨水の利用も有料化している」と非難する住民の声を結集させることになった（Finnegan 2002）．

　南アフリカ，ヨハネスブルクの黒人居住区では，水の消費者の大半が不完全雇用あるいは失業の身であり，水の価格は公共水道事業が民営化されてから50％以上上昇している．さらに，こうした居住区では，隣接した白人居住区の中流の消費者や大企業，採掘企業よりもはるかに深刻な物価上昇のあおりを受けている（Bond 2003）．これをアパルトヘイトのネオリベ

ラル化と批判する者もいる．ギニアでは民営化以降，水の価格が5倍となり，徴収金額が激減し使われない水道管が急増した（Grusky 2002）．こうした現実をみると，公共事業から民間業者への転換により貧困層に水が行き渡るようになったとは誰も思わないだろう．

矛盾あふれる「非」市民社会の台頭か？

　ヨハネスブルク空港から車で，2002年に「持続可能な開発に関する世界首脳会議」が開催された白人居住地のサンドトンに向かう途中，サミットに出席する代表団に向けた色鮮やかな広告看板が，ミネラルウォーターと同じ質のきれいで安全な市の水道水を味わってくださいと呼びかけていた．看板は空港へ向かう高速道路の真上に設置され，黒人居住区の少年がたっぷりと水道水のたまった浴槽で楽しげに水しぶきをあげている．その広告は，ミネラルウォーターと違ってヨハネスブルクの水は無料で，清潔で誰もがおいしく飲める，というメッセージを伝えている．だがサミット開催の2週間後，こうした広告は，第三世界の飲用水に懸念を示す欧州の代表団に安全性をアピールしていたのではないことが明白になった．それどころか，サミットに来ていた欧州の水関連企業の入札者に南アフリカの水道設備を売り込んでいたのだ．

　10キロ先に進むと，厳しく隔離され老朽化したアレクサンドラ（"アレックス"）黒人居住区があり，サンドトンで働く低賃金労働者の住居がある．この地域では，公共の交通機関，診療所，学校，その他の基本的な公益サービスは整備されていない．アレックス居住区はアパルトヘイトが廃止されても変わっておらず，依然として悲惨な状態である．アレックス居住区には，30万人の人々が2平方マイル足らずの土地に詰め込まれ，利用できる上水，電気，安全な住居，基本的な衛生設備もない．「適正な価格で利用できる」というキーワードで，公共サービスの供給が図られてきたが，現在は住民が利用料を払えないため停止されている．劇的な政変の中で，解放後のアフリカ民族会議（ANC）はワシントン・コンセンサスに準拠し

た新しい政策として，自発的土地売買を展開したが，南アフリカの貧しい黒人層にとって最も過酷な負担となっている．

　2002年のサミット開催時，南アフリカは，政府が強制的に水道と電気の供給を停止した後に起きた致命的なコレラ大発生の影響で，まだ不安定な状況だった．後に14万人が感染することになるコレラ流行の発端となったのは，世帯あたりの水道への再接続にかかる料金7ドルの不払いを理由に，政府がクワズル・ナタール（KwaZulu-Natal）地区の水の供給（以前は無料だった）を停止したことだった．南アフリカの水供給にかかわる問題は現在も続いているが，毎年4万3,000人の子どもが下痢のために死亡しているという．また給水や衛生設備も不十分である．ウィッツ大学（ウィットウォータースランド大学）の地方自治サービスプロジェクト[50]が，2001年に全国的な調査を行ったところ，南アフリカの政府から真偽を問われているが，4,400万人の住民のうち1,000万人が水や電気の供給を停止されていたことがわかった（McDonald 2002）．

　オレンジファームという黒人居住区では，2002年の世界首脳会談が開催される直前に，試運転という名目で，フランスのスエズ社が急いで水道メーターを取りつけた[51]．スエズ側は不払いや不正使用を防ぐため使用量に応じた料金を払う「従量料金制」を要求した．しかしオレンジファームでメーターを設置された家庭には収入がなかった．新設された水道管は既に水漏れを起こし，損失を回復する手立ても持っていなかった住民は，1ヵ月の無料使用期間が終われば水が使えなくなることを怖れていた[52]．電気メーターも民営化によって設置されたばかりだったが，実際には1ヵ月に4，5日分の電気代しか払えない家庭が多かった．上等なフランス製のメーターを設置された居住区の住宅は，その他の部分は設備が不十分だった．トイレは屋外にあり，下水処理設備はほとんどなかった．住居はわらぶきであったり，コンクリートを地面に流しただけの土台であったり，くず鉄を集めたりしたものだった．1,000万人が水を止められ，同じく1,000万人が電気を止められた．さらに200万人が住宅から強制退去させられ，低水準の状態で生活している．1994年以降，正規雇用者の100万人以上が

第6章 水の民営化，市民社会のネオリベラル化　　239

職を失ったが，ANCにより急激なスピードで労働組合が強い公共部門の民営化が推移しているため，近いうちにさらに多くの職が失われるだろう．ANCがどれほど外国の投資家に従順な自発的消費者文化を作り上げたくても，今のところ企業に消費されているのは居住区の住民という皮肉な状態である．政府および治安組織は今にも爆発しそうな緊張感を完全には封じ込めることなどできないであろう[53]．ヨハネスブルク全体に広がる緊張は，ネオリベラル化を推し進める政府そしてそれに反対する一般市民が直面する厄介な現実をそのまま表しており，そうした状態が世界のあちこちで見られる[54]．

　居住区で起こっている変化は世界首脳会議での議論された議題と重なり合う．1992年にリオデジャネイロで開かれた国連環境開発会議（地球サミット）のフォローアップとして，ヨハネスブルク・サミットの代表団は過去10年間の成果と失敗を振り返り，今後の展望について議論を行った．政治的な課題として，水，エネルギー，保健，農業，生物多様性に重点が置かれた．政府当局者，主な政府間機関職員，NGO，国際的な環境保護機関が出席し，一連の準備委員会が世界各地で開かれた後で，最終的なWSSD合意事項が完成したものの，それはあたかも世銀の報告書あるいは大手企業に提出する仕事の発注リストのようであった．一見していかにも多様なアクターが集合し苦心の末にひねり出した文書とわかるが，環境保護団体や開発援助団体も含め，あらゆる部門や専門職階級にとって「常識」に満ちた，ありきたりのものであった．

結　論

　世銀型の開発に関する経済的，倫理的批判は，世銀と関わり合いを持つ先進諸国，企業，世銀の活動に反対を唱える活動家まで，ポストコロニアルの世界に出現した多様なアクターの駆け引きによって常に変化する．しかし，風がどちらに吹こうと，向学心の強い専門家はますますその勢力を肥大させ，世銀の新規研修コースも増え続ける．世銀の考え方，やり方が

どんどん変わるため矛盾が生じることも珍しくないが，それでも世銀のやり方は世界中に広まり正論として認められる．その素早さは注目に値する．本章では，世銀が支援する専門家ネットワークの活動から萌芽したグリーン・ネオリベラリズムの理念をそしてその理念を踏襲した開発の発生過程を浮き彫りにした．世銀の考え方は研修という場を通して広がり，途上国内の政策にまで影響を及ぼすようになり，やがては途上国の政策枠組みとして取り入れられる．そして構造調整あるいは環境制度の改革といったような，世銀が取り組むプログラムを通じて実行される．異なる意見を持つアクターが，公共水道事業やそのサービスの管理に関する民間資本の役割についてさまざまな観点から議論をしたとしても，公共水道事業が民間の管理下に置かれるということが正しいとする風潮の中では，なかなか反対意見は取り入れられない．換言すれば，これは世銀の権力と知によって画策された脆弱なコンセンサスなのである．

　世界の多くの住民が十分に安全な水を飲めないという衝撃的な事実は新たな開発援助の機会を生み出すが，最終的にそのニーズが満たされることとはほとんど関係がない (Barlow and Clarke 2002; Bayliss and Hall 2002; Grusky 2002; Hall 2003; Hall et al. 2002)．貧困層の水不足という「問題」を世銀流に分析すると，公共部門のやりかたがまずく，経済が「テイクオフ[iv]」せず，近代化が進まなかった，ということになる．水や衛生施設のような基本的な公益サービスを国が供給できないということは，世銀によれば，公共部門の能力が欠けているのである．水不足は同時に貧困，近代化，ガバナンスに関する問題でもある．世銀と世銀スタイルの開発に賛同する先進各国によれば，第三世界といえば「開発不能状態 (arrested development)」に陥っており，腐敗，不手際の代名詞とされる．こうした植民地支配的なフレーミングにおいては，現在の途上国国家はグローバル経済への統合における

---

iv　アメリカの経済学者，W.W. ロストウがその著書『経済成長の諸段階』において，経済成長は「伝統的社会→離陸のための先行条件期→離陸期→成熟への前進期→高度大衆消費時代」という段階を踏むと述べた（見田宗介・栗原彬・田中義久編『社会学事典』弘文堂，1994, pp.945-946)．本書で述べられているテイクオフとは離陸期を指す．

第6章　水の民営化，市民社会のネオリベラル化

大きな障壁という存在であり，こうした統合によってもたらされるべき経済的利潤も得られないということになる．

　世銀は「貧困者救済」のための開発という言説を広めるとともに，資本主義的社会に変わるためには，途上国の開発の足かせとなっている悪条件を排除し，腐敗した公共資産を一括して国際市場に売却しなければならないという前提条件を提示する．住居，水，電気，衛生施設といったサービスと財を，劣悪な状態のまま放置しておけば，貧困に苦しむ人々の健康を損ねるだけでなく，途上国がグローバル経済に参与する能力も損なわれるからという解釈である．貧困削減と生態学的持続可能性を世銀流のネオリベラル的倫理の視点から見ると，公共部門の事業，施設，財というものは部分的あるいは完全に民営化されて初めて一般市民へのサービスへとつながるのである．世銀のシナリオでは，国家は公益事業の管理はしても，運営をすべきではないということになる．

　しかし，公共財の売却や賃貸は，単なるサービスの民営化にとどまらず，ポストコロニアルの制度的圧力が伴い，国家と市民の関係，南北の力関係にも影響を及ぼすことになる．水の民営化政策とは，壊れかけた公共水道設備や下水道インフラの改良計画以上の意味を持つ．民営化には，新しい行動規範，仲裁・会計・金融・請求などの手続き，補償に関する新たな倫理，公共圏の新たな役割が伴なうのである．これは旧宗主国が元植民地への影響力を維持するための最後の賭けを象徴しているかのようでもある．

　開発の業界では，国家より民間企業の方がはるかに効率的に仕事ができるという考え方が一般的である．越境する水政策ネットワークを構成している専門家集団曰く，公共制度の不整備により，貧困層は民間による貯水槽や水道設備に対し市場価格を上回る水料金の支払いを余儀なくされている．欧州を本拠地とする水関連企業と世銀のエコノミストの解釈によれば，これは効率的で信頼性のあるサービスの提供に対する貧困層（中流層も）の潜在的なニーズを表している．しかも，民間企業の貯水槽でも公的水道設備でもまかなえない程の膨大なニーズである．

　最近主流である言説によれば，公共部門と民間部門の違いは明らかであ

り，これまでの水問題の多くは公共部門の運営管理のまずさであるという短絡的な因果関係で片づけられている．しかし，フーバーダム，スエズ運河，インダス川の治水事業のような世界最大規模の開発事業を振り返ると，こうした区別はうわべだけのものであり，実際には官民の違いは実に曖昧であったことがわかる．国家が主な投資者であり，民間企業はインフラ整備および請負事業を行うといったように，これまでの大規模プロジェクトは官民の合弁事業であった．ダム建設の目的は，大規模農業，採鉱，エネルギー生産への水の供給など多様であるが，多くの場合プロジェクトには国の多額の補助金が投入された．実際，プロジェクトの入札を求める側と入札する側が国の組織であり全く同一であることも珍しくなかった．

　大規模な水関連プロジェクトの場合，国家間の国境問題と密接な関わりを持っているものも多い．例えば，1960年のインダス水利条約とそれに続くインディラ・ガンディー運河の工事では，パキスタンとインド間の砂漠地帯の国境に，大規模な灌漑水路が作られた．また，別の事例として，コロラド川を堰き止め，米国の川の水がメキシコ側に越流しないようにする工事（Goldman 1998; McCully 1996; Worster 1985）も挙げられる．こうした事例では，公益事業は準公益事業として位置づけられ，民間企業は「公的な」評議会で採決された保証利潤率に基づいて利潤を得る．

　植民地時代においては，貴重な「公的」自然資源（水，流域，水系）は欧州の特権階級や帝国から契約を与えられた「民間」企業によって支配されていた．例えば，ザンビアはセシル・ローズの率いる民間の多国籍企業，英国南アフリカ会社（British South Africa Company）によって植民地化された．今日，ザンビアは他の多くのアフリカ諸国と並んで「大部分を多国籍な組織に支配されている．そのような多国籍組織は，それ自体が政府ではないが，国民国家から成るグローバル体制の中で先進国家と連携する．フレデリック・クーパー（Frederick Cooper）はこのような動きを「国際化された帝国主義」と呼んだ（Ferguson and Gupta 2002）」．そうであるならば，単純に公的部門が機能しないのだから民間部門がその職務を引き継ぐ時代だ！と言えるだろうか．単純化された構図を示すのは，抽象化という暴力であ

り，植民地と帝国主義の歴史を否定することと何ら変わりがない（Scott 1995）．

　要するに，開発NGO，専門家などの国家のエリート，企業，法人組織，国際援助機関の関係と，それらのアイデンティティを額面どおりに受け取ってはいけない．その系譜や経歴を問題視する必要がある．誰がローカルで誰がトランスナショナルなのか，官か民か，慈善的か営利目的か，上か下か，あるいは市民社会かなどの分類は極めて難しく，戦略的に使われる．発展と創造の余地があると美化された市民社会の形成は越境するネットワーク形成とも読みかえることができる．先進国のエリートから途方もない慈善的な援助を受けたいわば先進国と途上国の不均衡な関係を再生産する「グローバリゼーションの企て」であり，機動性と柔軟性のあるグローバリゼーションという必然的な社会的過程と見なされる（Florini 2000）．なぜこのような市民社会に関わる人々のネットワーク形成のプロセスに，特権的な立場が与えられるのか（Riles 2000），そしてこうしたプロセスの影には一部の人に特権を与えることによって抹消され，蝕まれ，従属させられた人々は存在するのかという問いを考えてゆかなくてはならない．国際的な連携を通して活躍するアクターは，柔軟かつ機動力があり，政治色の無い集団として効率的に動いているような様相を呈している．しかし越境するネットワークの参加者として認められるプロセスに，権力／知識がどのようにかかわり合いを持つのかを考えなくてはならない．史上最大の国際会議であった2002年首脳会議は，世銀が支援した政策ネットワーク形成の成功を示すものであると思われているが，その解釈は複雑を極める．本章においては，世界的な水政策改革を推進する強力な政策ネットワークの目覚ましい進歩と，その存在意義に注目し，次第に重要性を増すこうしたエリートの政策ネットワーク形成という現象の意味，そしてその基盤をなす世銀のグリーン・ネオリベラリズムを明らかにする試みを行なった．先進国のメディアは，国際金融会議場の外でデモを行う環境保護意識の高い活動家の「国の代表者としての資質」と「説明責任の能力」を取り上げ，疑問を投げかけているが，誰が越境する政策ネットワークに参加している

のか？　ネットワークの権力の由来はどこか，世界規模の政治経済に影響を及ぼすための組織的な動きは？　そして世銀のグローバルな影響力が生産，再生産される過程について問いただす必要がある．残念ながらこのような探求そしてそうした探求の可能性はこれまで重視されてこなかったのである．

注

1）本章で取り上げる越境する政策ネットワーク（TPN）は，世銀が支援するものだけを中心に取り上げたため，世銀と無関係なものは含めない．しかし，世銀は気候変動や海洋法，テロとの戦い，国際貿易協定など多岐にわたる世界的な政策課題とかかわっているため，実際には様々なTPNと重なっている．

2）1997年以降，世銀自体に透明性がなく説明責任も果たしていないという外部の批判をうけ，世銀研究所（WBI）は外部の諮問機関設置を決めた．世銀の主要部署が何らかの形で部外者に対しても責任を果たすという，初の試みでもあった．2002年のWBI諮問委員会を構成していたのはサン・マイクロシステムズ，インターナショナル・ヘラルド・トリビューン，マッキンゼー・アンド・カンパニーの幹部クラスや複数の国で展開する高級サービス部門のメンバー（すなわち調整融資の重要な受益者），AVU（African Virtual University: 世銀の出資により新設された大学）のCEO，ペルーの市民社会の専門家，南側の有名な私立大学の理事であった．要するに，世銀は外部の世界に対して責任を果たすようになってはいるが，その世界というのは極めて選択的，排他的で世銀と適合性のある世界であり，世銀の融資や活動から主に利益を得ている法人顧客が大部分を占めていた．World Bank Institute 2002 参照．

3）WBIの水政策キャパシティー・ビルディング・プログラム（Water Policy Capacity Building Program）は，1994年以来，90ヵ国から9,000人の専門家を輩出している．調査対象者のほぼ半数が，自国でWBIの出資による水管理政策改革が行われていると答えている．（Pitman 2002, p.10）

4）2002年，米国の圧力によって世銀が9.11後の政策課題をサポートすることになり，パキスタンは単独で前例のない8億ドルという調整・民営化プロジェクトを受け入れた（World Bank 2002, p.150）．これらの融資は裁判所から議会，地方政府，さらには保険業，金融業，公共サービス提供部門にいたるまでパキスタンの社会全般にかかわる．

5）"Public Communication Programs for Privatization Projects" 参照．http://www.worldbank.org/developmentcommunications/Publications/wb%20toolkit%20book%203.6.02.pdf からのダウンロード．

6）この点を明確にする際，助力を得たニーナ・ローリーに感謝する．

第 6 章　水の民営化，市民社会のネオリベラル化　　　　　　　　　　　　　　　245

7) www.logincee.org 参照．
8) www.acbf-pact.org/forums/APIE 参照．
9) "What Can ACBF Offer Nepad?" ACBF ウェブサイト，www.acbf-pact.org/inforResources/briefs/FAQs.pdf. 参照．
10) Laurie et al. 2003. 参照．
11) Global Water Archive ウェブサイト，http://www.platts.com/gwr/081902.htm 参照．
12) この報告書はハーグでの第 2 回世界水フォーラム開催期間中に発表された．
13) http://www.worldwatercouncil.org/forum.html 参照．
14) 彼らの関係を示す記録については Dezalay and Garth 2002 参照．
15) http://www.worldwatercouncil.org/forum.html 参照．
16) こうした用語は混乱を招くかもしれない．議論されている委員会，会議，パートナーシップ，フォーラムはそれ自体がネットワークを形成していると同時に，より大きなネットワークを構成する一要素でもあり，その巨大なネットワークの中で小規模のネットワークが相互に作用している．
17) www.worldwatercouncil.org/vision.html 参照．
18) 世銀のウォルフェンソン元総裁は WBCSD 設立当初のメンバーだった．
19) www.iccwbo.org 参照．WBCSD を構成する160社は30ヵ国以上20の主要産業部門から参加している．World Business Council for Sustainable Development 2002 参照．http://www.gm-unccd.org/FIELD/Private/WBCSD/Pub1.pdf からのダウンロード．
20) ここでいう「ニューミレニアム開発目標」とは，2000年の国連総会におけるミレニアム・セッションで採択された，安全な水が入手できない人々の問題を対処するための目標を指す．World Business Council for Sustainable Development 2002 参照．
21) http://www.wateraid.org/site/in_depth/current_research/157.asp からの引用．2003年 2 月13日にアクセス．
22) Water-Aid のウェブサイト "Private Sector Participation" からの引用．2003年 2 月13日にアクセス．http://www.wateraid.org/site/in_depth/current_research/157.asp からの引用．
23) ここで挙げた他の多くの組織と同様，WaterAid は民営化が貧困層を救う唯一の最善策だという議論を疑問視する報告書を配布している．意見の相違や不一致というものは，実はヘゲモニー形成の重要な要素である．例として報告書 "New Rules, New Roles: Does PSP [Private Sector Participation] Benefit the Poor?" (WaterAid and Tearfund 2003) を参照．
24) http://www.wateraid.org/site/in_depth/current_research/400.asp 参照．2003年 2 月13日にアクセス．
25) WaterAid のウェブサイト www.wateraid.org から引用．2003年 2 月13日にアクセス．
26) WaterAid のウェブサイト www.wateraid.org から引用．2003年 2 月13日にアク

セス.

27) 他にも，これらの越境する政策関連ネットワークへの主な出資者として世界最大の水道事業関連会社が関係する国の二国間援助機関がある．例えば，英国国際開発省（DFID），スウェーデン国際開発庁（SIDA），フランス外務省，オランダ外務省，米国国際開発庁（US AID）である．これらの政策決定関係者は1996年頃から影響力を持つようになり，世銀の水の民営化政策を忠実に順守している．

28) www.worldwaterforum.org/eng/wwf02.html 参照．

29) www.symposium-h20.com/symposium.html 参照．

30) www.worldwatercouncil.org/download/FinPan.Washington.pdf 参照．

31) www.worldbank.org/wbi/sdwatermedianetwork 参照．

32) www.wupafrica.org/what.html 参照．

33) www.iccwbo.org 参照．

34) 例えば *Global Water Partnership Report* は次のように論じている．「水危機は統治の危機であり，水に対する適切な評価を誤り，水の管理における透明性がなく説明責任も果たさないという性質を持っている．水道設備部門では水道税および料金が不可欠な要素であり，改革によって関係者が水の真価を認識し，それに見合った対応策をとることが期待される」（International Consortium of Investigative Journalists 2002, p.25）．

35) 水フォーラム全3回のウェブサイト，ダイジェスト版ニュース，サマリーレポート参照．世銀を含むこれらの主要関係者によるウェブサイトからリンクされている．

36) 同時に水の支配者は，アフリカの貧困層は自国の悪癖の犠牲者だ，という典型的なビクトリア朝時代の植民地主義的フレーズを繰り返していた．

37) 米国，西欧では例外としているが，南での事業に対し世銀／IMFが多額の補助金を出すことが大きな要因となって世界最大企業が北の市場にも展開しうることは議論の余地があろう．

38) もちろんブラジル，メキシコ，インド，中国のような大型債務国が離脱すれば破滅的な影響を受けるため，世銀の職員の務めは何よりもまず紛争を避けることだ．

39) ヨハネスブルクで世界首脳会議の開催期間中に開かれた「反サミット」フォーラムで，アフリカの活動家が要求していた最も典型的な政治的要求はコンディショナリティなしの債務免除と債務補償だった（筆者の個人的覚書による）．

40) 世銀による最貧債務国のための新しい構造調整プログラムである貧困削減支援融資では，優先事項として水の民営化を挙げている．世界銀行 "Poverty Reduction Support Credits for Uganda and Burkina Faso", www.worldbank.org 参照．

41) 構造調整融資協定は一般に公開されないことが多いため，構造調整計画（SAP）融資におけるその他の世銀／IMFの民営化コンディショナリティに関する情報は，一般に流出したいわゆる機密文書や，借入国内から漏れてくる議論によっ

第6章　水の民営化，市民社会のネオリベラル化　　247

て入ってくる．Public Citizen の2002年9月の報告書参照（Grusky）．また，IMF のウェブサイト www.imf.org から入手可能な，政府当局者が IMF／世銀と共同で作成した文書 "Letters of Intent and Memoranda of Economic and Financial Policies" も参照．

42）これらの数字を年度別内訳にしてみると，1990年当初は20％未満であったが2002年には80パーセントと，資本を利用する要件としての民営化が継続的に増加していることがわかる（International Consortium of Investigative Journalists 2002, p.17）．

43）Public Citizen のウェブサイト，http://www.citizen.org/cmep/ も参照．

44）"Is the Water Business Really a Business?" J. F. Talbot, CEO Saur International, World Bank Water and Sanitation Lecture Seriers, February 13, 2002, www.worldbank.org/wbi/B-Span/docs/SAURD.pdf

45）このような方針転換は，当然に世銀と IMF の貸付業務に重大な影響を与えている．企業がサービスの提供を渋ると民営化を要求することがますます難しくなるためだ．

46）Laurie and Crespo 2002参照．

47）2002年8-9月ヨハネスブルクにて，筆者の個人的覚書より．

48）2003年2月，コチャバンバの人々の代理を務める弁護士は ICSID に対して一般とメディアにも公開するよう求めたが，ICSID の仲裁人は拒否した．"Secretive World Bank Tribunal Bans Public and Media Participation in Bechtel Lawsuit over Access to Water," Earthjustice press release, February 12, 2003. 参照．

49）2000年1月の "Frontline" PBS ウェブサイトに掲載された Multinational Monitor インタビュー，および2002年8月ヨハネスブルクで開催された「グローバリゼーションに関する国際フォーラム（International Forum on Globalization）」でのコチャバンバの政治活動家オスカー・オリベラによるプレゼンテーション「the Coordinadora de Defense de Agua ya la Vida（水と生活を守る連合）」より．

50）http://www.queensu.ca/msp 参照．

51）私がこの地域を訪れていた時，首脳会議に出席するフランスの代表を乗せた満員のバスがオレンジファームに立ち寄った．スエズ社の重役に招かれ，新しいフランス製の水道メーターのデモを見に来たのだ．

52）2002年8-9月にオレンジファームで実施したインタビュー．

53）水の民営化に反対する声で最大と思われるものに，南部アフリカ市民社会水総会（Southern African Civil Society Water Caucus）がある．そのメンバーである南アフリカ市労働組合（South African Municipal Workers Union）は民間部門と NGO による農村部水道設備計画への反対運動を行った．南アフリカの農村部に住む数百万人の住民への水道供給ができない政府に対し，全国土地委員会と農村開発事業のネットワークは結集して圧力をかけた．またアースライフ，環境モニターグループ，その他の環境保護主義者は費用のかさむ不正なレソト高原水資源プロジェクトのモハレダム建設への出資に対して抗議運動を起

こした．さらに，数多くの市民グループが全国的なネットワークを組織し，強制退去と民営化への反対運動を展開し，貧困家庭から水，電気，衛生設備を利用する自由を剥奪しようとする政府の思惑を覆した（Bond 2003）．世界首脳会議が開催される頃には，こうした様々な反対運動が融合し「反民営化」というスローガンを掲げた全国的な社会運動になっており，土地を持たない農村地域の住民や漁民による運動，労働組合，AIDS/HIV および人権擁護運動など一連の活動家も加わっていた．最終的に南アフリカにおけるこれらの活動団体は，近隣諸国をはじめ，アフリカ大陸全土，ブラジル，韓国，インド，タイ，西欧諸国，カナダ，北カリフォルニアから参加した何千人もの活動家と一致団結することになった．

54) Bond 2003および Ngwane 2003 参照.

Chapter 7
それは閉鎖できるか？

現代のように，これほど多種多様な人々が協力し合ってある一つの組織の存在に挑戦している時代は，歴史上稀なことである．このような全世界的な団結は，世銀のきわめて広範囲におよぶ侵略的な活動の直接的な帰結である．この対抗的な政治的勢力は，世銀の最近の開発レジームで，飽くことを知らない世界資本の蓄積戦略に組み込まれ勢いづけられたグリーン・ネオリベラリズム体制の中でしか形成し得なかったであろう．それ以前の世銀の構造調整と債務管理は，過酷で貧困を引き起こすものであったが，大衆に支持基盤を持つ反体制的政治闘争の「温床」となるには不十分であった．世銀は，その意図に反して，世界中の人々に贈り物を届けたのである．

世銀とIMFによる構造調整のための介入の見事さは，政府内部の財政金融に関わる仕組みの再編が一握りの者だけによって密室の中で行われたことである．ほとんどの人にとって，構造調整は抽象的で不可解なものであった．1980年代を通じて失業者による食糧を求める暴動やデモ行進が第三世界の主要都市で繰り広げられたにもかかわらず，横断的な運動の形成に結びつく機会は欠けていた．それは主としてこれらの抑圧的変化の原

因を正確に理解することが困難だったからである．主要な社会政策の廃止に伴う失業の巨大なうねりは，しばしば一つの政府を転覆させ新政権の樹立を導いた．しかし，新政権も同じ窮状——公務員を解雇し公共事業と公共財の売却によって古い債務の返却のための財源を確保しなければならないという重荷——を引き継いだ．1980年代には，大衆を覆いつくす絶望が，社会集団や国境を越えてつながりを持つ大衆運動へと転換することはなかった．痛みを伴う抑圧的な「緊縮財政」体制がはるかに生成的 (generative) な体制に引き継がれた時を待って大衆動員が一斉に開花したのである．「さまざまな運動を束ねた運動」と呼ばれる反体制的政治闘争は，きわめて革新的で予測できないやり方で立ち上がった (Mertes 2004)．1999年のWTO会議における「シアトルの闘い」は誰もを驚かせ，前代未聞の全世界的マスコミ報道を獲得したが，それは数百万の人々が多くのネオリベラリズム的政策に断固抗議してしゃがみ込み，世界中の主要都市を閉鎖するほどの一連の抗議行動の一つでしかない．

　借入国での調査によって——例によってアーサーアンダーセンやプライスウォーターハウスクーパーなどの資産運用管理会社の仕事であるが——世銀は，公共医療サービス，地下水層と給水事業，漁業，ゴミ処理と駐車料金徴収，ケーブルテレビと電話サービス，国営の空港と醸造所，そして生物多様性に富んだ森林が著しく過小評価されており，高い利ざやを求める外国投資家に対して潜在的な魅力をもつことを見いだした．実際世銀は，世界各地に，住民，国家，市場により不適切に管理されている，その地域に特有の隠れた重要資源がある，と主張している．地元の専門家と一緒になって，世銀はこれらの公共財やサービスを，国際市場で売り出すために飾り立てたのである．この戦略はネオリベラリズムの企てに名を連ねた専門家階級の意にかなうものとなったが，他の社会集団はそれを壮大なる窃盗とみなした．政府による公共サービスが地方に行き届かなくなると，人々はしばしば与党を攻撃した．しかし水道が止められてしまい，給水栓の調節器がフランス，アメリカ製だと知ると，人々はその問題と解決策はともに地方のレベルを超えていることをみてとった．コチャバンバの「水紛争」

のような成功談は，人々にベクテル社のような巨大企業に立ち向かわせ，同じようなコミュニティを結集させた．

　これらの社会運動は決して一時的な現象ではない．これらの永続性は対抗するネオリベラリズムの構造に匹敵する．私がインタビューを行った活動家たちは，彼らの個人並びに組織の歴史を，アパルトヘイト，軍事独裁，そして西欧の帝国主義と戦った彼らの先人たちと同様に，政治的大転換に深く根ざしたものとして語った．経験豊かな活動家達は，彼らの実生活において世銀とIMFの役割が高まってきたために，政治問題の焦点として世銀に突き当たったのである．例えば，ある者はタイの環境保護主義者と同様の道筋をたどった．その環境保護主義者は，地元でのダム建設反対のために近隣住民を組織することから始め，ダム建設に注ぎ込まれた権力関係を追跡して世銀とアジア開発銀行に行き着き，国際金融機関と対峙するまで「スケールアップ」したのである．フィリピンの活動家の夫は，夫婦で反マルコスの学生運動に参加している時に暗殺された．フィリピンの独裁者マルコス失脚後，彼女は小農民と農村コミュニティを苦しめる債務問題に注意を向け，構造調整の過酷な影響が拡大するのに伴って，キャンペーンを全国に広げていった．この過程で，彼女は国際金融システムの改革を目指す国境を超えた反債務キャンペーンの組織化に協力した．彼らは，勢いに乗って本職からはずれるようなうわべだけの活動家ではない．彼らは新たな世銀改革の導入に満足して引き下がることは考えていない．

　この政治的展望は，世銀とその中傷者の将来の行く末について何を語るのであろうか？　9.11アメリカ同時多発テロ事件以降，世銀は，その融資先をアメリカの戦争を支持する一握りの国に向け直すことを強要されている．2002年に，世銀は，パキスタンに前例のない8億ドル，インドに22億ドル，そしてトルコに35億ドルの融資をしたが，それらのほとんどは2001年9月以前の世銀の計画とは無関連にみえた．深刻な飢餓で苦しむ南部アフリカの諸国はわずかな資金援助しか得られなかった．2004-05年における世銀の最重要投資先はアフガニスタンとイラクであった．世銀の将来の仕事は，アメリカ軍によってもたらされた破壊の後かたづけのよう

である．すなわち，反テロ，開発そして民主主義の名における社会の再建である．それは確かに世銀にとって革新と変化を要求する重要な歴史的破壊であるが，既存のグリーン・ネオリベラリズム体制の道筋に沿ったものである．新しいことは，常に永続性のある古さから生じる．環境事前評価や社会アセスメントといったいくつかの側面は，民衆運動を自ら組織し石油備蓄や河川流域などの公共財に関する代替案を提案する前に急がれる「再建」のために投げ捨てられた．イラクとアフガニスタン（イラン，シリア，北朝鮮もであろうか？）の国民の強い支持を得るために世銀によって先導された帝国主義的プロジェクトは，血なまぐさい未来を招くことになりそうである．

　では，世銀の対抗勢力はどうであろうか？　世銀がイラクへ入り込むと，それに導かれて一団の利権を求める企業（例えば，ハリバートン，ベクテル，アメリカの石油会社）が続いて進出するであろう．そのことによって，開発と20世紀の「貧困との戦い」の神話は従来よりもさらに明確に暴かれる．それは，過去60年間世銀の力を作り上げた偽善に対する反対の広範囲な支持基盤を生み出すばかりである．それは，反ネオリベラリズム運動の成功と2003年から2004年にアメリカの軍事侵略に反対する数百万もの人々を結集させた反戦運動の隆盛を足場として，国境を超えた政治課題に取り組む活動家組織を励まし，そこに焦点をあわせるだろう．しかし，それはまた地方や地域の問題に取り組む人々にも力を与え，彼らはイラクにおける世銀の所業を自国内でのそれと関連づける．もし，それに次ぐ世銀の優先事項が合衆国政府の後始末をすることだとしたら，それは世銀の開発の企てを人道主義的で非政治的とみなす認識に対して弔鐘を鳴らすことになろう．このようなアジェンダの転換の中で生き残りを図るためには，世銀は，その職員，大学の協力的な教授達，ウォール街，そして借入国からの幅広い支持が必要になる．そのような世銀による帝国主義的介入のための世界規模の「有志連合」（米軍主導のイラク戦争時の——訳者注）は，私の見解では，まずありそうにない．米軍のように，世銀も独力でやらねばならないだろう．はたしてそれは可能か？　世銀は，懸命に努力して築きあげた国際機

関としての名声（部門間，利害関係そして国境を越えて培われた忠誠関係），ゆえに正当性の危機に直面している．端的に言えば，世銀の国際機関としてのヘゲモニーは，全く他者の支持に依存しているのである．しかし，アメリカ帝国が支配する世界にあって頂点の国際機関となるには，おそらくかつてないほどに，親密な協力者が必要なのである．アメリカの代理として働く以外の選択肢はあるのだろうか？　世銀は，自身の帝国主義的性質を拡大する中で，自ら崩壊の種をまいているかのようである．

このような状況下で世銀がどのように振る舞うかにかかわりなく，世銀の反対勢力はますます強固に，地理的に広範に，そして永続性のあるものになってきている．抵抗する活動家達は，世銀の脆弱性がどこにあるかを学んできた．例えば，国際的反アパルトヘイト運動で用いられた戦術を使って，世銀債ボイコット運動は，機関投資家に世銀債の引き揚げを説き伏せた．2000年4月の開始以来，90近くの機関投資家が世銀債を引き揚げるか，追加投資をあきらめたのである．このボイコット運動に加わった機関投資家には，ミルウォーキー，サンフランシスコ，ボールダー，そしてケンブリッジなどのアメリカの自治体，ASN銀行（オランダ），市民ファンド，カルバートグループ，そしてパルナッソス・ファンドなどの投資会社，それに，150万の組合員をもつチームスターや組合員140万のサービス産業労働者国際組合などの教会や労働組合を基盤とする年金基金が含まれる．

世銀は最大の借り手の債務不履行にも脆弱である．2002年末，アルゼンチンは8億ドルを超す世銀への返済を中止し，そのことがムーディーズ・インベスターズ・サービスなど格付け機関の世銀債への深刻な留保を表明させたのである．ムーディーズと中南米のベアー・スターンズ社は異なる刊行物でブラジルが債務不履行に陥りそうである，ロシアとインドネシアも世銀に対して返済不能となる可能性があるとコメントした．これら4ヵ国で，世銀の貸付総残高のほぼ30％を負っている．これらの国の債務不履行は，借り手と投資家双方を通じて強力な波及効果をもつであろう．中南米，アジア，そしてアフリカの至る所で展開する社会運動は，それぞれの政府に世銀とIMFへの支払いを拒否し自国から追い出すよう圧力を

かけている．彼らは現在の不公正な開発にかかわる債務関係は国家主権への侮辱であり国の発展を阻害するものであるとみなす．時宜を得た政治的勝利は，最初はわずかであってもやがて津波のように国際金融システムを圧倒し，それに取って代わる構造や体制の構築に結びつく社会運動のためにこれまでにない多くの条件をもたらす可能性がある．

政治活動家からの反応

　世銀の最近の体制に挑戦する人々は，何人かの世銀の専門職員や長期契約のコンサルタントから批判精神をもつ政府職員や公民権を剥奪された開発の受益者まで，ありとあらゆる領域にわたっている．この奇妙な人々の集合は，開発のパラメーターを変えたいという共通の望みによって引き寄せられた．彼らの政治的関心の範囲も同様に幅広い．すなわち，より環境に配慮し民主的で公正・公平なものとすることで開発の形勢を一変させようとすることから，有力な組織と支配的エリートに決定をゆだねることを拒否することで開発の問題を処理することまで，グラムシの言葉を借りれば「湧き上がる闘争をめぐる問題群」を構成している．開発は権力構造の内部に深く組み込まれ関連づけられているので，後者の目標達成は決して容易なことではない．

　この最終節で，私は反世銀活動の奥深さと幅広さを説明するために，世銀とネオリベラリズムの政治問題に深く取り組む「南」諸国の活動家リーダーとの一連のインタビューから二つの短い抜粋を紹介する．

　越境する活動家ネットワークは協力し合って，「南」諸国の議員達に力を与え，例えば，重要な2004年カンクンWTO会議から離脱させ，また世銀と水道複合企業体のマニラ，アトランタ，コチャバンバ，モントリオール，リオ，ルージ，パナマ，グルノーブル，そして可能性としては，ジャカルタ，ヨハネスブルク，アクラから実質的撤退を余儀なくさせた．ここで，私が行った活動家とのインタビューから直接引用することで，浮かび上がってきたいくつかのテーマを強調したい．最初の抜粋は，ハイチの活

第7章 それは閉鎖できるか？ 255

2002年持続可能な開発をテーマとしたヨハネスブルク・サミットにおける南アフリカからの若き抵抗者（著者撮影）

動家で，彼と仲間達がどのようにして世銀に焦点を合わせるようになったか，そして，危機に陥ったハイチで生活し組織化することがいかに難しいことであるかを語っている．私が彼の言葉を詳細に引用するのは，ハイチにおけるネオリベラリズムの悲劇的な結果を暴露するためではなく，むしろ，彼の独特の解釈と分析の仕方を知ることが我々にとって活動家達が彼ら自身の「陣地戦」(war of position) をどのように練り上げていくかの理解の一助となるからである．マイケル（仮名，本章に登場する全ての名前も同様）は，世銀は，彼や彼の同僚と同様に，単独で存立しているわけでないことを百も承知している．彼の話の筋は，一方のネオリベラリズム的世銀と他方の社会意識に目覚めた活動家の物語に単純化することはできない．歴史

はそう単純には展開しない．マイケルは過去の複雑な権力関係と出来事の中に，現在の闘争を位置づける．彼の語りは，ネオリベラリズムが根づき，旧抑圧体制への支持を強いるか手助けしたその同じ組織がいかにしてその背後に並ぶようになったかという，歴史の巡り合わせに気づかせてくれるのである．ハイチの場合，それは米軍と企業そしてアメリカとフランスの政治的利害である．世界中からの支援を受けて，彼らが今その下で苦しめられている最悪のネオリベラリズム勢力をうち負かす可能性を持っている[1]．

マイケル：ハイチ中央電力労働組合オルガナイザー

　私は貧しい家で育ち，小さい頃から数多くの不公正を最もわかりやすい形で見てきた．「南」出身の私達の多くは，独裁体制の下に生まれた．だから，私も独裁体制がどう機能し，誰がそれに資金を与えているのかよくわかっている．そんなわけで，私は若いときから批判精神を養ってきた．世銀に対する運動がハイチでどのようにして生まれてきたかを理解するには，ハイチは黒人が独立のために闘いそれを勝ち取った歴史上最初の国であることを思い起こすことが大切だ．ハイチの国の歴史は戦争とともにある．アメリカが侵略した1915年から1934年にアメリカが撤退するまで人民は抵抗した．しかし，ハイチはその後も西側の主要国から略奪され続けた．それはこの国が，砂糖，コーヒー，カカオの一大産出国だからだ．この隷属と抵抗の歴史がもたらした一つの帰結は，ハイチの人民が常に急進的であることだ．私たちの戦士はジョージア州サバナでアメリカの奴隷制と闘っていたのである！

　1971年，独裁者デュバリエが死に，息子の「ベビードック」が跡を継いだ．世銀とIMFは力で彼に経済自由化を強要した．1982年までに彼は経済のネオリベラリズム的計画を支持した．その結果，アメリカ製品が市場にあふれ，養豚から稲作まで国内産業が破壊された．世銀は，2つの目的を持っていた．一つは，農業部門の解体だ．補助金付のアメリカの安い農産品の輸入を強いることでそれをなしとげた．そして今，世銀は公営企業の民営化を進めている．電力，保健，教育，水，全て私たちの生存に必要不可欠のものだ．私の組合は組織的に世銀に対抗する．私たちが公共部門の労働者であるからだ．私たちは電力部門で働き，私たちの仕事はこの民営化プログラムによって非常な危機にさらされている．だから私達の目的は，

第7章　それは閉鎖できるか？　　　　　　　　　　　　　　　　　　　　　　　257

　国民にこれらの変化は天からではなく世銀とその人々によってもたらされたことを知らせることである．電力はハイチの未来にとってとても大切なものなので，この闘争はライオンの口の中にいるように感じる．1991年のクーデター直後，国による最初の攻撃を受けた組合が電力労組だった．（追放された——訳者注）アリスティド大統領の復帰は，パリでの合意条件次第であった．アリスティドはパリ・プランを承諾するまで政権の座に戻ることはできなかったが，そのプランの要は，民営化，通貨切り下げ，輸入関税撤廃，公共部門での人員解雇，であった．国の最も重要な9つの企業が売り払われた．これは全て世銀の文書に公式に記されている．全ての公共サービス削減！ IMF，世銀，財務大臣，WTO，何人かの民間企業人を含むアメリカ代表が全てパリに集まり合意した．アリスティドは合意文書にサインした後，何千ものアメリカ海兵隊員に守られてハイチの政権に復帰した．しかし，彼の権力は小箱に収められてしまった．彼に，もはや力はない．アメリカと世銀が全権力を掌握したのだ．

　次に何が起こったか？ ハイチのエリート，アメリカ企業の資金，カナダ人によって幽霊会社が作られたのである．電力部門は国からの資金財政拠出が止められほとんど操業不可能となったので営業を停止した．我々は電力部門の汚職と戦いまともな経営陣を連れてこようと努力を続けてきたが，世銀は政府に業績の悪さを理由に民営化を迫っていたのである．1996年以降，公務員の半分が一時解雇させられた．

　我々には労働組合に加えて，ネオリベラリズムと民営化に反対しもう一つの開発を目指して活動するPAPDA（The Haitian Platform of Advocacy for an Alternative Development：もう一つの開発を求めるハイチのプラットフォーム）のようなNGOネットワークがある．しかしハイチの状況は深刻で，運動そのものが生き残るのも困難なほどである．このような組織のあるリーダーは最近自殺に追い込まれた．リーダー達が深刻な状態に陥ると運動は消滅してしまいそうになる．最近の大きな活動はナショナル大聖堂の前でのハンガーストライキだったが，参加者全員が逮捕されて終わってしまった．私が思うには，運動が失敗するのには3つの大きな理由がある．第1は，人々が全てに対して信頼を失ってしまったこと．第2は，政治変革のための活動ができなくなってしまうほど，経済が惨めで絶望的な状態にあること．彼らは全てのエネルギーを生存のためだけに使う．彼らには，職もなく，金もなく，食料もない．彼らは自分の時間を必要最低限のものを得るため，例えば自家野菜栽培などに使う．第3に，抵抗者に対する軍事的弾圧がより苛烈になっていること．私はかなりの期間刑務所にいた．拷問を生き抜いたのだ．私の多くの同僚はとても弱く，落胆しきって無力感にさいなまれている．私の国は深い苦しみの

中にある．

　しかし，私達のように抗議行動にワシントンまで来た者は，同じように世銀のプログラムで苦しめられている仲間達から新しいエネルギーをもらう．私は人道犯罪を犯した人々を裁く国際法廷の開催を提案してきた．ピノチェトやヒトラーに求めてきたのと同様のことを世銀の人々にも求めるべきである．

　マイケルの見解は，明らかにハワード・ジンが提唱する民衆の歴史 (Zinn 1980) に根ざしている．それは世銀や開発専門家によって素早く作られた，発展する能力のみが「欠けている」国の歴史とは明白に異なる．マイケルの分析では，ハイチの人々の生活における不公正と剥奪は，経済と市場にかかわる技術的問題ではなく権力闘争の結果であるとみなされる．それは，「国家モデル」による研究を援用するのではなく，ハイチの過去から現在までの国際関係が開発の支配的要因だとみなすのである．マイケルの説明では，ハイチの苦難の原因は「欠如」，不足，失策，悪い計画もしくは汚職にあるのではなく，フランスやアメリカの構造的な地政学的利害関係にある．最後にマイケルは，ハイチのエリート層とこのような不公正な分配の促進者である世銀と IMF とを関連づけている．彼は歴史の断裂と連続を認識している．そして近年のネオリベラリズムの大攻勢は特定の帰結をもたらす特定の歴史を持つと理解している．したがって，彼は，公共部門の労働者であり組合組織者として，彼がなぜ世銀とそのグリーン・ネオリベラル開発体制に対抗する国際的な闘争に加わるかに関して明確な自覚を持っている．

　ハイチの厳しい状況はある程度まで一般化できる．結局，世銀は，アメリカが力ずくの戦術で押している国では，同じく力ずくの戦術を最もよく行使する．ジンバブエの状況はまた異なる．この国は街頭での暴動や軍の弾圧が日常化しており，完全な無秩序状態になる瀬戸際にある．

ジェームズ：債務と開発を考えるジンバブエ連合のオルガナイザー

　1980年代私はキリスト教系の支援団体で働き反アパルトヘイト運動にも関わっ

ていた．教会は，ナミビアと南アフリカ共和国の解放運動支援の第一線で活躍していた．独立したとたんに，私たちは，職も関心の的もない私たち自身に気がついた．1990年までにジンバブエは新しい経済構造調整政策を持った．政府は，地元の人々からたいした批判も受けずに，全面的にこの政策を国民に売り込んだ．しかし既にアフリカの30ヵ国でその破滅的な結果を経験していたので，我々がそれらの国から学べることはたくさんあった．経済は疲弊し，通貨は切り下げられ，教育と保健予算はカットされ，多くの人が失職した．私たちは新しい政治課題を見いだしたのだ．

こういった状況がわかってくるのに伴い，私たちはNGOセクターの中堅管理者レベルを対象とした政策分析研修プログラムを開始した．我々自身の研修に加え，政府の政策決定者や世銀やIMFの内部にいる人々も巻き込んで，我々の経験を語り合いながら代替案を考え出すことを目指した．ここから，債務と開発を考えるジンバブエ連合，債務救済のためのジュビリー2000キャンペーンと連帯する23の組織からなるネットワークが生まれた．

これらの新政策を問題にして成長するNGOセクターとは対照的に，我々には国の協力者もいた．例えば，世銀は議会に（選挙で選ばれた議員と）話に行くことはせずに，直接財務省の官僚のもとへ行く．世銀とIMFはここに，自国民を守ることのできない形ばかりの国民国家を作り上げようとした．各省庁のトップの職員か誰かを見てごらんなさい．彼らはこの国で育った者ではなく，ワシントンで仕立て上げられジンバブエにパラシュートで下りてきた．下級公務員は政策が何であるかを全く知らずに実施していた．世銀はここで実に攻撃的に振る舞い，ほとんど対話はなかった．私たちのNGOネットワークは，それらの政策に関する公共の対話の場を設けることに先導的な役割を担い，代替案を提示した．

ジンバブエにおける私たちの一番初めの闘争は，政治問題であった．国の独立とアパルトヘイトである．今では，この闘争は経済問題とみている．これまで私たちは，闘争を部門分けしてきたが，そうすべきではなかったのだ．世銀は，我々は自分の国と政治権力を持つことはできるが，経済力は無理だという．これらの政策が推し進める価値は，個人主義と競争で，分かち合いと連帯ではない．そう，実際これは経済にとどまらないはるかに幅広い闘いなのだ．今日この闘争がユニークなのは，反アパルトヘイト運動でのように，世界中の人々が単に連帯を呼びかけているだけではないことにある．この闘いは私の闘いであり，あなたの闘いである．これは世界規模のもので，運動もまたしかりだ．ジンバブエでは，私たちはよく，私たちの社会は非政治化された社会だ，と言っていた．しかし，世銀は私たちを政治化したのだ．以前は全くなかったことだが，人々は今では街に繰り出している．そう，

ありがとう世銀，あなたは私たちを街に連れ戻してくれた．そして私は思う，私たちは以前より準備が整っていると．また，この世界規模の運動のおかげで，私たちの決意も確固たるものになりつつある．

　ジェームズは，ジンバブエの政治課題を二つの歴史的画期に分けて解釈する．反アパルトヘイトと国家独立へ向けての統一された闘争と，今日のネオリベラリズム経済に対抗する闘争である．人々はネオリベラリズムの興隆に不意を突かれたものの，今ではジンバブエのリーダーシップは大衆の拒否と反乱にきわめて弱くなっている．最後にジェームズは，闘争は，これは政治闘争それは経済闘争といったように，単一の現象や分析枠組みに収斂できないことを指摘する．社会は，文化的，生態的，宗教的，社会的に深いところで変貌していくものである．それを経済問題一つに収斂させてしまっては，人々が経験しているネオリベラリズム的資本主義発展の複合的で多様な様相を見逃してしまう．
　隣国の南アフリカ共和国では，ソウェト電力危機委員会のオルガナイザーが重要な点を省察しており，それは他の人たちが私に語った内容にも共鳴する．すなわち，グリーン・ネオリベラリズムへの反対運動が爆発的に拡大したのは，それが人々の基本的生存権を脅かすものであったから，ということである．

　　私たちは世銀，IMF，WTO に関するワークショップを開催してこれらの問題に取り組む有力な人々を集めた．私たちは南アフリカ共和国でネオリベラリズムに対抗するキャンペーンのための体制を整えた．しかし結局，最も基本的な質問に戻らざるを得なかった．現場の人々が直面しており最も私たちが団結して取り組める問題は何か？　ソウェトではそれが電力であった．別の地域では水かもしれない．私たちが学んだことは，大衆と結びつくためには，個別に人々と語り合って組織化しなければならない，ということだ．（ワークショップの）初日から，電力カットは民営化の結果だと議論した．民営化は GEAR（国のネオリベラリズム政策）の結果である．GEAR は世界資本——ANC がやっきになって押し通そうとしている——要求を反映している．私たちはより大きな戦いで勝利しない限り，最終的にはこの

特定の戦いにも勝てないのである（Ngwane 2003）.

　中南米の経験は，国内政治の新しい形が生まれつつあることを示唆している．ボリビア，エクアドル，チリ，ペルー，メキシコにおける先住民族の運動は，従来の国内政治という概念を拒否し，国，国境，領土の関連を再定義しようとしている．例えば，マプチェ族の活動家は，彼らの関係とアルゼンチン－チリ国境にまたがる地域の領有権の範囲を描きかえようとしており，南米大陸の南端で政治問題を引き起こした．ネオリベラリズムへの重要な画期，北米自由貿易協定（NAFTA）調印，の直前に起きた武装蜂起で，サパティスタ国民解放軍はメキシコ政府と国民に，国民国家と社会における先住民族の役割を真剣に再考することを迫った（Collier and Quaratiello 1999; Nash 2001）．この反政府的な先住民族をめぐる言説に対抗するために，国境，ネオリベラリズム的土地政策，国際合意と国際機関にかかわる問題を避け，米州開発銀行と世銀は「先住民族の」知識，歴史，政治にかかわる社会運動をそのラディカルなフレーミングから引き戻すために，「先住民族教育」機関と教育コースに資金をつぎ込んでいる[2]．言い換えれば，社会運動が，経済的・文化的不正についての新しい政治課題と，意味づけ，歴史，文化，自然，領土，精神，同族関係をめぐる闘争に埋め込まれたオルタナティブを明瞭に打ち出すようになれば，世銀もそこに飛び込み，開発資本のプロジェクトとリンクしているものの，独自の先住民族の権利のためのプログラムを提供した．それらと補完的な関係で，中間層が最近のネオリベラリズムへの転換の下で苦しんでいるアルゼンチンにおいて反ネオリベラリズム政治をめぐって階級横断的な同盟が形成されつつある．ボリビアでは，「水紛争」がベクテル追放とその都市上水道支配にとどまらずに，直接民主制に基づいて，都市専門職層と農村の灌漑技術者，男と女，労働組合員と農業労働者，政治家と活動家の連帯で勢いづけられて，新しい都市政治の形成に拍車をかけた．一人のオルガナイザーが公開演説で宣言した，「市長はもう二度と多国籍企業と裏取引はできない！」．今ではどんな決定も，La Coordinadora（反民営化連合）の積極的な

参加なくしてはなされないと，彼は強調した．要するに，攻撃的な世銀の政策が予期せざる民主化へ向けた行動の引き金となったのである．それにもかかわらず，社会運動活動家が直面している闘争を美化すべきではない．謀殺，それどころか大量殺戮までもが，そのような権力に立ち向かう人々にとって普通に想定されることなのである．その上，マイケルがコメントしたように，ほとんどのエネルギーを生存のためだけに使わなければならないような状況では，人々を結集させるのは困難である．したがって，階級横断的で国境を超えた連帯がきわめて重要となる．しかし，国境を超えたネットワークを理想化してはならない．例えば，潤沢な資金を持ちスタッフにも恵まれた国際的環境グループは，小さな地元の環境グループを吸収することも閉鎖させることすらできるのである．急進的で反資本主義的政治に根ざした小さな民衆組織を彼らの巨大なテクノクラシーNGOに転換するのである．環境的に持続可能な開発のディスコースがNGOや国際金融機関のスローガンとなった時，世界的な囲い込み運動あるいは地理学者のデーヴィッド・ハーヴェイが唱える「略奪による蓄積」の促進と相まって，このグリーン・ネオリベラリズムへの方向転換は危険な結果をもたらすことになろう（Harvey 2003）．

　このような抵抗運動は反体制政治の世界史的な転換に火をつけたのであろうか？　彼らは新しい政治制度の基礎を築いているのだろうか？　彼らは世銀を閉鎖に持ち込む力を持っているのだろうか？　世銀は終始欺瞞にまみれて仕事をしているわけではない．世銀は，権力，文化，資本の複数の触手をもつ構造に深く埋め込まれている．たとえ全ての活動家が抗議のためにワシントンD.C.に来たとしても，おそらく世銀が揺らぐことはないであろう．次のような推測もあり得る．世銀が第二次世界大戦の灰の中から生まれ1970年代までは単なる端役にすぎなかったように，根強い反乱と階級横断的同盟が世銀と彼らの政治リーダーとの合意を拒絶し阻止しようとする結果，再び灰の中に戻ってしまう．たぶん世銀の主要な資金源と巨大な機関投資家はより安全でより安定した投資に切り替えることを選好するであろう．正当性を持たなければ，貸し出す資本はない，貸し出す

資本がなければ，世銀は存在意義を失ってしまうであろう．

　世界の政治経済は1970年代以降根本的に変わり，ウォール街とワシントンの黒幕の役割は計り知れないほど拡大し強まった (Gowan 1999)．今日，「南」と東欧の主権国家に押しつけている世銀の政策は，一部でこのきわめて不公正な一連の権力関係を維持する機能を果たしている．「北」諸国の企業と利害関係者は活動の代替手段を作ることは可能であるとしても，相当のレベルの正当化が必要でそれは一朝一夕に形成されるものではない．実際本書は，世銀が文化に関わる困難な仕事と強力な資本力をもって世界中にインセンティブを与えながら，長年かけてその開発の世界的アジェンダの制度的で階級を基盤とした支持を培ってきたことを主に論じてきた．このようなタイプの複雑な権力体制は，ニューヨークとワシントンをつなぐ権力の回廊の中だけに存在するのではないことを，我々は知っている．南北の権力ダイナミズムは，世銀とその開発レジームがなければ根本的に違ったものに見え，実際今よりはるかに脆弱になるだろう．それは非常に異なる世界であろう．

　我々が信じることを選び，我々が参加し，今日の南北の権力関係を構成する諸勢力へ同意した開発神話に関して，我々はもっと掘り下げた理解が必要である．きわめて搾取的で商品化された我々の世界の基盤である（社会・経済・政治）構造の再生産において我々が果たしている役割を認識することが，より解放された世界へ向けての第一歩なのである．そして，このような頑強な資本主義的構造を民主化し社会化することが明らかに次のステップとなる．もう一つの世界（を作り上げること）は確かに可能である．

注
1) このインタビューにあたって惜しみない協力を与えてくれた The Center for Economic Justice（ニューメキシコ州アルバカーキ）のビバリー・ベルに特に感謝する．
2) 人類学者ギョーム・ボカラ博士（Guillaume Boccara）との私信（ブエノスアイレス，2000年）．

[監訳者解題]
拡がる「緑」のヘゲモニー

山口　富子

1. 知識から眺める世銀の権力

　本書は，世界銀行という組織とその組織文化そして途上国の開発プロジェクトの実施の現場の分析を通して，なぜ世銀はこんなにも成功を収めてきたのかという問いに答える．途上国社会の環境問題，人権問題，国の統治の問題は，世銀の開発援助との関わりが深いが，そのつながりを自らノレッジ・バンクと呼ぶ世銀が生産する知識を通して分析するという新しい分析の視点を示した書である．開発にかかわる専門知の生産，普及，消費の過程は，目に見えない社会的過程であり，その解読を試みるという本書のアプローチに対し見慣れない印象を抱くかもしれない．開発援助と途上国の環境問題と言うと，一般的にはダム建設，道路建設などの開発援助プロジェクトが自然に与える影響という点に目が向きがちであるが，世銀の援助活動と途上国社会の開発の軌跡，経済開発にともなう自然環境の破壊の本質を理解するためには，開発の知の生産，普及，消費という社会的過程，そしてその過程に関与する，世銀職員，開発の専門家，途上国政府関係者，途上国の住民の間に存在する社会的な関係を紐解くのは，極めて重要である．なぜならば，環境問題は技術の発展によって，あるいは市場のメカニズムだけで解決できる訳ではなく，必ず人の関与を必要とするからである．世銀が生産する開発にかかわる専門的な知識は，開発プロジェクトの選定，準備，審査，交渉，実施・監理，そして評価に至るまでの，プロジェクトサイクルと呼ばれる一連の開発援助の流れの中において，仕事の内容そしてその進め方の妥当性にお墨付きを与えながら，世銀の仕事の進め方を正当化し，世銀のアジェンダを前進させる駆動力となる．そして世銀はその知識をいわば知識のマーケティングと呼べる様な手法で普及し，その知識が世の中で受容されるよう努める．世銀の知識が途上国社会

の諸制度にも反映されるようになり，やがてその知が当たり前のものとして意識されるようになる．近年，「持続可能な開発」という新しいパラダイムの広まりとともに経済開発と環境保護のバランスという考え方が広く世の中で受け入れられるようになってきたが，そうした考え方を批判的に眺め，そこに権力が潜んでいないかを問うことが重要であるというのが本書のメッセージである．

この解題では，『緑の帝国』の内容を網羅的に紹介するのではなく，ゴールドマンが知の生産そして普及の過程をどのようにして紐解いたかという点について，言説としての開発，知の恣意的生産，知の正当化の実践という3つの観点から，私なりの解釈をしつつ本書の内容紹介としたい．

2．「言説としての開発」とは？

はじめに，知の生産の過程を紐解くために重要と思われる「言説としての開発」というパースペクティブについて触れたい．これは本書の議論の前提でもある．途上国の開発の過程を，言説としてとらえるというパースペクティブは，アルトゥロ・エスコバー，ジョセフ・ナンディーなどいわゆるポスト開発主義[i]の立場をとる，途上国出身，あるいは途上国在住の知識人が論じた近代化論への批判的な視点に根ざす．開発についての語り，また途上国に関する表象（テレビ，雑誌などで見られる途上国についての固定的なイメージ）を通して，途上国の開発という現象が先進国でどのように認識されているか，語られているか，またそうした言表（語りと表象）の政治的実践がどのように行われているのかを，振り返ってみることで，先進国と

---

[i] ポスト開発主義は，ポスト構造主義，環境保護運動，オルタナティブな開発といったパラダイムと同様，近代化，科学技術一辺倒の開発への批判的なスタンスを取る．しかし，フーコーの言説分析の視点を援用する研究者が多いということを除いては，この理念を統合する共通項は見出しがたく，ポスト開発主義をパラダイムと呼んで良いかどうかは議論の余地がある．近代化論，従属論など，開発パラダイムとの関係におけるポスト開発主義の理論的位置づけについては，Pieterse, J.N. (2001) *Development Theory: Deconstructions/Reconstructions.* Thousand Oaks: Sage. を参照すると良い．

途上国の不均衡な力関係が見えてくるという主張である．

　もちろん，途上国の開発という現象には，高い経済成長を遂げながらも依然としてはびこる（あるいは，より深刻さを増す）貧困，社会的弱者の教育機会の欠如といった社会問題，急激な工業化にともなう環境破壊，都市部・農村部の経済格差など，実存する社会経済問題，そして結果としておこる自然破壊など途上国の住民が実感として感じる問題が存在する一方で，特定の場所，あるいは特定の時代に，常識として認識される言わば「共通の認識系」とも呼べる，常識的な考え方の体系も存在する．これが言説としての開発を考えるにあたって重要な分析対象となり，また世銀と途上国社会の力関係を理解するきっかけを与えてくれる．共通の認識系は，知の秩序をかたちづくり，途上国にとっての開発問題とは何か？　そしてそれにどう対処してゆくか？　といった問題あるいは処方箋を指し示す．

　本書は，特定の場所，時代で，当たり前の事と感じられる認識は，複数の認識の中のひとつにすぎないのではないかという問題意識を持ち，世銀が流布する言説に疑問を投げかける．途上国の開発という言葉と，途上国社会の変化は同じ事柄を指し示すとして理解されがちであるが，変化という言葉は，ただ単に物事が変わるという意味を持つのに対し，開発という言葉は物事が良い方向に変わるというニュアンスを持つ．すなわち，前者は変わるという状況を説明しているのに対し，後者は，良い方向へ変わるという方向性そして価値観を含んでいる．そして，開発といった言葉を使う場合，誰にとっての良い方向であるかという問題を生む．さらには，開発の過程に関わりあいを持つ複数の当事者の認識の中から誰の認識を選ぶかという，選択肢が暗示されるのである．世銀の開発と，他の利害関係者の開発の認識が一致するとは限らないのである．

　これを開発援助にあてはめてみると，援助をする側と援助をされる側の力学において，援助する側の認識が投影され，援助する側の視点に立った「良い方向」への変化が，共通の認識となってはいないだろうか．近代化論における開発という言葉には，西洋的な価値観，社会諸制度を取り入れるという意味が込められていたということを思い起こして欲しい．また，

途上国の社会問題・環境問題に対する処方箋は，西洋的な社会へと変化を遂げるための処方箋であったという歴史的経験もある．これらに鑑みると，開発という現象には，実存するプロセスとしての開発（変化）と，こうすべきであるという価値観に根ざした言説としての開発，そしてその言説が正当であると認めさせる言説の実践（行為）が存在すると考えることが妥当であるということが見えてくる．

　本書で紹介される，グリーン・ネオリベラリズムという理念には，世銀の解釈による「開発と環境のあるべき姿」が投影されているということを念頭におかなくてはならない．言説としての開発の存在を意識し，理解に努めなければ，世銀が推進する「環境的に持続可能な開発」という考え方の本質とその含意を理解したとはいえないという主張である．数ある開発パラダイム，方法論，開発実践の中で，グリーン・ネオリベラリズムという理念，理論と方法論が選ばれ，実践され，広まり，受け入れられ，権威ある地位を得たのはなぜなのであろうか？　という問題意識を持つ事で，言説としての開発への洞察の入り口に立つ．言説としての開発を検討しない限り，世銀が，社会的，経済的，政治的，イデオロギー的，そして，文化的に，途上国を支配する過程を見ることはできないのである．途上国の開発をめぐる言説が，多くの人の支持を得て，権威ある地位を獲得した結果，途上国の開発について理解し，語るとき，私たちの認識の枠組みは，世銀の知の秩序を自然と受けいれているのである．

3．合意による支配：知識の恣意的生産と正当化の実践

　不本意でもやらなくてはいけない仕事に誰もが一度は遭遇したことがあると思うが，組織全体の意向に従わざるを得ないという目に見えない圧力を感じるという状況がある．これは，組織の主流の価値観が，組織の仕事の進め方を規定し，組織の成員に自発的な服従を引き起こすからである．本書は，そうした作用が，世銀の知的作業の内部統制，データの収集，まとめ方などの方法論の統制，あるいは知識間のヒエラルキーの設定など，

[監訳者解題] 拡がる「緑」のヘゲモニー

知の生産過程の要所要所にまで及び作用することを示す．また，なぜある特定の価値観が選ばれ，正当なものであると認識されるに至るのか，その過程に注目する．

　第1章で詳述されているように，グリーン・ネオリベラリズムは，2つの異なるパラダイムである近代化論とポスト開発論をまとめ上げる力を持つパラダイムである．環境影響評価法の設計，データの選択の判断基準など，科学的な知識体系にまで踏み込み，そこに世銀のアジェンダを構成，再構成する力を持つ．それと明らかにわかる外からの暴力的な支配ではなく「合意のプロセス」を経て自覚症状のないまま社会の内部に浸透する支配は，間接的であるが，途上国の自然環境へ直接的に介入する．「開発の名において永続させられている暴力のよりありふれた形，すなわち，有形の不正ではなく，ヘゲモニーを構築する日常的な形，人々にその参加が必ずしも最良の利益にはならないにもかかわらず，世銀のグリーン・ネオリベラル・アジェンダの形成と安定化に参加するよう影響してプレッシャーをかける構造を強調する」(13ページ)と本書では書かれているが，ここにアントニオ・グラムシのヘゲモニー論が浮かび上がる．参加者の自発的な同意を促しながら広がりを見せる，グリーン・ネオリベラリズムは，世銀の静かな支配を可能にさせた理念なのである．では次に，合意による支配に至るまでに存在する知識の恣意的生産，そして知識の正当化の実践について考えてみたい．

(1)　知識の恣意的生産

　知識の恣意的生産とは，知識生産の過程に関わる特定の集団あるいは個人の意図が知識に反映することを指すが，ではどのようにして特定の社会集団あるいは個人の意図が知識に反映されるようになるのであろうか．その過程を理解する為に，まず，「カテゴリー」と「カテゴリー化」という2つの概念を取り上げる．カテゴリーとは，自己が誰で，他者が誰であるかという認識の枠組みであり，その枠組みが自己と他者との関係(相互作用)を規定する．一方，カテゴリー化とは，所与のカテゴリーで他者を定義す

る行為，また一般化されたカテゴリーの属性を使って，ある種の先入観を持って他者について理解し，語る行為である（片桐 2006:202-205）[ii]．カテゴリーが，自己の内的な認知プロセスを完結させるための枠組みであるとすれば，カテゴリー化は，他者との関係を規定する，他者への動的な作用と言える．すなわち，カテゴリーそのものは他者への抑圧にはつながらないが，カテゴリー化は，他者への働きかけを通して，抑圧を招く可能性があり，ヘゲモニー体制構築への足場にもなる．本書では，環境経済学という学問を用いた世銀の「カテゴリー化」の一例が，第 1 章の冒頭で「自然資本概念の適用」として紹介されている（4ページ）．自然は元来商品ではないが，それを取引する市場を創造し「資源」あるいは「サービス」として切り取られた自然を売り買いの対象とすることで，自然に「経済財」という定義を当てはめ，その認識をあたかも所与のものであるように途上国に働きかけるという仕事の進め方である[iii]．

バウカーとスター（1999）[iv]によれば，人は既存のカテゴリーにあてはまらないような，複合的な，あるいはその場限りと思われるような特異な現実に直面すると，こうした現実を排除して理解しようとする傾向にあるとする．現実の簡素化そして排除性とも呼べる認知の過程について，本書との関連において述べてみよう．まず簡素化であるが，開発援助プロジェク

[ii] 片桐雅隆，2006，『認知社会学の構想：カテゴリー・自己・社会』世界思想社．
[iii] 「カテゴリー」，「カテゴリー化」という概念は，これまで，国家，人種，民族などの集団の社会的アイデンティティの構築プロセス，あるいはそうした社会集団間の相互作用に介在する，偏見，ステレオタイプなどから生まれる差別についての解釈に使われることが多く，知識との関連においての議論は，フーコーの研究を除いては蓄積が少ない．医療また情報科学の分野に関わる専門知とカテゴリーとカテゴリー化そしてそこから生みだされる社会秩序に取り組んだ研究として Geoffrey C. Bowker と Susan Leigh Star（1999）の研究が挙げられるがその後の取り組みが少ないテーマである．しかし，社会が細分化，専門化し，日々の生活のあらゆる場面で，専門知が介在する現代社会において，専門知によって形作られた社会秩序を所与のものとせず問いただすという視点での研究は今後の蓄積が望まれる領域である．
フーコーの著書については，以下を参考にするとよい．Foucault, M., *L'archéologie du savoir*, Gallimard, coll. «Bibliothèque des Sciences humaines», Paris, 1969.（＝中村雄二郎訳『知の考古学』河出書房新社，2006．）
[iv] Bowker, G.C. & Star, S.L. *Sorting Things Out: Classification and Its Consequences.* Cambridge, Massachusetts: The MIT Press, 1999.

トの実施にあたって，環境影響評価の実施が義務付けられるプロジェクトがある．こうした評価を実施するにあたって，世銀ではまず何が守るべき自然環境であり，何を開発するのかという，いわば環境としての自然と資源（資本）としての自然の分類を行う．このような分類は，空間，時間による人為的な切り取りをともなう．まず空間の切り取りにおいて，世銀にとっての自然環境とは，特定のプロジェクトが影響を与えうる対象を指し，その周りに連続して存在する自然環境は，自然というカテゴリーからはずされる．そして，人為的に対象として切り取られた自然環境がどのように改変するかという尺度を使い影響評価を行うことになる．

測定そのものは，科学的な手続きを踏襲するが，何を自然とするかという基礎的な分類に関しての解釈は，世銀の意図を埋め込む余地が生まれる．世銀による自然環境の切り取りは，時間軸との関連もある．本書によれば，プロジェクトの候補地の動植物相が，世銀以前の社会経済活動により既に破壊されている場合，プロジェクトの介入時における自然環境の状態，つまり既に環境が破壊した状態が，ベースライン・データとされる．ベースラインのデータの収集方法は科学的であっても，どの状態をベースラインとするかという解釈には，世銀の意図が反映する余地がある．環境保護主義がそもそも目指すものという観点に立てば，荒廃した環境の状態を維持する程度の環境配慮しか行わないという考え方には，環境保護主義者でなくとも納得しないであろう．

次に排除性であるが，所与のカテゴリーの枠にあてはまらない，複合的な，あるいは地域固有の社会文化的文脈をめぐる分類の過程について触れたい．本書のラオスの事例によれば，環境影響評価の実施にあたって，当該プロジェクト対象地域に住む住民を，漁師，ハンター，焼畑耕作者などの属性別に分類するという作業がある．しかし，そこで直面する分類上の問題として，ラオスでは，多くの住民が，それらの全ての仕事に従事する月もあれば，何の仕事にも従事しない月も存在し，そのような地域固有の属性をどのように分類するのが妥当であるかという点である（158ページ）．

このように，人為的なカテゴリーと実態の整合性を図るのが難しい事態

が発生した場合，どのような対処策が成されるかの説明は本書にはないが，少なくともこういった場面に遭遇した場合，世銀の主観的な解釈が介入する余地が生まれることは容易に想像できる（例えば，漁が行われない季節を選んで就業調査を実施し，影響を被る漁師の数を過小推計するなど）．その他の援助機関が実施する環境影響評価あるいは社会影響評価において，契約書に示された期限を踏襲しながらプロジェクトを実施しなくてはならないという制約を受ける開発コンサルタントなどの専門家が，時間の制約という条件を課せられている中，受益者の住民の属性を細かく分類するような作業に時間を割くことが現実的に可能であるかどうかという本質的な問題は有るが，方法論上の問題点として，視野に入れてゆく必要はあろう．

(2) 生産された知識の正当化の実践

世銀によって生産された専門知は，自然に正当な知識（真実）として受け入れられるようになるのではなく，世銀職員そして世銀に関わり合いを持つ外部の開発専門家による正当化の実践という行為を通して，真実であると受け入れられるようになるのである．そうした正当化の実践には，世銀内外の価値の指導，報酬の供与などが挙げられ，そうした行為が利害関係者の自発的な同意を促す．第4章で詳述されるが，職員また途上国在住の開発コンサルタントを対象とした研修プログラムは，開発に関わる専門的な知識とスキルを習得する場である同時に，世銀の価値観を学ぶ場でもある．そして世銀にとって意義ある研究の実施は，昇進という形で報われる．このようにある種の説得を可能とするような仕掛け，あるいは自発的な同意を促すような仕組みが存在することで世銀の知識が正当な知識であるという社会的な承認を受ける．正当化の実践という点において，世銀は他の組織よりは優位な立場に立つ．例えば，世銀本部はトップレベルの大学で教育を受けた人材を抱え，途上国各国には世銀の研修プログラムを受け世銀の仕事の進め方を熟知した専門家が存在し，こうした人材を使い入手困難なデータを独占的に得る能力を持つ．収集された独占的なデータは，知識の正当化の実践には大変都合が良い．他では知られていないデータを

分析し，報告することで，他からの批判をかわしやすいからである．また，世銀が開拓したデータが当該の途上国に関する唯一のデータである場合，世銀のデータが途上国の政策決定の資料として使われることも多く，世銀のデータの権威と威信が更に増す．そして，世銀の知識は卓越した地位が与えられ，客観的な性質を帯びたものであると認識されるようになる．

　本書が論ずる正当化の実践とは，同じように世銀を取り扱ったジョージとサベッリの著書『世界銀行は地球を救えるか』で述べられている正当化の実践の視点とは明らかに異なる．ジョージとサベッリは，世銀の開発援助の系譜を示し，援助プログラムが失策しても組織としての自己修正や改革が無かったということを，自己正当化の実践と批判する．一方，本書の批判の対象は正当化の実践が，世銀職員，開発のコンサルタントの日常的な仕事の中に埋め込まれている秩序を通して，意識，無意識に行われるという点にある．無意識下でも正当化の実践が起こりうるという意味において，知識は自生する可能性があるということを示唆する．

　最後に，グリーン・ネオリベラリズムという理念と知識の自生的側面のかかわりについて考えてみたい．世銀が推奨するマクロ経済政策が批判を浴びるようになって以来，1990年代はじめ頃から世銀の援助プログラムが大きく方向転換をした事は記憶に新しい．良い統治，市民参加そして環境持続性という新しい概念が注目を浴びるようになった．こうした転換において重要なのは，世銀は良い統治，市民参加，環境的持続可能性というような誰もが賛同するような規範を取り入れながら，これまで主流であったマクロ経済政策を再構築し，拡大を試みようとした点である．世銀の活動に反対を唱えてきたNGOも賛同するような規範を取り入れ，途上国政府のみならず，先進国あるいは途上国のNGOなどとの交渉を通し，多様な価値観を世銀の活動に取り込むことにより，従来の世銀のやり方に対する批判を回避する方法を見出した．多様なアクターを巻き込むことで，世銀の知識は肥大する道付けができたのである．

　まとめると，世銀が生産した知識は意図そして非意図的な社会的過程が作用し，その正当性が構築され，拡大する．更には，そうした知識が，途

上国の現実を規定するカテゴリーとなり，所与のカテゴリーにあてはまるような先入観を持って途上国を眺めるようになるというカテゴリー化が起こりうるという点である．このように世銀で生み出された知識が，途上国を描写する「真実」として受け止められるようになり，その枠組みを使って，別の途上国も理解できたという認識になっていないかという問題意識を持つ必要が見えてくる．

4．おわりに

　この解題では，『緑の帝国』の内容に触れながら，知識の生産にかかわるいくつかの側面を検討してきたが，触れることができなかった多くの論点がある．最後にそれらについて簡単に述べ解題を終えたい．

　まず，世銀がグリーン・ネオリベラリズムという理念を踏襲するようになってから，その内部に「反世銀的要素」を取り込まなくてはならなくなったという状況を世銀のヘゲモニー体制との関わりでどう評価するかという点である．反世銀的要素とは，例えば，環境影響評価の過程の透明性を担保するために住民に情報公開を行うこと，あるいは受益者が望むような開発プロジェクトの方向性を探るための住民参加型の開発，途上国の社会文化的文脈に配慮し開発を進めるための在来知の開拓，社会関係資本などの概念を取り入れながら途上国の住民のキャパシティー・ビルディングに注目した社会開発プロジェクトなどである．こうした要素は開発援助プロセスの民主化にとって必要不可欠なものであると考えられているが，世銀の視点から見れば，構築されたヘゲモニー体制を脆くする要因になりうるという点である．表面上は，環境保護思想と市場第一主義の融合が見られるがそれは意外に脆いという点である．世銀が，この相対する2つの理念をどのように舵取りをしてゆくか，今後の動きに注目する必要がある．

　次にゴールドマンは，世銀による環境保護思想の導入は，反対派をネオリベラリズムの理念に取り込むための付随的なものであると論じているが，果たしてその評価が正当であるかどうかという点も今後の考察を必要

とする．近年，戦略的環境影響アセスメント（Strategic Environmental Assessment），の適用事例が増加しているが，こうした新しい取り組みへの検討を加える事により，世銀のパラダイムの変遷が本質的なものであるか，あるいはネオリベラリズムという理念を推し進めるためのレトリックなのかの真の評価ができるであろう．残念ながら，この点に関する本書の説明は十分なされていないため，今後の研究を待つところが多い．また，農業技術の革新が相対的貧困を増大させたという批判（第2章）は正当なものであるが，食糧増産により多くの人を飢餓から救ったという指摘との対比[v]により世銀の活動を再検討してゆくことも重要であろう．以上，十分な考察であったかどうか疑問が残るというのが偽らざる心境であるが，本書を手に取られた読者が，自分なりの読み方を見つける手がかりとなれば望外の喜びである．

　最後に本書の邦訳に取り組む事になった経緯について触れたい．本書は，開発経済学，社会学，農業経営学，農業経済学，そして開発の実務家など専門分野を異にする訳者が行った抄読会がきっかけで生まれたプロジェクトである．自身の専門分野とは異にする研究者が持ち込む論文を読みこなすには大変な労力を要したが，研究会は知的な刺激に満ちていた．翻訳プロジェクトの企画が立ち上がってからは，『緑の帝国』を中心に研究会を進め，異なる思考のプロセスを堪能することができた．こうした機会を与えて下さった研究会の仲間に感謝を述べたい．訳出に関わる疑問など，折に触れて原著者のゴールドマン氏に連絡を取ったが，時にはミネソタから，時には，インドから即時にご返信を頂戴した．各国を飛び回る多忙な中，氏からは「日本語版への序文」を寄稿していただいた（なおこれに伴い，本書では原著序文の訳出を割愛した）．そうした支援にも感謝を述べたい．また，索引の作成など細かな作業の手伝いを願った国際基督教大学の曽山靖世さんにも感謝する．最後に，こうした企画に対しご支援を下さった京都大学学術出版会の鈴木哲也氏，編集の最初から最後まで，忍耐強くご支援くださった斎藤至氏にも感謝を述べたい．

---

[v] アジア稲作を対象にした実証研究に基づいて緑の革命を総括的に評価した文献として　David, C.C.& Otsuka, K. (1994) *Modern Rice Technology and Income Distribution in Asia*. Lynne Rienner Publishers. を参照されたい．

参考文献

Alex, G. "US AID and Agricultural Research: Review of US AID Support for Agricultural Research." Washington, D.C.: Office of Agriculture and Food Security, U.S. Agency for International Development (USAID), 1996.

Alston, Julian M., and Philip G. Pardey. *Making Science Pay: The Economics of Agricultural R and D Policy.* AEI Studies in Agricultural Policy. Washington, D.C.: AEI Press, 1996.

Amin, Shahid. "'Gandhi as Mahatma.'" In *Selected Subaltern Studies*, ed. Ranajit Guha and Gayatri Spivak. Oxford: Oxford University Press, 1988.

Amsden, Alice. "Why Isn't the Whole World Experimenting with the East Asian Model to Develop?" *World Development* 22, no. 4 (1994).

Anderson, Kay, Mono Domosh, Steve Pile, and Nigel Thrift, eds. *Handbook of Cultural Geography.* Thousand Oaks, Calif.: Sage Publications, 2003.

Anderson, Robert, Edwin Levy, and Barrie Morrison. *Rice Science and Development Politics.* Oxford: Clarendon Press, 1991.

Anderson, Robert S., et al. *Science, Politics, and the Agricultural Revolution in Asia, AAAS Selected Symposium; 70.* Boulder: Westview Press, 1982.

Antholt, Charles H. *Getting Ready for the Twenty-First Century: Technical Change and Institutional Modernization in Agriculture.* Washington, D.C.: World Bank, 1994.

Appadurai, Arjun. "Disjuncture and Difference in the Global Economy." *Public Culture* 2, no. 2 (1990): 1–24.

Arce, Alberto, and Norman Long. *Anthropology Development, and Modernities: Exploring Discourses, Counter-Tendencies, and Violence.* London: Routledge, 2000.

Arndt, H. W. *Economic Development: The History of an Idea.* Chicago: University of Chicago Press, 1987.

Asian Development Bank. *Rural Asia: Challenge and Opportunity (2nd Asian Agricultural Survey).* New York: Praeger, 1977.

———. "Indicative Master Plan on Power Interconnection in the Greater Mekong Subregion Countries." 2003.

Australian Mekong Resource Centre. *Accounting for Development: Australia and the ADB in the Mekong Region—Conference Proceedings.* Sydney University, 2000.

Ayres, Robert L. *Banking on the Poor: The World Bank and World Poverty.* Cambridge: MIT

Press, 1984.

Babb, Sarah. *Managing Mexico: Economists from Nationalism to Neoliberalism.* Princeton: Princeton University Press, 2001.

Barlow, Maude, and Tony Clarke. *Blue Gold: The Fight to Stop the Corporate Theft of the World's Water.* New York: New Press, 2002.

Barry, Andrew, Thomas Osborne, and Nikolas S. Rose. *Foucault and Political Reason: Liberalism, Neo-Liberalism and Rationalities of Government.* London: UCL Press, 1996.

Bauer, P. T., Gerald M. Meier, and Dudley Seers. *Pioneers in Development.* New York: Oxford University Press for the World Bank, 1984.

Baum, Warren. *Partners against Hunger: The Consultative Group on International Agricultural Research.* Washington, D.C.: World Bank, 1986.

Baviskar, Amita. *In the Belly of the River.* Delhi: Oxford, 1995.

Bayliss, Kate, and David Hall. *Unsustainable Conditions—the World Bank, Privatisation, Water and Energy.* PSIRU, University of Greenwich, UK, 2002. Available from http://www.psiru.org/reports/2002-08-U-WB-WDR2003.doc.

Beckwith, Jonathan R. *Making Genes, Making Waves: A Social Activist in Science.* Cambridge: Harvard University Press, 2002.

Berg, Robert J., and Jennifer Seymour Whitaker, eds. *Strategies for African Development: A Study for the Committee on African Development Strategies.* Berkeley: University of California Press, 1986.

Berger, Luis, Inc. *Economic Impact Study of Nam Theun Dam Project.* Washington, D.C., July 28, 1997.

Berríos, Rubén. *Contracting for Development: The Role of For-Profit Contractors in U.S. Foreign Development Assistance.* Westport, Conn: Praeger, 2000.

Berry, Sara. *No Condition Is Permanent.* Madison: University of Wisconsin Press, 1993.

———. "Claiming Patrimonial Territories in the Era of 'Privatization': Examples from Ghana." Paper presented at the 29th annual spring symposium, African Studies, University of Illinois at Urbana–Champaign, April 2003.

Bhagwati, Jagdish. "The Case for Free Trade." *Scientific American* 265, no. 5 (November 1993): 42–49.

Bird, Kai. *The Chairman: John J. McCloy, the Making of the American Establishment.* New York: Simon and Schuster, 1992.

Black, Stephanie, and Jamaica Kincaid. *Life and Debt.* New York: New Yorker Video, 2001.

Block, Fred L. *The Origins of International Economic Disorder: A Study of United States International Monetary Policy from World War II to the Present.* Berkeley: University of California Press, 1977.

Bonanno, Alessandro, et al., eds. *From Columbus to ConAgra: The Globalization of Agriculture and Food.* Lawrence: University Press of Kansas, 1994.（＝上野重義，杉山道雄共訳『農業と食料のグローバル化——コロンブスからコンアグラへ』筑波書房，1999）

Bond, Patrick. *Uneven Zimbabwe: A Study of Finance, Development and Underdevelopment.* Trenton, N.J.: Africa World Press, 1998.

———. *African Grassroots and the Global Movement* ZNet, October 19, 2000. Available from http://www.lbbs.org/weluser.htm.

———. "Strategy and Self-Activity in the Global Justice Movements" *Foreign Policy in Focus* 5, no. 27（August 21, 2001）.

———. *Fanon's Warning: A Civil Society Reader on the New Partnership for Africa's Development.* Trenton, N.J.: Africa World Press, 2002.

———. *Against Global Apartheid: South Africa Meets the World Bank, IMF and International Finance.* Cape Town: University of Cape Town Press, 2003a.

———. "Rolling Back Water Privatization." ZNet Commentary, August 4, 2003b. Available from http://www.zmag.org/ZNET.htm

———. "The Politicisation of South African Water Narratives." *Capitalism, Nature, Socialism* 15:1（2004）: 7–25.

Bose, Sugata. "Instruments and Idioms of Colonial and National Development: India's Historical Experience in Comparative Perspective." In *International Development and the Social Sciences: Essays on the History and Politics of Knowledge,* ed. Frederick Cooper and Randall Packard. Berkeley: University of California Press, 1997.

Bourdieu, Pierre, and Loic Wacquant. *An Invitation to Reflexive Sociology.* Chicago: University of Chicago Press, 1992.（＝水島和則訳『リフレクシヴ・ソシオロジーへの招待——ブルデュー，社会学を語る』藤原書店，2007）

Brass, Paul R. *The Politics of India since Independence.* Cambridge: Cambridge University Press, 1990.

Braun, Bruce. "Producing Vertical Territory: Geology and Governmentality in Late Victorian Canada." *Ecumene* 7, no. 1（2000）.

Brenner, Neil. "Beyond State-Centrism? Space, Territoriality, and Geographical Scale in Globalization Studies." *Theory and Society* 28（1999）: 39–78.

Brenner, Neil, and Nik Theodore. "From the 'New Localism' to the Spaces of Neoliberalism." *Antipode* 34, no. 3（2002）: 341–47.

Bretton Woods Commission, ed. *Bretton Woods: Looking to the Future.* Washington, D.C.: Bretton Woods Commission, 1994.

Burawoy, Michael. "For a Sociological Marxism: The Complementary Convergence of Antonio Gramsci and Karl Polanyi." *Politics and Society* 31, no. 2 (2003): 193–261.

Burawoy, Michael, et al. *Global Ethnography: Forces, Connections, and Imaginations in a Postmodern World.* Berkeley: University of California Press, 2000.

Burbach, Roger, and Patricia Flynn. *Agribusiness in the Americas.* New York: Monthly Review Press, 1980. (＝中野一新，村田武共訳『アグリビジネス――アメリカの食糧戦略と多国籍企業』大月書店，1987)

Burchell, Graham, ed. *The Foucault Effects: Studies in Governmentality.* Chicago: University of Chicago Press, 1991.

Buttel, Frederick. "World Society, the Nation-State, and Environmental Protection." *American Sociological Review* 65 (2000): 117–21.

Calabrese, Daniele. *Public Communication Programs for Privatization Projects: A Toolkit for World Bank Task Team Leaders and Clients.* Washington, D.C.: World Bank, 2002.

Callaghy, Thomas M., Ronald Kassimir, and Robert Latham. *Intervention and Transnationalism in Africa: Global-Local Networks of Power.* Cambridge: Cambridge University Press, 2001.

Canguilhem, Georges. *On the Normal and the Pathological.* Dordrecht: D. Reidel, 1978. （＝滝沢武久訳『正常と病理』法政大学出版局，1987）

Carty, Bob. Interview with Peter Spillet (head of the Environment, Quality and Sustainability for Thames Water), December 6, 2002. Canadian Broadcasting Corporation, 2002. Available from http://cbc.ca/news/features/water/spillet.html.

Castells, Manuel. *The Rise of the Network Society.* 3 vols. Oxford: Basil Blackwell, 1996.

Caufield, Catherine. *Masters of Illusion: The World Bank and the Poverty of Nations.* New York: Henry Holt, 1996.

Cavanaugh, Robert William. "Reminiscences of Robert William Cavanaugh: oral history, 1961." Interview by Robert Oliver. In *World Bank project: oral history, 1961.* World Bank, 1961.

Cernea, Michael M., and Scott Guggenheim. "Resettlement and Development: The Bankwide Review of Projects Involving Involuntary Resettlement, 1986–1993." Washington, D.C.: World Bank, Environment Department, 1994.

Cernea, Michael M., and Scott Guggenheim, eds. *Anthropological Approaches to Resettlement: Policy Practice, and Theory.* Washington, D.C.: World Bank, 1993.

Chamberlain, James R., Charles Alton, and Arthur G. Crisfield. "Indigenous People's Profile: Lao People's Democratic Republic." Vientiane: Report prepared for the World Bank by CARE International, 1995.

Chamberlain, James R., and Charles Alton. "Environmental and Social Action Plan for Nakai-Nam Theun Catchment and Corridor Areas." Report prepared for IUCN, but not released, 1997.

Chape, Stuart. "Biodiversity Conservation, Protected Areas and the Development Imperative in Lao PDR: Forging the Links." Bangkok: IUCN, 1996.

———. "IUCN Programme Focus and Development in Relation to the Forestry Sector." Paper presented at the IUCN donor's meeting, Vientiane, April 1996.

Chenery, Hollis, et al. *Redistribution with Growth: Policies to Improve Income Distribution in Developing Countries in the Context of Economic Growth.* Oxford: Oxford University Press, 1974.

Clark, William. *From Three Worlds: Memoirs.* London: Sidgwick and Jackson, 1986.

Cleaver, Kevin M. "Rural Development Strategies for Poverty Reduction and Environmental Protection in Sub-Saharan Africa." Washington, D.C.: World Bank, 1997.

Clever, Kevin, and Gotz Schreiber. *Reversing the Spiral.* Washington, D.C.: World Bank, 1994.

Cohn, Bernard. *Colonialism and Its Forms of Knowledge.* Princeton: Princeton University Press, 1996.

Colby, Gerard. *Thy Will Be Done: The Conquest of the Amazon, Nelson Rockefeller and Evangelism in the Age of Oil.* New York: HarperCollins, 1995.

Collier, George Allen, and Elizabeth Lowery Quaratiello. *Basta!: Land and the Zapatista Rebellion in Chiapas,* rev. ed. Oakland, Calif.: Food First Books, 1999.

Comaroff, Jean. *Body of Power, Spirit of Resistance: The Culture and History of a South African People.* Chicago: University of Chicago Press, 1985.

Comaroff, John, and Jean Comaroff. *Of Revelation and Revolution.* Chicago: University of Chicago Press, 1997.

———. *Civil Society and the Political Imagination in Africa: Critical Perspectives.* Chicago: University of Chicago Press, 1999.

Conservation Finance Alliance. www.Conservationfinance.org. 2002.

Cooke, Bill, and Uma Kothari. *Participation: The New Tyranny?* London: Zed Books, 2001.

Cooper, F. "Modernizing Bureaucrats, Backward Africans, and the Development Concept." In *International Development and the Social Sciences: Essays on the History and Politics of Knowledge,* ed. Frederick Cooper and Randall Packard. Berkeley: University of California Press, 1997, 64–92.

Cooper, Frederick, and Randall Packard, eds. *International Development and the Social Sciences.* Berkeley: University of California Press, 1997.

The Corner House. *Briefing 19—Exporting Corruption: Privatisation, Multinationals and Bribery.* Dorset: The Corner House, 2000.

Cornia, Giovanni Andrea. *Adjustment with a Human Face.* 2 vols. Oxford: Clarendon Press, 1987–88.

Corrigan, Philip Richard D., and Derek Sayer. *The Great Arch: English State Formation as Cultural Revolution.* Oxford: Blackwell, 1985.

Cosgrove, William J., and Frank R. Rijsberman. "World Water Vision: Making Water Everybody's Business." London: World Water Council, 2000.

Cowen, Michael, and Robert W. Shenton. *Doctrines of Development.* London: Routledge, 1996.

Creed, Gerald, and Janine Wedel. "Second Thoughts from the Second World: Interpreting Aid in Post-Communist Eastern Europe." *Human Organization* 56, no. 3 (1997): 253-64.

Cronon, William. *Nature's Metropolis: Chicago and the Great West.* New York: W. W. Norton, 1991.

Crush, Jonathan, ed. *Power of Development.* London: Routledge, 1995.

CSIS Task Force on the Multilateral Development Banks, and Center for Strategic and International Studies. *The United States and the Multilateral Development Banks: A Report of the CSIS Task Force on the Multilateral Development Banks.* Washington, D.C.: CSIS, 1998.

Cueto, Marcos. *Missionaries of Science: The Rockefeller Foundation and Latin America.* Philanthropic Studies. Bloomington: Indiana University Press, 1994

Culpeper, Roy, Albert Berry, and Frances Stewart, eds. *Global Development Fifty Years after Bretton Woods: Essays in Honor of Gerald K. Helleiner.* New York: St. Martin's Press, 1997.

Dahlberg, Kenneth A. *Beyond the Green Revolution: The Ecology and Politics of Global Agricultural Development.* New York: Plenum Press, 1979.

Daly, Herman E. *Economics, Ecology Ethics: Essays toward a Steady-State Economy.* San Francisco: W. H. Freeman, 1980.

―――. "The Perils of Free Trade." *Scientific American* 265, no. 5 (November 1993):50–55.

―――. *Beyond Growth: The Economics of Sustainable Development.* Boston: Beacon Press, 1996. (＝新田功，藏本忍，大森正之共訳『持続可能な発展の経済学』みすず書房，2005)

Daly, Herman E., John B. Cobb, and Clifford W. Cobb. *For the Common Good: Redirecting the Economy toward Community, the Environment, and a Sustainable Future.* Boston: Beacon Press, 1989.

参考文献

Daly, Herman E., and Kenneth N. Townsend. *Valuing the Earth: Economics, Ecology Ethics.* Cambridge: MIT Press, 1993.
Daly, Herman E., ed. *Toward a Steady-State Economy.* San Francisco: W. H. Freeman, 1973.
Danaher, Kevin, ed. *Fifty Years Is Enough.* Oakland, Calif.: Food First Books, 1994.
Darier, Eric, ed. *Discourses of the Environment.* Malden, Mass.: Blackwell, 1999.
Dasgupta, Biplab. *Structural Adjustment, Global Trade, and the New Political Economy of Development.* New York: Zed Books, 1998.
Dean, Mitchell. *Critical and Effective Histories: Foucault's Methods and Historical Sociology.* London: Routledge, 1994.
——— . *Governmentality: Power and Rule in Modern Society.* Thousand Oaks, Calif.: Sage Publications, 1999.
Delphos, William A. *Inside the World Bank Group: The Practical Guide for International Business Executives.* Washington, D.C.: Venture, 1997.
Dezalay, Yves, and Bryant G. Garth. *Dealing in Virtue: International Commercial Arbitration and the Construction of a Transnational Legal Order.* Language and Legal Discourse. Chicago: University of Chicago Press, 1996.
——— . *The Internationalization of Palace Wars: Lawyers, Economists, and the Contest to Transform Latin American States.* Chicago: University of Chicago Press, 2002a.
——— . *Global Prescriptions: The Production, Exportation, and Importation of a New Legal Orthodoxy.* Ann Arbor: University of Michigan Press, 2002b.
Diouf, Mamadou. "Senegalese Development: From Mass Mobilization to Technocratic Elitism." In *International Development and the Social Sciences: Essays on the History and Politics of Knowledge*, ed. Frederick Cooper and Randall Packard. Berkeley: University of California Press, 1997, 291–319.
Dollar, David. *Globalization, Growth, and Poverty.* Washington, D.C.: World Bank, 2002.
Donini, Antonio. "The Bureaucracy and the Free Spirits: Stagnation and Innovation in the Relationship between the UN and NGOs." *Third World Quarterly* 16, no. 3 (1995): 421–39.
Dove, Michael. "Swidden Agriculture and the Political Economy of Ignorance." *Agroforestry Systems* 1, no. 1 (1983): 85–89.
Duffield, Mark R. *Global Governance and the New Wars: The Merging of Development and Security.* London: Zed Books, 2001.
Easterly, William Russell. *The Elusive Quest for Growth: Economists' Adventures and Misadventures in the Tropics.* Cambridge: MIT Press, 2001.
Eichenwald, Kurt. *The Informant: A True Story.* New York: Broadway Books, 2000.

Emerging Markets. "Agenda." *Emerging Markets,* October 9, 1995, 15.
Escobar, Arturo. *Encountering Development: The Making and Unmaking of the Third World.* Princeton: Princeton University Press, 1995.
———. "Constructing Nature: Elements for a Poststructural Political Ecology." In *Liberation Ecologies: Environment, Development, Social Movements,* ed. Richard Peet and Michael Watts. New York: Routledge, 1996, 46–68.
———. "Reassessing Development and Modernity: Rainforest Futures." Yale University Program in Agrarian Studies, New Haven, 2002.
Espeland, Wendy Nelson. *The Struggle for Water: Politics, Rationality and Identity in the American Southwest, Language and Legal Discourse.* Chicago: University of Chicago Press, 1998.
Evans, Grant. *Lao Peasants under Socialism and Post-Socialism.* Bangkok: Silkworm Books, 1995.
Evans, Peter. "The Eclipse of the State? Reflections on Stateness in an Era of Globalization". *World Politics* 50 (1997): 62–87.
Evenson, Robert E., and Carl Pray. *Research and Productivity in Asian Agriculture, Food Systems and Agrarian Change.* Ithaca: Cornell University Press, 1991.
Fairhead, James, and Melissa Leach. *Misreading the African Landscape.* Cambridge: Cambridge University Press, 1996.
———. *Science, Society and Power: Environmental Knowledge and Policy in West Africa and the Caribbean.* Cambridge: Cambridge University Press, 2004.
Falloux, Francois. *Crisis and Opportunity: Environment and Development in Africa.* London: Earthscan, 1993.
Fanelli, Jose Maria, et al. "The World Development Report 1991: A Critical Assessment." CEDES Document #79. Buenos Aires: CEDES, 1992.
Feinberg, Richard E. *Between Two Worlds: The World Bank's Next Decade.* New Brunswick, N.J.: Transaction Books, 1986.
Ferguson, James. *The Anti-Politics Machine: "Development," Depoliticization, and Bureaucratic Power in Lesotho.* Minneapolis: University of Minnesota Press, 1990.
Ferguson, James, and Akhil Gupta. "Spatializing States: Toward an Ethnography of Neoliberal Governmentality." *American Ethnologist* 2 (2002): 981–1002.
Fine, Ben. *Social Capital Versus Social Theory: Political Economy and Social Science at the Turn of the Millennium.* London: Routledge, 2000.
———. "The World Bank's Speculation on Social Capital." In *Reinventing the World Bank,* ed. Jonathan Pincus and Jeffrey Winters. Ithaca: Cornell University Press, 2002,

203–21.

Fine, Ben, et al. *Development Policy in the Twenty-First Century: Beyond the Post-Washington Consensus.* London: Routledge, 2001.

Finnegan, William. "Leasing the Rain: The Race to Control Water Turns Violent." *New Yorker,* April 8, 2002.

Finnemore, Martha. *National Interests in International Society.* Ithaca: Cornell University Press, 1996.

―――. "Redefining Development at the World Bank." In *International Development and the Social Sciences: Essays on the History anal Politics of Knowledge,* ed. Frederick Cooper and Randall Packard. Berkeley: University of California Press, 1997, 203–27.

Fisher, R. J. "Shifting Cultivation in Laos: Is the Government's Policy Realistic?" In *Development Dilemmas in the Mekong Sub-Region,* ed. Bob Stenholt. Workshop Proceedings of Monash Asia Institute, Australia, 1996.

Florini, Ann. *The Third Force: The Rise of Transnational Civil Society.* Washington, D.C.: Carnegie Endowment for International Peace, 2000.

Forsyth, Timothy. "Questioning the Impact of Shifting Cultivation." *Watershed,* no. 5 (1999): 1.

Foster, John Bellamy. *Ecology against Capitalism.* New York: Monthly Review Press, 2002.

Foucault, Michel. *Power/Knowledge: Selected Interviews and Other Writings.* New York: Pantheon, 1980. 2006年、蓮實重彦訳「権力と知」小林康夫・石田英敬・松浦寿輝編『フーコー・コレクション4　権力・監禁』ちくま学芸文庫、405-436

―――. *The History of Sexuality: An Introduction.* New York: Vintage Books, 1990.（＝渡辺守章・田村俶訳『性の歴史』新潮社、1986）

―――. "Governmentality." In *The Foucault Effect,* ed. Graham Burchell, Colin Gordon, and Peter Miller. Chicago: University of Chicago Press, 1991. 2006年、石田英敬訳「統治性」小林康夫・石田英敬・松浦寿輝編『フーコー・コレクション6　生政治・統治』ちくま学芸文庫、238-277

―――. "Two Lectures." In *Culture/Power/History,* ed. N. Dirks et al. Princeton: Princeton University Press, 1994.

―――. *"Society Must Be Defended": Lectures at the Collège de France 1975–1976.* New York: Picador, 1997. 2000年、石田英敬訳「社会は防衛しなければならない」小林康夫・石田英敬・松浦寿輝編、『ミシェル・フーコー思考集成 VI　1976-1977　セクシュアリテ　真理』筑摩書房、167-174

―――. *Power.* New York: New Press, 2000.

Fox, Jonathan, and David Brown. *The Struggle for Accountability: The World Bank, NGOs, and*

Grassroots Movements. Cambridge: MIT Press, 1998.

Fox, Jonathan, and Eva Thorne. "When Does Reform Policy Influence Practice? Lessons from the Bankwide Resettlement Review." In *The Struggle for Accountability: The World Bank, NGOs, and Grassroots Movements,* ed. Jonathan Fox and David Brown, Cambridge: MIT Press, 1998.

Frank, David J., Ann Hironaka, and Evan Schofer. "The Nation-State and the Natural Environment over the Twentieth Century." *American Sociological Review* 65 (2000): 96 – 116.

Franklin, Barbara. "A Review of Local Public Consultations for the Nam Theun 2 Hydroelectric Project." Vientiane: Submitted to the World Bank, 1997.

Frey, Bruno, et al. "Consensus and Dissensus among Economists: An Empirical Inquiry." *American Economic Review* 74, no. 5 (1984): 986-94.

Friedmann, Harriet. "The Political Economy of Food: The Rise and Fall of the Postwar International Food Order." *American Journal of Sociology* 88 (1982): 248–86.

Frison, E. A., Wanda W. Collins, and Suzanne L. Sharrock. "Global Programs: A New Vision in Agricultural Research." Washington, D.C.: Consultative Group on International Agricultural Research (CGIAR), 1997.

Galbraith, John Kenneth. *The Nature of Mass Poverty.* Cambridge: Harvard University Press, 1979.（＝都留重人監訳『大衆的貧困の本質』TBSブリタニカ, 1979）

Geest, Willem van der, and Hilary Hodgson, eds. *Negotiating Structural Adjustment in Africa.* London: J. Currey for the United Nations Development Programme, 1994.

Gelb, Alan H. *Can Africa Claim the 21st Century?* Washington, D.C.: World Bank, 2000.

George, Susan, and Fabrizio Sabelli. *Faith and Credit: The World Bank's Secular Empire.* London: Penguin Books, 1994.（＝毛利良一訳『世界銀行は地球を救えるか――開発帝国50年の功罪』朝日選書, 1996）

Gill, Stephen, ed. *Globalization, Democratization and Multilateralism.* New York: St. Martin's Press, 1997.

Gille, Zsuzsa. "Cognitive Cartography in a European Wasteland: Multinational Capital and Greens Vie for Village Allegiance." In *Global Ethnography,* Michael Burawoy. Berkeley: University of California Press, 2000.

Gills, Barry, ed., *Globalization and the Politics of Resistance.* London: Palgrave, 2000.

Gilman, Nils. *Mandarins of the Future: Modernization Theory in Cold War America.* Baltimore: Johns Hopkins University Press, 2003.

Glaeser, Bernhard. *The Green Revolution Revisited: Critique and Alternatives.* London: Allen and Unwin, 1987.

Global Water Report. "Privatisation, a Question That Just Won't Go Away: Interview with Pierre Giacasso, Director of Water Service of the Service Industriels De Geneve, Uncovers Trends in World Water Supply." *Global Water Report*, September 4, 1996.

Goldman, Michael. "The Rise of the 'Global Resource Managing' Class." In *The Political Development of Nature: New Conflicts over Biological Resources*, ed. Volker Heins and Michael Flitner. Frankfurt: Leske and Budrich, 1997.

―――. "The Birth of a Discipline: Producing Authoritative Green Knowledge, World Bank-Style." *Ethnography* 2, no. 2 (2001a): 191–217.

―――. "Constructing an Environmental State: Eco-Governmentality and Other Transnational Practices of a 'Green' World Bank." *Social Problems* 48, no. 4 (2001b): 499–523.

―――. "Notes from the World Summit in Johannesburg: 'History in the Making?'" *Capitalism, Nature, Socialism* 13, no. 4 (2002).

―――. "Tracing the Roots/Routes of World Bank Power," *International Journal of Sociology and Social Policy* 25, no. 1/2 (2005): 10–29.

Goldman, Michael, ed. *Privatizing Nature: Political Struggles for the Global Commons*. New Brunswick, N.J.: Rutgers University Press, 1998.

Gowan, Peter. *The Global Gamble: Washington's Faustian Bid for World Dominance*. London: Verso, 1999.

Gramsci, Antonio, Quintin Hoare, and Geoffrey Nowell-Smith. *Selections from the Prison Notebooks of Antonio Gramsci*. New York: International Publishers, 1971.（＝グラムシ研究所校訂 V. ジェルラターナ編，獄中ノート翻訳委員会訳『グラムシ獄中ノート〈1〉』大月書店，1981）

Greenough, Paul, and Anna Tsing, eds. *Nature in the Global South*. Durham: Duke University Press, 2003.

Griffiths, Peter. *The Economist's Tale: A Consultant Encounters Hunger and the World Bank*. London: Zed Books, 2003.

Grove, Richard. *Green Imperialism: Colonial Expansion, Tropical Island Edens, and the Origins of Environmentalism, 1600–1860*. Cambridge: Cambridge University Press, 1996.

Grusky, Sara. "Profit Streams: The World Bank and Greedy Global Water Companies." Washington, D.C.: Public Citizen, 2002.

Gupta, Akhil, and James Ferguson. "Beyond 'Culture': Space, Identity, and the Politics of Difference." *Cultural Anthropology* 7, no. 1 (1992): 6–23.

Guyer, Jane. "Spatial Dimensions of Civil Society in Nigeria." In *Civil Society and the State in Africa*, ed. John Harbeson, Donald Rothchild, and Naomi Chazan. Boulder: Lynne

Rienner Publishers, 1994.
Gwin, Catherine. "U.S. Relations with the World Bank, 1945–1992." In *The World Bank: Its First Half Century,* ed. Devesh Kapur et al. Washington, D.C.: Brookings Institution, 1997, 195–274.
Halberstam, David. *The Best and the Brightest.* New York: Random House, 1972.（＝浅野輔訳『ベスト＆ブライテスト（上・中・下）』朝日文庫, 1999)
Halcrow, Sir William, and Partners Ltd, UK. "Se Kong-Se San and Nam Theun River Basins Hydropower Study." Asian Development Bank, 1998.
Hall, David. "Financing Water for the World—an Alternative to Guaranteed Profits." PSIRU, 2003 (cited March 2003). Available from http://www.psiru.org/reports/2003-03-W-finance.doc.
Hall, David, Kate Bayliss, and Emanuele Lobina. "Water Privatisation in Africa." Paper presented at the Municipal Services Project Conference, Witswatersrand University, Johannesburg, May 2002.
Hall, Stuart. "Gramsci's Relevance for the Study of Race and Ethnicity." In *Stuart Hall: Critical Dialogues in Cultural Studies,* ed. David Morley and Kuan-Hsing Chen. London: Routledge, 1996.
Haraway, Donna. *Primate Visions.* New York: Routledge, 1989.
Harper, Richard. *Inside the IMF: An Ethnography of Documents, Technology and Organizational Action.* Computers and People Series. San Diego: Academic Press, 1998.
Hart, Gillian. "Development Critiques in the 1990s: *Culs De Sac* and Promising Paths." *Progress in Human Geography* 25:4 (2001): 649–58.
———. "Developments beyond Neoliberalism? Power, Culture, Political Economy." *Progress in Human Geography* 26:6 (2002a): 812–22.
———. *Disabling Globalization: Places of Power in Post-Apartheid South Africa.* Berkeley: University of California Press, 2002b.
———. "Geography and Development: Critical Ethnographies of D/development in the Era of Globalization." *Progress in Human Geography* 28:1 (2004): pp. 91–100.
Hart-Landsberg, Martin. *The Rush to Development: Economic Change and Political Struggle in South Korea.* New York: Monthly Review Press, 1993.
Harvey, David. *Limits to Capital.* Oxford: Oxford University Press, 1982.（＝松石勝彦ほか訳『空間編成の経済理論——資本の限界（上・下）』大明堂, 1989-1990)
———. *Justice, Nature and the Geography of Difference.* Oxford: Oxford University Press, 1996.
———. *The New Imperialism.* Oxford: Oxford University Press, 2003.

参考文献

Helleiner, Eric. *States and the Reemergence of Global Finance: From Bretton Woods to the 1990s.* Ithaca: Cornell University Press, 1994.

Hess, David J. *Science Studies: An Advanced Introduction.* New York: New York University Press, 1997.

Hill, Mark. "Fisheries Ecology of the Lower Mekong River: Myanmar to Tonle Sap River." *Natural History Bulletin of Siam Society,* no. 43 (1995): 263–88.

Hill, Mark, and Susan Hill. *Fisheries Ecology and Hydropower in the Mekong River: An Evaluation of Run-of-the-River Projects.* Bangkok: Mekong Secretariat, 1994.

Hirsch, Philip, and Carol Warren. *The Politics of the Environment in Southeast Asia: Resources and Resistance.* London: Routledge, 1998.

Hirschman, Albert O. *Exit, Voice, and Loyalty: Responses to Decline in Firms, Organizations, and States.* Cambridge: Harvard University Press, 1970. (＝矢野修一訳『離脱・発言・忠誠――企業・組織・国家における衰退への対応』ミネルヴァ書房，2005)

Hirst, Paul, and Grahame Thompson. *Globalization in Question: The International Economy and the Possibilities of Governance.* Cambridge: Polity Press, 1996.

Hobart, Mark, ed. *An Anthropological Critique of Development: The Growth of Ignorance.* London: Routledge, 1993.

Hornick, Robert. *Development Communication: Information, Agriculture and Nutrition in the Third World.* New York: Longman, 1988.

Hoselitz, Berthold Frank. *Sociological Aspects of Economic Growth.* Glencoe, Ill.: Free Press, 1960.

Hulme, David, and Michael Edwards. *NGOs, States and Donors: Too Close for Comfort?* New York: St. Martin's Press, 1997.

Hurni, Bettina. *The Lending Policy of the World Bank in the 1970s.* Boulder: Westview Press, 1980.

Hymes, Dell, ed. *Reinventing Anthropology.* New York: Vintage Books, 1974.

Institutional Investor. *The Way It Was: An Oral History of Finance, 1967–1987.* New York: Morrow, 1988.

International Advisory Group. *World Bank's Handling of Social and Environmental Issues in the Proposed Nam Theun 2 Hydropower Project in Lao PDR.* Vientiane: Submitted to the World Bank, 1997.

International Bank for Reconstruction and Development. *World Development Report 1994: Infrastructure for Development.* New York: Oxford University Press for the World Bank, 1994.

International Consortium of Investigative Journalists. *The Water Barons: How a Few Powerful*

Companies Are Privatizing Your Water. Washington, D.C.: Center for Public Integrity, 2002.

International Rivers Network. *Power Struggle: The Impact of Hydro-Development in Laos.* Berkeley: International Rivers Network, 1999.

——— . "Trading Away the Future: Mekong Power Grid." Berkeley: International Rivers Network, 2003.

IUCN. *Improving the Capacity of the Lao PDR for Sustainable Management of Wetlands Benefits.* Vientiane, 1993.

——— . *Environmental and Social Plan for Nakai-Nam Theun Catchment and Corridor Areas.* Vientiane, 1997.

James, C. L. R. *The Black Jacobins: Toussaint L'Ouverture and the San Domingo Revolution,* 2nd ed. New York: Vintage Books, 1963.

Jamison, Andrew. *Making of Green Knowledge.* Cambridge: Cambridge University Press, 2001.

Jasanoff, Sheila. "NGOs and the Environment: From Knowledge to Action." *Third World Quarterly* 18, no. 3 (1997): 579–94.

Jasanoff, Sheila, and Marybeth Long Martello. *Earthly Knowledge: Local and Global in Environmental Governance.* Cambridge: MIT Press, 2004.

Jennings, Bruce H. *Foundations of International Agricultural Research: Science and Politics in Mexican Agriculture.* Westview Special Studies in Agriculture Science and Policy. Boulder: Westview Press, 1988.

Kapstein, Ethan. *Governing the Global Economy: International Finance and the State.* Cambridge: Harvard University Press, 1994.

Kapur, Devesh. "The Common Pool Dilemma of Global Public Goods: Lessons from the World Bank's Net Income and Reserves." *World Development* 30, no. 3 (2002): 337–54.

Kapur, Devesh, and R. Culpeper. *Global Financial Reform: How? Why? When?* Ottawa: North-South Institute, 2000.

Kapur, Devesh, Richard Charles Webb, and John Prior Lewis. *The World Bank: Its First Half Century.* 2 vols. Washington, D.C.: Brookings Institution, 1997.

Keck, Margaret E., and Kathryn Sikkink. *Activists Beyond Borders: Advocacy Networks in International Politics.* Ithaca: Cornell University Press, 1998.

Khagram, Sanjeev, James V. Riker, and Kathryn Sikkink, eds. *Restructuring World Politics: Transnational Social Movements, Networks, and Norms.* Social Movements, Protest, and Contention, vol. 14. Minneapolis: University of Minnesota Press, 2002.

Kloppenburg, Jack Ralph. *First the Seed: The Political Economy of Plant Biotechnology 1492–*

参考文献

2000. Cambridge: Cambridge University Press, 1988.
Klug, Heinz. *Constituting Democracy: Law, Globalism, and South Africa's Political Reconstruction.* Cambridge Studies in Law and Society. Cambridge: Cambridge University Press, 2000.
Kneen, Brewster. *Invisible Giant: Cargill and Its Transnational Strategies.* East Haven, Conn.: Fernwood, 1995.
Kolko, Joyce, and Gabriel Kolko, *The Limits of Power: The World and United States Foreign Policy* 1945–1954. New York: Harper and Row, 1972.
Kraske, Jochen, et al. *Bankers with a Mission: The Presidents of the World Bank, 1949–91.* Washington, D.C.: World Bank and Oxford University Press, 1996.
Krueger, Anne. "The Political Economy of the Rent-Seeking Society." *American Economic Review* 64, no. 3 (June 1974): 291–303.
Kuehls, Tom. *Beyond Sovereign Territory.* Minneapolis: University of Minnesota, 1996.
Kumar, Amitava, ed. *World Bank Literature.* Minneapolis: University of Minnesota Press, 2003.
Kumar, K. "Generating Broad-Based Growth through Agribusiness Promotion: Assessment of USAID Experience." Washington, D.C.: USAID, 1995.
Lancaster, Carol. "The World Bank in Africa since 1980: The Politics of Structural Adjustment Lending." In *The World Bank: Its First Half Century,* ed. Devesh Kapur, John Prior Lewis, and Richard Charles Webb. Washington, D.C.: Brookings Institution, 1997, pp. 161–94.
Lao PDR, Government of. *Socio-Economic Development and Investment Requirements,* 1997–2000. Government Report, Sixth Round Table Meeting. Geneva, 1997.
———. "Project to Stop Shifting Cultivation, Allocate Stabilized Livelihoods and Protect the Environment, 1998–2000." Vientiane, 1998.
———. *Resettlement Action Plan (Rap) Seminar Notes.* Report of meeting held at Lane Xang Hotel, Vientiane, 1999.
Lao PDR, Government of, Department of Forestry. *Development of Policy and Regulations under the Forestry Law for Protected Area Management in Lao PDR.* Vientiane, 1997.
Lao PDR, Government of, State Planning Committee. "Towards a Lao Definition of Poverty." Vientiane, 1997.
Laurie, Nina, Robert Andolina, and Sarah Radcliffe. "Indigenous Professionalization: Transnational Social Reproduction in the Andes." *Antipode* 35, no. 3 (June 2003): 463–92.
Laurie, Nina, and Carlos Crespo. "An Examination of the Changing Contexts for Devel-

oping Pro-Poor Water Initiatives Via Concessions." University of New Castle, Department of Geography, SSR Project, 2002.

Laurie, N., and S. Marvin. "Globalisation, Neo-Liberalism and Negotiated Development in the Andes: Bolivian Water and the Misicuni Dream." *Environment and Planning A* 31 (1999): 1401–15.

Le Prestre, Philippe G. *The World Bank and the Environmental Challenge.* London: Susquehanna University Press, 1989.

Levy, Marc, and Robert Keohane. *Institutions for Environmental Aid.* Cambridge: MIT Press, 1996.

Li, Tania. "Compromising Power: Development, Culture, and Rule in Indonesia." *Cultural Anthropology* 14, no. 3 (1999): 295–322.

——— . "Government through Community in the Age of Neoliberalism." Paper, Anthropology Department, University of California-Santa Cruz, 2002.

Lie, John. *Han Unbound: The Political Economy of South Korea.* Stanford: Stanford University Press, 1998.

Lobina, Emanuele. *Grenoble-Water Re-Municipalised.* PSIRU, 2000. Available from http://www.psiru.org/reports/Grenoble.doc.

Lohmann, Larry and Marcus Colchester. "Paved with Good Intentions: Tfap's Road to Oblivion." *Ecologist*, no. 2 (1990): 3.

Ludden, David. "India's Development Regime." In *Colonialism and Culture*, ed. Nicholas Dirks. Ann Arbor: University of Michigan, 1992.

Mallaby, Sebastian. *The World's Banker: A Story of Failed States, Financial Crises, and the Wealth and Poverty of Nations.* New York: Penguin Press, 2004.

Mason, Edward S., and Robert E. Asher. *The World Bank since Bretton Woods.* Washington: Brookings Institution, 1973.

McAfee, Kathy. "Selling Nature to Save It? Biodiversity and Green Developmentalism." *Society and Space* 17 (1999): 133–54.

McCarthy, James, and Scott Prudham. "Neoliberal Nature and the Nature of Neoliberalism," *Geoforum* 35 (2004): 275–83.

McClelland, David C. *The Achieving Society.* Princeton, N.J.: Van Nostrand, 1961.

McClelland, Donald G. "Investments in Agriculture: A Synthesis of the Evaluation Literature." Washington, D.C.: Center for Development Information and Evaluation, U.S. Agency for International Development (USAID), 1996.

McCully, Patrick. *Silenced Rivers: The Ecology and Politics of Large Dams.* London: Zed Books, 1996.

McDonald, David, and John Pape. *Cost Recovery and the Crisis of Service Delivery in South Africa.* London: Zed Books, 2002.

McMichael, Philip. *Food and Agrarian Orders in the World-Economy.* Studies in the Political Economy of the World-System. Westport, Conn.: Greenwood Press, 1995.

———. *Development and Social Change: A Global Perspective,* 3rd ed. Sociology for a New Century. Thousand Oaks, Calif.: Pine Forge Press, 2004.

McNamara, Robert. *The Essence of Security.* New York: Harper and Row, 1968.

———. *One Hundred Countries, Two Billion People: The Dimensions of Development.* New York: Praeger Publishers, 1973.

———. *The McNamara Years at the World Bank: Major Policy Addresses of Robert S. McNamara, 1968–1981.* Forewords by Helmut Schmidt and Leopold Senghor. Baltimore: Johns Hopkins University Press for the World Bank, 1981.

McNeely, John. "How Dams and Wildlife Can Coexist: Natural Habitats, Agriculture, and Major Water Resource Development Projects in Tropical Asia." *Conservation Biology* 1, no. 3 (1987): 228–38.

Meerman, Jacob. *Reforming Agriculture: The World Bank Goes to Market, A World Bank Operations Evaluation Study.* Operations Evaluation Department. Washington, D.C.: World Bank, 1997.

Mehta, Lyla. "The World Bank and Its Growing Knowledge Agenda." *Human Organization* 60, no. 2 (2001): 189–97.

Meier, Gerald, ed. *Leading Issues in Economic Development.* New York: Oxford University Press, 1995.

Meltzer, Allan and Jeffrey Sachs. "Blueprint for a New IMF." Washington, D.C.: International Financial Institution Advisory Commission, 2000.

Mertes, Tom, ed. *A Movement of Movements: Is Another World Really Possible?* London: Verso, 2004.

Mestrallet, Gérard. "The War for Water: Open Letter." Water Observatory (published first in *Le Monde*), 2001. Available from http://www.waterobservatory.org/news/news.cfm?news_id=210.

Meyer, John, John Boli, George Thomas, and Francisco Ramirez. "World Society and the Nation-State." *American Journal of Sociology* 103, no. 1 (July 1997): 144–81.

Miller-Adams, Michelle. *The World Bank: New Agendas in a Changing World.* Routledge Studies in Development Economics. London: Routledge, 1999.

Mitchell, Timothy. "The Object of Development: America's Egypt." In *Power of Development,* ed. Jonathan Crush. London: Routledge, 1995.

———. *Questions of Modernity*. Minneapolis: University of Minnesota Press, 2000.

———. *Rule of Experts: Egypt, Techno-Politics, Modernity*. Berkeley: University of California Press, 2002.

Mittelman, James, ed. *Globalization: Critical Reflections*. Boulder: Lynne Rienner, 1997.

Mohan, Giles. *Structural Adjustment Theory: Practice and Impacts*. London: Routledge, 2000.

Mol, Arthur. *Globalization and Environmental Reform*. Cambridge: MIT Press, 2001.

———. *The Refinement of Production*. Utrecht: Van Arkel, 1995.

Mol, Arthur P. J., and David Sonnenfeld, ed. *Ecological Modernisation around the World: Perspectives and Critical Debates*. Ilford, Eng: Frank Cass, 2000.

Moore, Donald. "The Crucible of Cultural Politics: Reworking 'Development' in Zimbabwe's Eastern Highlands." *American Ethnologist* 26 (2000): 654–89.

———. "The Ethnic Spatial Fix." Paper, Program in Agrarian Studies, Yale University, New Haven, 2001.

Moore, Donald, Jake Kosek, and Anand Pandian, eds. *Race, Nature, and the Politics of Difference*. Durham: Duke University Press, 2003.

Morley, David, and Kuan-Hsing Chen, eds. *Stuart Hall: Critical Dialogues in Cultural Studies*. London: Routledge, 1996.

Morse, Bradford. *Sardar Sarovar: Report of the Independent Review*. Ottawa: Resource Futures International, 1992.

Mosley, Paul, Jane Harrigan, and John Toye. *Aid and Power: The World Bank and Policy-Based Lending*. London: Routledge, 1991.

Nash, June C. *Mayan Visions: The Quest for Autonomy in an Age of Globalization*. New York: Routledge, 2001.

Nelson, Paul J. *The World Bank and Non-Governmental Organizations: The Limits of Apolitical Development*. International Political Economy Series. New York: St. Martin's Press, 1995.

Neumann, Roderick. *Imposing Wilderness: Struggles over Livelihood and Nature Preservation in Africa*. Berkeley: University of California Press, 1998.

Ngwane, Trevor. "Sparks in the Township." *New Left Review* 22 (July-August 2003): 14–56.

Nietzsche, Friedrich. *The Will to Power*. New York: Random House, 1967.（＝原佑訳『権力への意志（上・下）』ちくま学芸文庫，1993）

NTEC (Nam Theun Electricity Consortium). *Social Action Plan*. Vientiane, 1997.

Oasa, Edmund. "The Political Economy of International Agricultural Research: A Review of CGIAR's Response to Criticisms of the Green Revolution." In *The Green Revolution Revisited*, ed. Bernhard Glaeser. London: Allen and Unwin, 1987.

O'Connor, James. *Natural Causes: Essays in Ecological Marxism.* New York: Guilford Press, 1998.

O'Connor, Martin, ed. *Is Capitalism Sustainahle? Political Economy and the Politics of Ecology.* New York: Guilford Press, 1994.

Ong, Aihwa. *Flexible Citizenship: The Cultural Logics of Transnationality.* Durham: Duke University Press, 1999.

Organisation for Economic Co-operation and Development (OECD). *Risk Management in Financial Services.* Paris and Washington, D.C.: Organisation for Economic Co-operation and Development, 1992.

Owen, David. "Second Chance for Private Water?" *Privatisation International,* February 14, 2001.

Parnwell, Mike, and Raymond L. Bryant. *Environmental Change in South-East Asia: People, Politics and Sustainable Development.* New York: Routledge, 1996.

Paul, Samuel, and Arturo Israel. *Nongovernmental Organizations and the World Bank: Cooperation for Development.* Washington, D.C.: World Bank, 1991.

Payer, Cheryl. *The World Bank: A Critical Analysis.* New York: Monthly Review Press, 1982.

———. *Lent and Lost: Foreign Credit and Third World Development.* London: Zed Books, 1991.

Pearce, David. *The Economic Value of Biodiversity.* London: Earthscan/ IUCN, 1994.

Peck, Jamie, and Adam Tickell. "Neoliberalizing Space." *Antipode* 34, no. 3 (2002): 380–404.

Peck, Jamie, and Henry Wai-chung Yeung, eds. *Remaking the Global Economy: Economic- Geographical Perspectives.* London: Sage, 2003.

Peet, Richard, and Michael Watts. *Liberation Ecologies: Environment, Development, Social Movements,* 2nd ed. London: Routledge, 2004 (1996).

Peet, Richard, et al. *Unholy Trinity: The IMF World Bank and WTO.* London: Zed Books, 2003.

Peluso, Nancy Lee. "Coercing Conservation." In *The State and Social Power in Global Environmental Politics,* ed. Ronnie Lipschutz and Ken Conca. New York: Columbia University Press, 1993.

Peluso, Nancy Lee, and Michael Watts, eds. *Violent Environments.* Ithaca: Cornell University Press, 2001.

Petit, Michel, and Gary E. Alex. "The Emergence of a Global Agricultural Research System: The Role of the Agricultural Research and Extension Group (Esdar)." In *Environmentally Sustainable Development, Agricultural Research and Extension Group Report.*

Washington, D.C.: World Bank, 1996.
Phaup, E. Dwight. *The World Bank: How It Can Serve U.S. Interests.* Washington, D.C.: Heritage Foundation, 1984.
Pieterse, Jan Nederveen. *Globalization or Empire?* New York: Routledge, 2004.
Pigg, Stacy Leigh. "Inventing Social Categories through Place: Social Representations and Development in Nepal." *Comparative Studies in Society and History* 34, no. 3 (1992): 491–513.
Pincus, Jonathan. "State Simplification and Institution Building in a World Bank-financed Development Project." In *Reinventing the World Bank*, ed. Jonathan Pincus and Jeffrey Winters. Ithaca: Cornell University Press, 2002, pp. 76–100.
Pincus, Jonathan, and Jeffrey Winters, eds. *Reinventing the World Bank.* Ithaca: Cornell University Press, 2002.
Pithouse, Richard. "Producing the Poor: The World Bank's New Discourse of Domination." *African Sociological Review* 7, no. 2 (2003).
Pitman, George Keith. "Bridging Troubled Waters: Assessing the World Bank Resources Strategy." Washington D.C.: World Bank Operations Evaluation Department, 2002.
Polanyi, Karl. *The Great Transformation.* Boston: Beacon Press, 1957. (＝吉沢英成 ［ほか］訳『大転換——市場社会の形成と崩壊』東洋経済新報社, 1975)
Porter, Theodore. *Trust in Numhers: The Pursuit of Objectivity in Science and Public Life.* Princeton: Princeton University Press, 1995.
Purdue, Derrick. *Anti-Genetix: The Emergence of the Anti-GM Movement.* Aldershot, Eng.: Ashgate Publishing, 2000.
Rabinow, Paul. *French Modern: Norms and Forms of the Social Environment.* Cambridge: MIT Press, 1989.
Ray, Debraj. *Development Economics.* Princeton: Princeton University Press, 1998.
Rayack, Elton. *Not So Free to Choose: The Political Economy of Milton Friedman and Ronald Reagan.* New York: Praeger, 1987.
Reed, David. *Structural Adjustment and the Environment.* Boulder: Westview Press, 1992.
"Relocation in Sight for Hill People." *The Nation* (Bangkok), August 4, 1996. Rich, Bruce. *Mortgaging the Earth: The World Bank, Environmental Impoverishment, and the Crisis of Development.* Boston: Beacon Press, 1994.
―――. "The Smile on a Child's Face." Paper for Environmental Defense, Washington, D.C., 2002.
Riles, Annelise. *The Network Inside Out.* Ann Arbor: The University of Michigan Press, 2000.

Roberts, John. "The Role of the Media in Reporting on Water Issues in the Middle East and North Africa." Paper presented at the Fourth International Symposium on Water, Cannes, France, June 5, 2002.

Roberts, Tyson. "Mekong Mainstream Hydropower Dams: Run-of-the River or Ruin-of-the-River?" *Natural History Bulletin of Siam Society* 43 (1995): 9–19.

———. *Fluvicide: An Independent Environmental Assessment of the Nam Theun 2 Hydropower Project in Laos, with Particular Reference to Aquatic Biology and Fishes*. Bangkok, 1996.

———. "A Plea for Proenvironment EIA." *Natural History Bulletin of Siam Society* 47 (1999): 13–22.

Roberts, Tyson, and Ian Baird. "Traditional Fisheries and Fish Ecology on the Mekong River at Khone Waterfalls in Southern Laos." *Natural History Bulletin of Siam Society* 43 (1995): 219–62.

Rockefeller, David. "What Private Enterprise Means to Latin America." *Foreign Affairs* (April 1, 1966).

Rockefeller, Nelson. "Widening the Boundaries of National Interest." *Foreign Affairs* (October 1951).

Rose, Nikolas S. *Powers of Freedom: Reframing Political Thought*. Cambridge: Cambridge University Press, 1999.

Rostow, W. W. *The Stages of Economic Growth: a Non-Communist Manifesto*, 2nd ed. Cambridge: Cambridge University Press, 1971. (＝木村健康, 久保まち子, 村上泰亮訳『経済成長の諸段階——１つの非共産主義宣言［増補版］』ダイヤモンド社, 1974)

Rotberg, Eugene. "Financial Operations of the World Bank." In *Bretton Woods: Looking to the Future*, ed. Bretton Woods Commission. Washington, D.C.: Bretton Woods Commission, 1994.

Ryder, Grainne. "The Political Ecology of Hydropower Development in the Lao People's Democratic Republic." Environmental Studies Program, York University, Toronto, 1996.

Sachs, Wolfgang, ed. *Development Dictionary*. London: Zed Press, 1992.

Sachs, Wolfgang, ed. *Global Ecology: A New Arena of Political Conflict*. London: Zed Press, 1993.

Sahn, David E., Paul Anthony Dorosh, and Stephen D. Younger. *Structural Adjustment Reconsidered: Economic Policy and Poverty in Africa*. Cambridge: Cambridge University Press, 1997.

Said, Edward. *Orientalism*. New York: Vintage, 1978. (＝板垣雄三・杉田英明監修, 今沢紀子訳『オリエンタリズム（上・下）』平凡社ライブラリー, 1993)

Saldana-Portillo, Josefina. *The Revolutionary Imagination in the Americas and the Age of Development*. Durham: Duke University Press, 2003.

Sanderson, Steven E. *The Transformation of Mexican Agriculture: International Structure and the Politics of Rural Change*. Princeton: Princeton University Press, 1986.

Sassen, Saskia. *Losing Control? Sovereignty in an Age of Globalization*. New York: Columbia University Press, 1996.（＝伊豫谷登士翁訳『グローバリゼーションの時代——国家主権のゆくえ』平凡社, 1999）

———. *Globalization and Its Discontents: Essays on the New Mobility of People ancl Money*. New York: New Press, 1998.（田淵太一, 原田太津男, 尹春志訳『グローバル時代の政治経済学——都市・移民・情報化』岩波書店, 2004）

Sauer, Carl Ortwin, and John Leighly. *Land and Life: A Selection from the Writings of Carl Ortwin Sauer*. Berkeley: University of California Press, 1963.

Sayer, Derek. *The Violence of Abstraction: The Analytic Foundations of Historical Materialism*. New York: Blackwell, 1987.

———. "Some Dissident Remarks on 'Hegemony.'" In *Everyday Forms of State Formation*, ed. Gilbert Joseph and Daniel Nugent. Durham: Duke University, 1994.

Schapsmeier, Edward L., and Frederick H. Schapsmeier. *Prophet in Politics: Henry A. Wallace and the War Years, 1940–1965*. Ames: Iowa State University Press, 1970.

Schofer, Evan, Francisco Ramirez, and John Meyer. "The Effects of Science on National Economic Development, 1970 to 1990." *American Sociological Review* 65, no. 6 (December 2000): 866–87.

Scott, David. "Colonial Governmentality." *Social Text*, no. 42 (1995): 191–220.

Scott, James C. *Seeing Like a State: How Certain Schemes to Improve the Human Condition Have Failed*. New Haven: Yale University Press, 1998.

Scudder, Thayer, et al. *Third Report of the International Environmental Social Panel of Experts*. Vientiane: Government of Lao PDR, 1998.

Shapin, Steven, and Simon Schaffer. *Leviathan and the Air-Pump: Hobbes, Boyle, and the Experimental Life*. Princeton: Princeton University Press, 1985.

Shapley, Deborah. *Promise anal Power: The Life and Times of Robert McNamara*. Boston: Little, Brown, 1993.

Shenton, Robert, and Michael Cowen. "The Invention of Development." In *Power of Development*, ed. Jonathan Crush. London: Routledge, 1995.

Shihata, Ibrahim F. I., Franziska Tschofen, Antonio R. Parra, Margrete Stevens, and Sabine Schlemmer-Schulte. *The World Bank in a Changing World*. Dordrecht: M. Nijhoff, 1991.

Shrybman, Steven. "Thirst for Control: New Rules in the Global Water Grab." Ottawa: Blue Planet Project, 2002.

Sivaramakrishnan, K. "A Limited Forest Conservancy in Southwest Bengal, 1864–1912." *Journal of Asian Studies,* no. 56 (1997): 75–112.

Skidelsky, Robert. *John Maynard Keynes,* vol. 3. New York: Viking, 2002.

Smith, David A., Dorothy J. Solinger, and Steven C. Topik, ed. *States and Sovereignty in the Global Economy.* London: Routledge, 1999.

Smith, Jackie G., Charles Chatfreld, and Ron Pagnucco. *Transnational Social Movements and Global Politics: Solidarity Beyond the State.* Syracuse: Syracuse University Press, 1997.

Smith, Neil. *Uneven Development: Nature, Capital and the Production of Space.* Oxford: Oxford University Press, 1990.

Sonnenfeld, David, and Arthur P. J. Mol, eds. *Ecological Modernisation around the World: Perspectives and Critical Debates.* Ilford, Eng: Frank Cass, 2000.

Southavilay, Thongleua and Tuukka Castrén. *Timber Trade and Wood Flow Study Lao PDR.* Report prepared for the Mekong River Commission, 2000.

Spaargaren, Gert, and Arthur Mol. "Sociology, Environment, and Modernity: Ecological Modernization as a Theory of Change." *Society of Natural Resources* 5 (1992): 323–44.

Sparkes, Stephen. *Public Consultation and Participation on the Nakai Plateau.* Vientiane, 1998.

Spivak, Gayatri. "Can the Subaltern Speak?" In *Selected Subaltern Studies,* ed. Ranajit Guha and Gayatri Spivak. New York: Oxford University Press, 1988.

Srinivasan, T. N., et al. "Database for Development Analysis: An Overview." *Journal of Development Economics* 44, no. 1 (1994): 3–27.

Stakman, E. C., Richard Bradfield, and Paul Manglesdorf. *Campaigns against Hunger.* Cambridge: Belknap Press, 1967.

Standing, Guy. "Brave New Words? A Critique of Stiglitz's World Bank Rethink." *Development and Change* 31, no. 4 (2000): 737–64.

Stern, Nicholas, and F. Ferreira. "World Bank as 'Intellectual Actor.'" In *The World Bank: Its First Half Century* ed. Devesh Kapur et al.Washington, D.C.: Brookings Institution, 1997, pp. 523–610.

Stiglitz, Joseph. *Globalization and Its Discontents.* New York: Norton, 2002.(=鈴木主税訳『世界を不幸にしたグローバリズムの正体』徳間書店, 2002)

Stokes, Eric. *The English Utilitarians and India.* Oxford: Oxford University Press, 1959.

Stoler, Ann Laura. *Race and the Education of Desire: Foucault's History of Sexuality and the Colonial Order of Things.* Durham: Duke University Press, 1995.

Stoler, Ann Laura, and Frederick Cooper, eds. *Tensions of Empire*. Berkeley: University of California Press, 1999.

Stone, Diane. *Banking on Knowledge: The Genesis of the Global Development Network*. London: Routledge, 2000.

Strathern, Marilyn, ed. *Audit Cultures: Anthropological Studies in Accountability Ethics, and the Academy*. London: Routledge, 2000.

Taylor, Lance. "The World Bank and the Environment: The World Development Report 1992." *World Development* 21, no. 5 (1993): 869–81.

Tendler, Judith. *Inside Foreign Aid*. Baltimore: Johns Hopkins University Press, 1975.

Thukral, Enakshi Ganguly, ed. *Big Dams, Displaced People*. New Delhi: Sage, 1992.

Toussaint, Eric. *Your Money or Your Life! The Tyranny of Global Finance*. London: Pluto Press, 1999.

Traisawasdichai, M. *Rivers for Sale*. Reuters Foundation: Oxford University Paper, 1997.

Tropical Rainforest Programme. *Aspects of Forestry Management in the Lao PDR*. Amsterdam, 2000.

Turok, Mary, ed. *The African Response - Adjustment or Transformation*. London: Institute for African Alternatives, 1992.

Udall, Lori. "The International Narmada Campaign: A Case of Sustained Advocacy." In *Toward Sustainable Development: Struggling over India's Narmada River*, ed. William Fisher. New York: M. E. Sharpe, 1995.

Umali-Deininger, Dina, and Charles Maguire. *Agriculture in Liberalizing Economies: Changing Roles for Governments: Proceedings of the Fourteenth Agricultural Sector Symposium*. Washington, D.C.: World Bank, 1995.

UNDP. *Report of the Sixth Round Table Meeting for Lao PDR*. The Roundtable Meeting for the Lao PDR, June 19–20, 1997, Geneva.

United States Congress. Senate. Committee on Foreign Relations. *Multilateral Development Banks: Hearing before the Committee on Foreign Relations, United States Senate, Ninety-Sixth Congress, First Session, on S. 662 . . . March 12, 1979*. Washington, D.C.: Government Printing Office, 1979.

United States Congress. Senate. Committee on Governmental Affairs. U.S. *Participation in the Multilateral Development Banks*. Washington, D.C.: Government Printing Office, 1979.

United States Department of State. *Proceedings and Documents of the United Nations Monetary and Financial Conference, Bretton Woods, New Hampshire, July 1–22, 1944*, vol. 2. Washington, D.C.: Government Printing Office, 1948.

参考文献

United States Department of the Treasury. *United States Participation in the Multilateral Development Banks in the 1980s.* Washington, D.C.: Department of the Treasury, 1982.

———. *The Multilateral Development Banks: Increasing U.S. Exports and Creating U.S. Jobs.* Washington, D.C.: U.S. Department of the Treasury, 1995.

United States Department of the Treasury. Office of the Assistant Secretary for International Affairs. *The Multilateral Development Banks: Increasing U.S. Exports and Creating U.S. Jobs.* Washington, D.C.: Department of the Treasury, International Affairs, 1994.

United States Department of the Treasury. Office of International Energy Policy. "An Examination of the World Bank Lending Program." Washington, D.C.: Department of the Treasury, 1981.

United States General Accounting Office. *Low U.S. Share of World Bank Financed Procurement: Multiagency: Report to the Congress.* Washington, D.C.: General Accounting Office, 1974.

United States General Accounting Office, and United States Congress. Senate. Committee on Small Business. *Multilateral Development Banks: U.S. Firms" Market Share and Federal Efforts to Help U.S. Firms.* Washington, D.C.: General Accounting Office, 1995.

Upton, Barbara. *The Multilateral Development Banks: Improving U.S. Leadership,* The Washington Papers; 178. Westport, Conn.: Praeger, 2000.

Usher, Ann Danaiya. "The Race for Power in Laos." In *Environmental Change in South-East Asia,* ed. Michael Parnwell and Raymond L.Bryant. London: Routledge, 1996a.

———. *Dams as Aid.* London: Routledge, 1996b.

Wade, Robert. "Globalization and Its Limits: Reports of the Death of the National Economy Are Greatly Exaggerated." In *National Diversity and Global Capitalism,* ed. S. Berger and R. Dorc. Ithaca: Cornell University Press, 1996a.

———. "Japan, the World Bank, and the Art of Paradigm Maintenance: The East Asian Miracle in Political Perspective." *New Left Review* 217 (May-June 1996b): 3–36.

———. "Greening the Bank: The Struggle over the Environment 1970–1995." In *The World Bank: Its First Half Century* ed. Devesh Kapur et al. Washington, D.C.: Brookings Institution, 1997, pp. 611–734.

———. "Showdown at the World Bank." *New Left Review* 7 (January-February 2001): 124–37.

———. "U.S. Hegemony and the World Bank: The Fight over People and Ideas." *Review of International Political Economy* 9, no. 2 (2002): 201–29.

Walker, Andrew. "The Timber Industry in Northwestern Laos: A New Regional Resource Economy?" Paper presented at the conference, Development Dilemmas in the Mekong Subregion, Melbourne, 1996.

Wapenhans, Willi. "Effective Implementation: Key to Development Impact." Report of the Portfolio Management Task Force. World Bank, 1992.

WaterAid, and Tearfund. "New Rules, New Roles: Does PSP (Private-Sector Participation) Benefit the Poor?" 2003. Posted on WaterAid Web site.

Watershed. "Why the Nam Theun 2 Dam Won't Save Wildlife." *Watershed* (Bangkok) 1, no. 3 (March-June 1996).

———. "Special Forum on Swidden Cultivation." *Watershed* (Bangkok) 5, no. 1 (July-October 2000).

Watts, Michael. "A New Deal in Emotions." In *Power of Development,* ed. Jonathan Crush. New York: Routledge, 1995 pp. 44–62.

Wegner, David. "Review of the Nam Theun 2 Environmental Assessment and Management Plan." Paper presented at the Ecosystem Management International, Arizona, 1997.

Weisbrot, Mark, et al. "The Emperor Has No Growth: Declining Economic Growth Rates in the Era of Globalization." Washington, D.C.: Center for Economic and Policy Research, 2001.

Weiss, Linda. *The Myth of the Powerless State.* New York: Cornell University Press, 1998.

Wilkes, Garrison. "Maize and Its Wild Relatives." *Science* 177 (1972): 1071–77.

Williams, Eric. *Capitalism and Slavery.* Chapel Hill: University of North Carolina Press, 1944. (＝山本伸訳『資本主義と奴隷制——経済史から見た黒人奴隷制の発生と崩壊』明石書店，2004)

Williamson, John. "Democracy and the Washington Consensus." *World Development* 21, no. 8 (1993): 1329–36.

Wolf, Edward C. *Beyond the Green Revolution: New Approaches for Third World Agriculture,* Worldwatch Paper 73. Washington, D.C.: Worldwatch Institute, 1986.

Wood, Robert Everett. *From Marshall Plan to Debt Crisis: Foreign Aid and Development Choices in the World Economy.* Studies in International Political Economy 15. Berkeley: University of California Press, 1986.

Worby, Eric. "'Discipline without Oppression.'" *Journal of African History* 41 (2000): 101–25.

World Bank. World Bank Annual Report, 1961–62. Washington, D.C., 1962.

———. World Bank Annual Report, 1969. Washington, D.C., 1969.

———. World Bank Annual Report, 1981. Washington, D.C., 1981.

———. World Bank Annual Report, 1986. Washington, D.C., 1986.

参考文献

———. "The World Bank and the Environment: Annual Report." Washington, D.C., 1990.

———. "Agricultural Biotechnology: The Next 'Green Revolution'?" World Bank Technical Paper no. 133. Agriculture and Rural Development Department. Washington, D.C., 1991.

———. *World Development Report.* Washington, D.C., 1992.

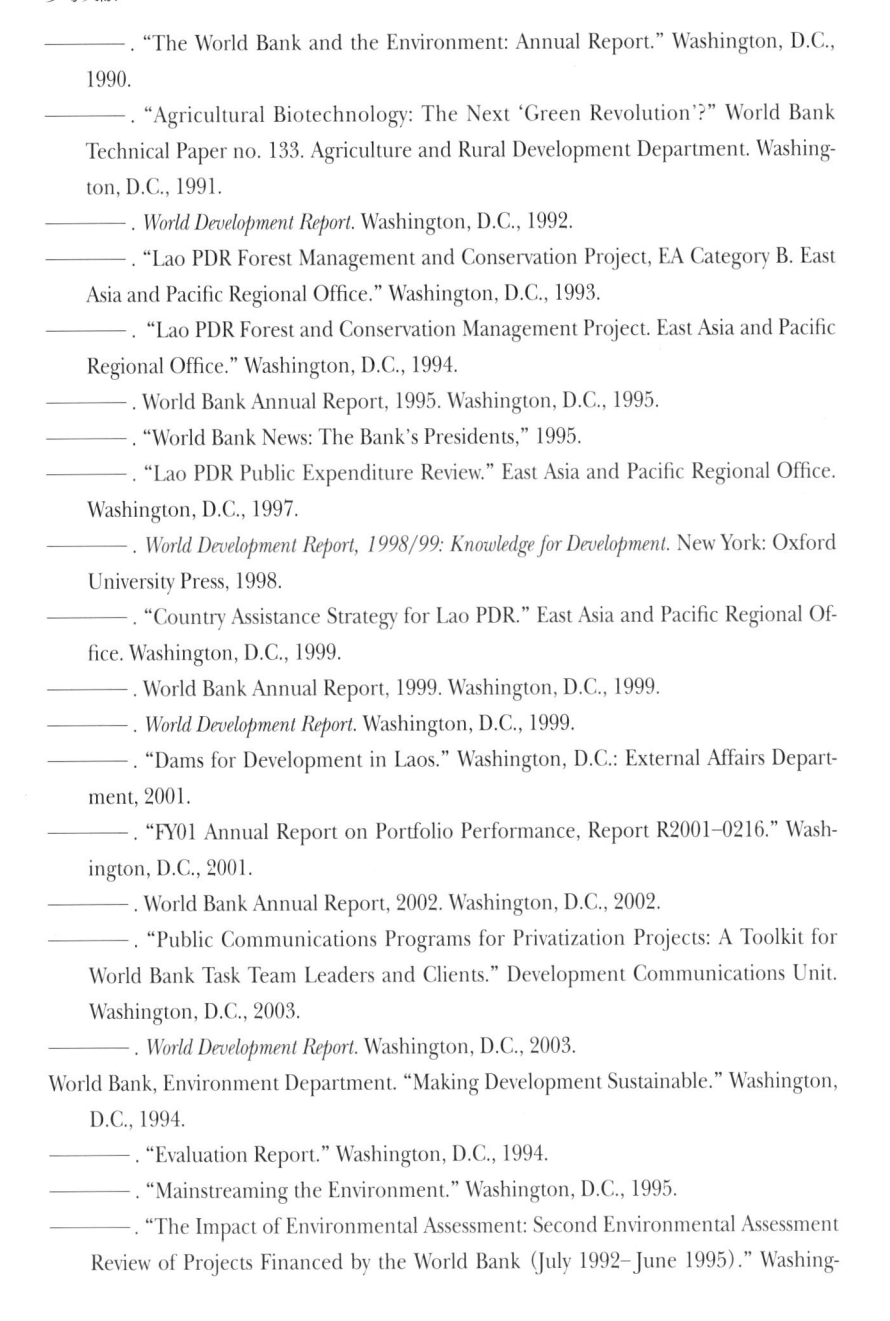

———. "Lao PDR Forest Management and Conservation Project, EA Category B. East Asia and Pacific Regional Office." Washington, D.C., 1993.

———. "Lao PDR Forest and Conservation Management Project. East Asia and Pacific Regional Office." Washington, D.C., 1994.

———. World Bank Annual Report, 1995. Washington, D.C., 1995.

———. "World Bank News: The Bank's Presidents," 1995.

———. "Lao PDR Public Expenditure Review." East Asia and Pacific Regional Office. Washington, D.C., 1997.

———. *World Development Report, 1998/99: Knowledge for Development.* New York: Oxford University Press, 1998.

———. "Country Assistance Strategy for Lao PDR." East Asia and Pacific Regional Office. Washington, D.C., 1999.

———. World Bank Annual Report, 1999. Washington, D.C., 1999.

———. *World Development Report.* Washington, D.C., 1999.

———. "Dams for Development in Laos." Washington, D.C.: External Affairs Department, 2001.

———. "FY01 Annual Report on Portfolio Performance, Report R2001-0216." Washington, D.C., 2001.

———. World Bank Annual Report, 2002. Washington, D.C., 2002.

———. "Public Communications Programs for Privatization Projects: A Toolkit for World Bank Task Team Leaders and Clients." Development Communications Unit. Washington, D.C., 2003.

———. *World Development Report.* Washington, D.C., 2003.

World Bank, Environment Department. "Making Development Sustainable." Washington, D.C., 1994.

———. "Evaluation Report." Washington, D.C., 1994.

———. "Mainstreaming the Environment." Washington, D.C., 1995.

———. "The Impact of Environmental Assessment: Second Environmental Assessment Review of Projects Financed by the World Bank (July 1992– June 1995)." Washington, D.C., 1995.

———. "National Environmental Strategies: Learning from Experience." Washington, D.C., 1995.

———. "Evaluation Report." Washington, D.C., 1996.

World Bank Institute. Annual Report. Washington, D.C., 2002.

World Business Council for Sustainable Development (WBCSD). "Water for the Poor." Geneva: World Business Council for Sustainable Development, 2002. Available from http://www.gm-unccd.org/FIELD/Private/WBCSD/ Pub1.pdf.

World Commission on Dams. *Dams and Development*. London: Earthscan, 2000.

World Commission on Water for the 21st Century (WCW). "The Africa Water Vision for 2025: Equitable and Sustainable Use of Water for Socioeconomic Developnlent." Marseille, France. Available at http://www.worldwatercouncil.org.

World Rainforest Movement. "Notes from a NGO/ Bank Consultation." London, 1993.

Worldwide Fund for Nature (WWF). "Building Conservation Capital for the Future." 2002. Available at www.worldwildlife.org.

Worster, Donald. *Rivers of Empire: Water, Aridity and the Growth of the American West*. New York: Pantheon Books, 1985.

Wright, Angus. *The Death of Ramón González: The Modern Agricultural Dilemma*. Austin: University of Texas Press, 1990.

Young, Zoe. *A New Green Order: The World Bank and the Politics of the Global Environmental Facility*. London: Zed Press, 2003.

Zinn, Howard. *A People's History of the United States*. New York: Harper and Row, 1980. (= 富田虎男，油井大三郎共訳『民衆のアメリカ史』明石書店，2005)

305

索引

原著の索引を参照しつつ編集したが，見出し語は邦訳に相応しい形に改め，適宜割愛している．言葉そのものでなく，文脈によってとったものもある．

事　項

アルファベット

CCF（Center for Conservation Finance）199
CFA（Conservation Finance Alliance）200
NGO　11, 19-20, 31, 34-35, 37-38, 44-45, 114, 168, 180-183, 185, 187, 201, 203, 214, 216, 218-220, 259
　　ナムトゥン2（NT2）ダムプロジェクト　148-153　→水，水の民営化，政策ネットワーク
"Water for the Poor"（WBCSDの報告書）217

あ

アジア開発銀行（ADB）143, 152, 167-168, 178-180, 202
　　インドネシアの移住プロジェクト　92
アフリカ・キャパシティー・ビルディング基金（ACBF）212-213, 245
アフリカ開発のための新パートナーシップ（NEPAD）213, 224
アフリカ民族会議（ANC）237, 239, 260
アルン3ダムプロジェクト　142, 166
エコ統治性　173　→グリーン・ネオリベラリズム
エンロン　21, 45, 235
オックスファム　182-183, 202, 205-206

か

開発　8, 12-13, 22-25, 27-29, 31-34, 47-48, 55, 62, 65, 76, 83, 132, 158-159, 175, 187, 242, 254, 265
　　―の近代化モデル　14-18
　　「社会的目標」の時代　65　→開発プロジェクト，開発学
開発経済学　14-16, 81, 94, 127, 134-135, 206-210, 275
　　資本集約的開発による影響　33
環境的に持続可能な開発　6, 8, 10, 12, 45, 146, 162, 268
　　―を定義する　133-134
　　言説空間としての―　195　→グリーン・ネオリベラリズム
開発学　13, 22-23, 42, 65, 94, 212
米州開発銀行（IDB）111, 113
開発プロジェクト　7, 13, 20, 25, 36, 43, 56, 58, 73, 87, 109, 124, 133-134, 143, 163, 166-168, 173, 176, 181, 189, 198, 210, 213, 265, 274
　　EAs　→環境アセスメント
　　環境モニタリング　111-114
　　プロジェクト・サイクル　102-103
　　プロジェクト・ターンオーバー　69, 102, 103
　　類型化・カテゴリー化　120, 136, 269-271
科学アカデミー（NAS）45, 94, 133
環境　7, 9-12, 35-36, 85-87, 97, 105-112, 135, 142-147, 152-155, 162-164, 166-167, 180-188, 195-201, 273-274　→環境保護
　　経済評価 11, 176-178
　　環境モニタリング　111-114
環境アセスメント（EAs）103, 113, 143
　　ガーナ金鉱の拡大事業　109-110
環境影響評価（EIAs）→環境アセスメント
環境・社会影響評価（アセスメント）106, 110, 148, 153
環境国家　35-36, 171-172, 177, 182, 198, 201

環境保護　11-12, 36, 86, 110, 112, 143-145, 162, 166, 182, 186, 198, 200
　環境モニタリング　111-114
　全国生物多様性保全地域（NBCA）　188, 196-197
　ネオリベラリズム　→グリーン・ネオリベラリズム
キャパシティー・ビルディング　146-147, 160, 206, 244, 274
　世銀の研修プログラムと―　208-213
　　→世銀の研修
京都水フォーラム　220
業務指示書（TOR）　149, 166
グリーン・サイエンス（世銀の提案による）　93, 95, 133
　検閲　127-129, 139, 152-156, 167
　データ収集　93, 134
　環境アセスメント　103
　環境モニタリング　111-114
　フーコーの権力、権利、真理の関係と―　144-145
　知識のヒエラルキー　114-118
　研究とプロジェクト・サイクル　101-103
　世銀の文化／組織　95-101, 111-123, 135
　知識生産　→（世銀の）知識（の）生産
グリーン・ネオリベラリズム　6-7, 9, 12, 30, 48, 83, 159, 201, 262　→グリーン・サイエンス、環境的に持続可能な開発
　越境する政策ネットワーク　→TPNs
　（世銀スタイルの）緑のヘゲモニーの興隆　9-13, 86-87, 174-175
ケア・インターナショナル　148
経済開発研究所（EDI）　71, 209
世界銀行研究所（EDIの後身）　104, 209-212, 244
計算可能一般均衡（CGE）モデル　134
構造調整（ショック療法）　4, 10, 78-82, 251, 259
　―と民営化　214, 226, 228, 229, 246, 247
国際開発協会（IDA）　85, 88, 119, 136, 137
国際金融公社（IFC）　88

国際自然保護連合（IUCN）　11, 35, 148, 153-156, 162-163, 168, 171, 183-185, 194, 200, 202-203, 216-217
国際通貨基金（IMF）　16-19, 29, 32, 36-37, 39-44, 47-48, 50, 92, 208, 211-212, 214, 218-219, 224-227, 246-247, 249, 251, 253, 256-260
　貸付と貸付条件　226, 230-231
　世銀・国際通貨基金の民営化計画への参加　225-226, 246
　―と構造調整　78-82
国際農業研究協議グループ（CGIAR）　76, 91
国際復興開発銀行（IBRD）　50, 88, 90
国連開発計画（UNDP）　92, 147, 161-163, 190-191, 194, 212, 218
「50年で十分だ！」というキャンペーン　43
国家環境行動計画（NEAPs）　4, 86, 118-120, 139
コンサベーション・インターナショナル　200

さ

再定住化　123, 138, 181, 196, 198, 203
　インドネシアの移住プロジェクト　33, 84, 92
　ラオスでの―　153-155, 158-160, 162-164
　メコン流域全域での―　178-181
持続可能な開発　6, 11, 45, 84, 134, 137, 145, 157, 164, 181, 200, 206, 211, 224, 227, 234, 237, 266　→環境的に持続可能な開発
持続可能な開発のための世界経済人会議（WBCSD）　217, 245
持続可能な開発に関する世界首脳会議（ヨハネスブルク・サミット2002）　37, 207, 215, 223, 237, 239, 246
市民社会　6, 20, 28, 31, 33-34, 38-39, 41, 201, 202
社会影響アセスメント（SIA）　148, 153, 197
植民地主義（植民政策）　7, 10, 12, 21-22, 24-30, 49, 52, 54-55, 59, 68, 86, 89, 117, 124, 133, 171, 173-174, 179, 194-195, 214, 235, 240, 241-243, 246　→南北関係

索　引

迅速農村調査法（RRA）　149-150, 160
「陣地戦」　41, 255
森林の減少（deforestation）　84, 112-113
スウェーデン国際開発庁（SIDA）　168, 171, 190, 246
セイブ・ザ・チルドレン　182
生物多様性　10-11, 87, 103-104, 153-154, 162-164, 168, 176, 181, 183-186, 188-189, 195-196, 199-201, 203, 239, 250　→環境保護
　　全国生物多様性保全地域（NBCA）　188, 196-197
世界銀行研究所（WBI）　104, 209-212, 244
経済開発研究所（WBIの前身）　71, 209
世界自然保護基金（WWF）　163, 183, 185, 200, 202
世界貿易機関（WTO）　6, 12, 40, 80, 210, 213, 224, 250, 254, 257, 260
世界水会議　217, 220
世界水パートナーシップ（GWP）　218
世界水フォーラム　207, 211, 217, 220, 223, 245
総合防除管理　136

た

多国間投資保証機関（MIGA）　88
地球環境ファシリティ（GEF）　163, 182, 216
（世銀の）知識（の）生産　30-33, 75-76, 86, 129, 132, 141, 145, 149, 159, 161, 165-166, 269
　　検閲　127-129, 139, 152-156, 167
　　研究とプロジェクト・サイクル　101-103, 132-134
　　人類学者と社会学者　123-125, 138
　　世銀の文化／組織　95-101, 111-123, 135
　　データ収集　67-70, 76, 93, 134, 165
　　フーコーの権力、権利、真理の関係と――　144-145
　　――と政策ネットワーク　165-166
投資紛争解決国際センター（ICSID）　88, 235-236, 247

な

ナムトゥン２（NT2）ダムプロジェクト　184
南北関係　8, 10, 81-82　→（世銀の）知識（の）生産
　　新植民地主義な姿勢　194, 235, 246　→ネオリベラリズム、構造調整
　　トルーマン・ドクトリン　25　→貧困削減
　　農業知識　63, 64, 74-76
　　ハイブリッド化した国家アクターと――　35, 36
　　緑の革命と――　47, 48, 63
　　「巡り合わせの領域」　24, 25
21世紀にむけた世界水委員会　216
ネオリベラリズム（新自由主義）　9, 10, 27, 36, 80, 81, 82, 83, 173, 251, 254, 258, 274
　　→水の民営化、構造調整
　　――と環境保護　11-13
　　――と南北関係　8
　　世銀の知識生産と――　31-33　→（世銀の）知識（の）生産
農業　33, 47, 71, 73, 81, 82
　　農民クレジット　111
　　緑の革命　62-64, 74-78, 91

は

ハイブリッド化した国家アクター　35
東インド会社　26-28
費用便益分析　4, 101, 109-110, 126-128, 134, 203, 209
貧困　8, 15, 22-23, 45-47, 56, 66, 69-70, 74-76, 84, 87, 91, 100, 110, 163-164, 176, 181, 185, 197, 203, 228, 240, 248-249, 252, 267
貧困緩和　10, 46, 48, 53, 61, 63-65, 69, 81
　　ネオリベラル的倫理　227-228, 239-241
　　貧困削減支援借款（PRSC）　210, 219, 226
　　貧困削減戦略ペーパー（PRSP）　212, 219
貧困層（貧困者）　11, 18, 28-30, 37, 40, 62, 67, 99, 136, 207, 216-220, 222, 224, 232, 234, 236-237,

240-241, 245-246
絶対的貧困　46, 62, 66-68, 78　→構造調整, 水の民営化
フィージビリティー調査　148, 166
ブレトンウッズ体制　15, 19, 29, 51, 58　→国際通貨基金
米国環境保護庁（USEPA）　36, 92
米国国際開発庁（USAID）　35
ベクテル社　37, 44, 232, 235-236, 251
　　コチャバンバ「水紛争」　232, 234-236, 247, 250-251, 254
ヘゲモニー　7-9, 13, 18-20, 24-25, 28, 31, 38-39, 41, 53, 55, 76, 86, 133, 144, 202, 215, 245, 253, 265, 269-270, 274
　　越境する（国際）政策ネットワーク　206, 208
　　「巡り合わせの領域」の分析論　24-25　→グリーン・ネオリベラリズム
　　グリーン・ネオリベラリズムと―　144, 165-166, 172-173
　　債務危機と―　48, 78-79
　　知識生産と―　→（世銀の）知識（の）生産
　　緑の革命と―　62-64, 74-76
　　民営化政策　→水の民営化
北米自由貿易協定（NAFTA）　127, 261
（ブラジルの）ポロノロエステ・ハイウェイ・プロジェクト　84-85

ま

マーシャルプラン　29, 51-52
水の民営化　37-38, 205-207, 215, 219, 221, 224-226, 241, 246-247
　　世界市場　214-215
　　貸付条件としての―　214, 219, 224-230, 246-247
　　越境する政策ネットワーク　215-225, 229, 239-241
モース委員会報告書　138

や

野生生物保護協会（WCS）　162-163, 171, 183-185, 200, 203
ヨハネスブルク・サミット　239　→持続可能な開発に関する世界首脳会議

ら

リオ・サミット　92, 223

わ

ワールドウォッチ研究所　4, 45, 75　→レスター・ブラウン
ワシントンコンセンサス　16-17, 22, 27, 41　→構造調整

人名・地名

あ

アジア　80, 214, 221, 253
　　CGIARの小麦の品種　76　→国際農業研究協議グループ（CGIAR）
　　構造調整の影響　81
アフガニスタン　90
アフリカ　43, 63, 210, 214, 220
　　―におけるキャパシティー・ビルディング　212-213
　　―に関する世銀の出版物　118-120
　　―の知識生産　4-5
　　国家環境行動計画　118-120
　　構造調整の影響　81
　　ネオリベラル政策に関する研修　210-212
　　水の民営化　37, 227-233, 252

索　引

累積債務危機（1980年代の）　78-80
アルゼンチン　38, 40, 71, 232
アレクサンドラ居住区（ヨハネスブルク、南アフリカ）　237
イエメン共和国　90, 226
イギリス　12, 52
イタリア　61
イラク　251-252
インディラ・ガンディー運河（Indira Gandhi Canal）　242
インド　16, 33, 40, 90, 141, 246, 248
　　CGIARの小麦の品種　76
　　インダス川の治水事業　244
　　経済政策（1980-2000）　16-17
　　ナルマダ・ダムプロジェクト　84, 138, 142-143
インドネシア　89, 232
　　移住プロジェクト　84, 92
ウィリアムソン、ジョン（Williamson, John）　41
ウェイド、ロバート（Wade, Robert）　18
ウォルフェンソン、ジェームズ（Wolfensohn, James）　45, 88
ウガンダ　4
ウクライナ　224
エクアドル　261
エジプト　53
エスコバー、アルトゥロ（Escobar, Arturo）　22, 266
エステヴァ、グスタヴォ（Esteva, Gustavo）　22
オーストラリア　202
オランダ　253
オレンジファーム（南アフリカ、ヨハネスブルク）　238

か

ガーナ　38, 232
カムドゥシュ、ミシェル（Camdessus, Michel）　208, 218

カメルーン共和国　73
韓国　19, 40, 248
ガンディー、インディラ（Gandhi, Indira）　66
ガンビア　235
カンボジア　178, 198
イギリス領ギアナ　72
ギニア　235
ギニアビサウ共和国　226
キャバノー、ロバート（Cavanaugh, Robert）　52, 89
キューバ　49
クウェート　60
クストー、ジャック・イヴ（Cousteau, Jacques-Yves）　45
グラムシ、アントニオ（Gramsci, Antonio）　8
クワズル・ナタール地区（南アフリカ）　238
ケインズ、ジョン・メイナード（Keynes, John Maynard）　43, 49
ケニア　4, 235
コスタリカ　71
コチャバンバ（ボリビア）　254
コロラド川　242
コロンビア　49
コンウェイ、ゴードン（Conway, Gordon）　216

さ

サックス、ウォルフガング（Sachs, Wolfgang）　22
サントメ・プリンシペ民主共和国（Sao Tome and Principe）　226
ザンビア　4
シヴァ、ヴァンダナ（Shiva, Vandana）　22
ジャマイカ　82
シンガー、H.W.（Shinger, H.W.）　65
ジンバブエ　4, 259
スウェーデン　193, 232
スターン、ニコラス（Stern, Nicholas）　44, 116, 135

スチュアート・ミル，ジョン（Stuart Mill, John）26
スティグリッツ，ジョセフ（Stiglitz, Joseph）17, 42, 135
スハルト（Suharto）84, 92 →インドネシア
スペイン 71
スリナム 71
スリランカ 129
セラゲルディン，イズマイル（Serageldin, Ismail）218
旧ソビエト連邦 94
ソロス，ジョージ（Soros, George）208

た

タイ 33, 40, 178, 180, 248
　　開発援助（1961）71
　　成長と工業化 146
　　ダム 194
タンザニア 4, 226
中国 8, 16, 50, 90, 94, 123, 174, 209, 212, 246
　　CGIARの小麦の品種 76
　　経済政策（1980-2000）16-17
チリ 89, 261
　　環境経済会議 128, 138-139
　　先住民族による反対運動 261-262
　　パングープロジェクト 168
デイリー，ハーマン（Daly, Herman）126
デュバリエ，ジャン＝クロード（Duvalier, Jean-Claude）256
ドイツ 12, 52
トルーマン，ハリー（Truman Harry）25
トルコ 53

な

ナイジェリア連邦共和国 4
ナカイ高原の住民 203 →ラオス
ニカラグア 226

ニクソン，リチャード（Nixon, Richard）15, 58
ニジェール 226
日本 12, 30, 52, 58, 60-61, 71, 84, 86, 144, 177
ネパール 75, 136, 142

は

バーガー，トーマス（Berger, Thomas）141 →モース委員会報告書
ハート，ジリアン（Hart, Gillian）12
ハイチ共和国 40, 254, 256
パキスタン 209
バグワティ，ジャグディシュ（Bhagwati, Jagdish）127
ハック，マブーブル（Haq, Mahbubul）66
パテート・ラオ 159, 176, 187 →ラオス
パナマ 226, 254
ハルバースタム，デーヴィッド（Halberstam, David）67
ハンガリー 194, 232
バングラデシュ 129-130, 210
フィリピン 33
フィンランド 89, 193
フーコー，ミシェル（Foucault, Michel）144
　　権力／知識 46, 144, 157
ブートロス＝ガリ，ブートロス（Boutrous-Ghali, Boutrous）45
ブラウン，レスター（Brown, Lester）45, 75
ブラジル 33, 40, 49, 72-73, 84-85, 89, 232, 248
　　農業・農村開発融資 73
　　アマゾン開発計画 33, 84-85
　　─とブレトンウッズ会議 49
　　構造調整 81
ブラック，ユージン（Black, Eugen）71, 88
フランス 12, 51-52, 61, 171, 174, 180, 223
ブルキナファソ 224
ベトナム 174, 178
　　インドシナ半島でのアメリカによる戦争 55, 90

索 引

ベネズエラ　71, 82
ペルー　261
ポーランド　51
ボーローグ，ノーマン（Borlaug, Norman）　77
ポランニー，カール（Polanyi, Karl）　26
ボリビア　38, 40, 49, 232, 261
　　　―とブレトンウッズ会議　49
　　　先住民族の運動　261-262
ホンジュラス共和国　226, 232

ま

マイヤー，ユージン（Meyer, Eugene）　88
マクナマラ，ロバート（McNamara, Robert）　16, 47, 60, 63, 66, 78, 87-89
　　　―と貧困緩和　32, 34, 62-66
　　　―とベトナム戦争　62, 67-68, 90
　　　―の下での世銀の知識生産　47, 68-70, 74-78, 90-91
マケドニア共和国　224
マックロイ，ジョン（McCloy, John）　53, 88
マンデラ，ネルソン（Mandela, Nelson）　224
南アフリカ　71, 229, 232, 235-236
　　　鉄道融資（1961）　71-72
　　　水の価格　252
　　　民営化事業契約　229-231
メキシコ　17, 48, 71, 111, 246
　　　―とブレトンウッズ会議　49
　　　構造調整　81

先住民族の運動　261-262
メコン地域　7, 40, 143, 151
　　　水力発電ダム　→ラオス，タイ，ベトナム
モザンビーク　235

や

ヨハネスブルク（南アフリカ）　37, 207, 215, 223, 236-237, 239, 254

ら

ラオス　55, 90, 148, 153, 156, 164, 168, 174, 178, 185, 191, 271
　　　環境保護　154, 157, 162-163, 168, 171-172, 181-185, 187, 190-191, 202
　　　原住民　150, 154-155, 164, 175-176
　　　債務　143, 178, 187, 190
　　　森林と伐採　162-164, 180, 200-202
　　　ナカイ高原　154, 174-178
　　　トゥン・ヒンブンダム　151, 175
　　　ラオス水力発電事務所　152
ラパス市（ボリビア）　228
リオデジャネイロ　162, 207, 239
リビア　60
ルワンダ　226
レーガン，ロナルド（Reagan, Ronald）　9, 81
レソト共和国　176
ロットバーグ，ユージン（Rotberg, Eugene）　57-60

訳者紹介（[　]内は翻訳担当箇所）

監訳者

山口　富子（やまぐち・とみこ）［日本語版への序文・謝辞・第3章・第6章］
　1995年英国国立バース大学社会科学科開発学修士，2004年ミシガン州立大学社会学部博士課程修了．社会学博士．国際連合地域開発センター研究員を経て，現在，国際基督教大学教養学部准教授．主な論文に，「科学技術をめぐる言説論的アプローチの展望」『国際基督教大学社会科学研究所モノグラフシリーズ』No.12, 2007年．"Controversy over Genetically Modified Crops in India: Discursive Strategies and Social Identify of Farmers", *Discourse Studies*. Vol.9, 2007. "The Economic Hegemonization of Bt Cotton Discourse in India", *Discourse and Society*. Vol. 15, 2004.

訳　者（50音順）

齋川　純子（さいかわ・じゅんこ）［第4章］
　1994年英国国立イースト・アングリア大学大学院開発学（農村開発）修士．国際連合地域開発センター研究員，国際協力銀行専門調査員を経て，現在株式会社コーエイ総合研究所主任研究員．主な論文に，"The Role of Intermediary Organization in Development: A Case Study of the Lower Moshi Agricultural Development Project in Tanzania", *Regional Development Studies*, Vol. 4, 1998, UNCRD．「北部インド・ウッタルプラデシュ州における酪農協同組合：シタプール県における女性酪農協同組合の活動を中心に」『アジア女性研究』第8号，財団法人アジア女性交流・研究フォーラム，1999年．

田口　光弘（たぐち・みつひろ）［第2章］
　2004年筑波大学大学院中退，独立行政法人農業・食品産業技術総合研究機構中央農業総合研究センター．農業経営研究チーム研究員．主な論文に，「製品属性と市場シェア：納豆を事例として」『農業経済研究』第74巻第4号，2003年．「継続購買の傾向に基づいた生産者に対する消費者のロイヤルティの計測：直売所の顧客ID付きPOSデータ分析」『農業経営研究』第45巻第1号，2007年．

林　清忠（はやし・きよただ）［第5章］
　　1987年岐阜大学大学院農学研究科修了．農林水産省中国農業試験場等を経て，現在，独立行政法人農業・食品産業技術総合研究機構 中央農業総合研究センター 環境影響評価研究チーム・チーム長．博士（農学）．主な著書に，『農業の意思決定分析——多基準と多主体のマネジメント』養賢堂，2000年．*Handbook of Operations Research in Natural Resources*, Springer-Verlag, 2007（共著），ほか著書・論文多数．

横山　繁樹（よこやま・しげき）［第1章・第7章］
　　1986年東京大学大学院農学系研究科博士課程中退．同年農林水産省入省，現在，独立行政法人国際農林水産業研究センター 国際開発領域・プロジェクトリーダー．主な著書に，*Potential of Social Capital for Community Development*（編著），Asian Productivity Organization, 2006. 翻訳として，『転機に立つアメリカの農業構造』D.E. ブリュースターほか著，大明堂，1987年．

著者紹介

マイケル・ゴールドマン（Michael Goldman）

1994年，社会学博士（カリフォルニア大学）．現在，ミネソタ大学社会学部准教授，マクナイト・プレジデンシャル・フェロー（McKnight Presidential Fellow, 将来有望な准教授に授与される米国のフェローシップ）．主な著作に，*Privatizing Nature: Political Struggles for the Global Commons.* Pluto Press, 1998. "Under New Management: Historical Context and Current Challenges at the World Bank." 2007. *Brown Journal of World Affairs, special issue on Wolfowitz's Bank*, Vol. XⅢ : 2, Summer 2007. ほか，グローバル化と専門知識の普及にかかわる論文多数．

緑の帝国──世界銀行とグリーン・ネオリベラリズム

平成20（2008）年2月15日　初版第一刷発行

著　者	マイケル・ゴールドマン
監訳者	山口　富子
発行者	加藤　重樹
発行所	京都大学学術出版会 京都市左京区吉田河原町15-9 京大会館内（606-8305） 電話　075(761)6182 FAX　075(761)6190 http://www.kyoto-up.or.jp
印刷・製本	亜細亜印刷株式会社

Ⓒ T. Yamaguchi 2008　　　　　　　　　Printcd in Japan
ISBN978-4-87698-724-5　　　　　　　定価はカバーに表示してあります